# Lexikon der Esoterik

# Lexikon der Esoterik

## Von Astrologie bis Zen

von
Werner Bogun und
Norbert Straet

Illustriert von Norbert Lösche

Buch und Zeit Verlagsgesellschaft mbH · Köln

ISBN 3-8166-9876-X



**Umschlaggestaltung:** Andreas Jacobsen
**Titelbild:** Pyramiden: Bildarchiv Huber, Garmisch-Partenkirchen,
Fond: Ingrid Schade, Hamburg
**Zeichnungen:** Norbert Lösche, Aachen
**Layout:** Studio Walter Lohse, Büttelborn
**Redaktion:** Sylvia Winnewisser



**Gesamtkonzeption:** Buch und Zeit Verlagsgesellschaft mbH, D-50825 Köln

1999987697X7 2635 4453 6271

# Einleitung

## Alles ist mit allem verbunden

Ein Lexikon der Esoterik zusammenzustellen ist eine große Herausforderung. Normalerweise erwartet man von einem Fachlexikon, daß es die wichtigsten Personen des Fachgebiets vorstellt und dann vor allem die gängigsten Begriffe einfach und eindeutig erklärt. So, wie das Wort Esoterik heute gebraucht wird, ist jedoch unser Fachgebiet unglaublich umfangreich: Fast alle Religionen der ganzen Weltgeschichte beinhalten esoterische Praktiken und Philosophien oder sind nach unserem Verständnis völlig esoterisch. Aber auch viele moderne wissenschaftliche Gebiete wie Astronomie sind für den esoterischen Bereich von großer Bedeutung, werden dort diskutiert und zur Erklärung herangezogen. Selbst technische Neuerungen greifen in die Esoterik ein: Im Internet (ein weltweiter Verbund von einigen Millionen Computern, zu dem jeder Besitzer eines Computers und eines Telefons Zugang haben kann) gibt es Diskussionsforen und Webseiten, in denen sich weltweit Menschen darüber unterhalten, wie der Computer magisch genutzt werden könnte. Ganz enge Verbindungen gibt es auch mit den Fachgebieten der Geschichte, der Sprachforschung, der Archäologie und mit fast allen anderen Geisteswissenschaften.

**Magier und Alchemisten der frühen Zeiten sprachen viele Sprachen, beherrschten Handwerkskünste und die Wissenschaften**

Grundsätzlich ist die Verbindung zu diesen Fächern aber einseitig: Esoteriker versuchen, wissenschaftliche Ergebnisse für sich nutzbar zu machen, während sich Wissenschaftler nur selten für den esoterischen Aspekt interessieren. Schon für frühneuzeitliche und mittelalterliche Magier oder Alchemisten war es ein selbstverständliches Bestreben, alles damalige Wissen beherrschen zu wollen. Nahezu alle waren Gelehrte, die verschiedene Sprachen sprachen und sich in Astronomie, Mathematik und den anderen Wissenschaften auskannten. Da sie auch ihre Werkzeuge selbst herstellen mußten, waren sie darüber hinaus sogar Schmiede, Weber und andere Handwerker. Aber keine Angst, Sie werden in diesem Lexikon weder mit Mathematik, Quantenphysik, Computertechnologie oder der Schmiedekunst behelligt. All dies auch nur oberflächlich unter esoterischen Gesichtspunkten zu betrachten, das würde den Rahmen dieses Lexikons bei weitem sprengen. Da aber nach dem obersten Grundsatz der Geheimwissenschaften alles mit allem verbunden ist, müssen Sie bei weiterem Studium der Esoterik – zu dem dieses Buch natürlich anregen möchte! – damit rechnen, immer wieder mit Neuem in Berührung zu kommen. So enthält der Bücherschrank eines Studenten unserer Wissenschaft meist viele verschiedene Wörterbücher und Nachschlagewerke. Die Autoren können Ihnen in diesem Buch schon alleine aus Mangel an Platz nur eine sorgfältige Auswahl der allerwichtigsten Begriffe bieten. Verbindungen mit Naturwissenschaften oder den Handwerkskünsten haben wir mit einer

Ausnahme nicht berücksichtigt – und diese Ausnahme ist die Medizin.

## Alte Erkenntnisse nutzen

Bis vor ein oder zwei Jahrhunderten war die Heilkunst fast völlig von esoterischen Vorstellungen bestimmt. Jeder Heiler betrachtete die Stellung der Planeten, benutzte die Heilmittel, welche die Alchemie bereitstellte, und wählte Heilpflanzen nach der Lehre der Entsprechungen. Daß ihre Methoden nicht nur auf Aberglauben beruhten, beweisen die vielen überlieferten Erfolge. Die moderne wissenschaftliche Medizin basiert deshalb mehr auf den esoterischen Forschungen vergangener Zeiten (z. B. auf denen des Paracelsus), als ihr manchmal bewußt ist. Als sich die moderne Medizin bildete, übernahm sie in vielfältiger Weise die Methoden und Heilmittel der Vorfahren. Und nicht nur das: Schon vor einigen Jahrzehnten erkannte die WHO, die Weltgesundheitsorganisation, auch die Heilmethoden der Medizinmänner vieler Naturvölker als wirksam an.
Ein weiterer Grund, wenigstens einige medizinische Begriffe ins Lexikon aufzunehmen, liegt darin, daß in der letzten Zeit die Schulmedizin immer mehr Konkurrenz von alternativen oder ganzheitlichen Heilmethoden erhält. Fast jeder kennt mittlerweile homöopathische Mittel oder hat etwas von Bachblüten gehört, doch nur wenige wissen, daß solche und ähnliche Behandlungsmethoden zum Großteil auf esoterischen Prinzipien fußen. Auch inzwischen sehr bekannte Therapi-

en wie Hypnose, Autogenes Training oder Tai-chi haben esoterische Grundlagen und basieren auf alten Erkenntnissen der biologischen und kosmischen Zusammenhänge. Erkenntnisse, die man nutzen kann und sollte – auch wenn an dieser Stelle eine kleine Warnung erlaubt sei: Aus der Esoterik sind zwar überaus wirksame Heilweisen entstanden, doch Wunder kann man natürlich auch hier nicht erwarten. Selbstverständlich sollte es außerdem sein, daß alle diese Mittel in die Hände von Ärzten und nicht von Laien gehören. Außer bei kleinen Problemen wie Erkältungen oder ähnlichem sollte niemand auf eigene Faust mit der eigenen Gesundheit oder der von anderen spielen. Und leider gibt es auch viele Scharlatane, die aus dem Leid anderer ein Geschäft machen wollen und sich als Wunderheiler aufspielen. Deswegen sollten Sie sich zu Ihrer eigenen Sicherheit immer zuerst an ausgebildete Ärzte wenden.

## Das „Innere einer Lehre" finden

**Es gibt einige esoterische Schulen. Jede hat ihre eigene Philosophie**

Die Beschäftigung mit der Esoterik kann das Bewußtsein erheblich erweitern – sie stellt den Leser jedoch auch vor eine ungeheure Vielfalt der Erscheinungen. Ein Lexikon der Esoterik muß gerade deshalb vorsichtig abwägen, denn viele Begriffe haben gar keine einheitliche, feste Definition. Fast jede esoterische Schule gibt ihnen eine mehr oder weniger unterschiedliche Bedeutung, von denen oft keine richtiger als die andere ist. Wichtig ist es einzig und allein, daß jeder seinen eigenen, individuellen Weg zum „Inneren einer Leh-

re“ (wörtliche Übersetzung des griechischen Begriffs „Esoterik“) findet. Was damit gemeint sein kann, sei an einem Beispiel erklärt:
In der Bibel heißt es, daß Gott die Schlechtigkeit der Menschen sah und sie deshalb alle in einer großen Flut vernichten wollte. Nur Noah und seine Familie fanden Gnade vor ihm. So erzählte er ihm von der kommenden Flut und hieß ihn eine Arche bauen, in der er neben seiner Familie auch ein Paar von jeder Tiergattung in Sicherheit bringen sollte. Als das Wasser kam, trieb Noah vierzig Tage auf ihm, bis er am Berge Ararat strandete.
Es gibt nun ganz unterschiedliche Weisen, diese Geschichte zu lesen. Der Fundamentalist nimmt alles wortwörtlich und glaubt, die ganze Welt bis hinauf zum Himalaja habe unter Wasser gestanden. Er rechnet aus, wie groß die Arche gewesen sein muß, woher das viele Wasser kam und wohin es verschwand, und ist völlig unfähig zu verstehen, daß die Geschichte auch eine tiefere Bedeutung hat.
Ein gläubiger Jude oder Christ hingegen fragt sich, was die Bibel damit sagen will, und sieht eine wunderschöne Geschichte, welche die Strenge Gottes gegenüber den bösen Menschen vor Augen führt, aber auch seine große Güte gegenüber denjenigen, die ihm folgen. Und er erkennt, daß Gott manchmal Wunder vollbringt, um die zu erretten, die an ihn glauben. Die Zeit von vierzig Tagen ist für den gläubigen Juden oder Christen nur ein alter Ausdruck für eine lange Zeit.
Wenn sich ein Esoteriker für Noah interessiert, reicht ihm dies nicht, für ihn muß die Geschich-

te mehr beinhalten. In einem heiligen Buch kann kein überflüssiges oder zufälliges Wort stehen. So beginnt er, über die Zahl 40 und ihre Bedeutung nachzudenken. Ihm wird einfallen, daß die Zahl häufiger in der Bibel vorkommt – Jesus war z. B. so viele Tage in der Wüste –, und er wird sie nach kabbalistischen Gesichtspunkten deuten. Dann wird er den Namen Noahs genauso deuten und darüber meditieren und zum Schluß vielleicht jeden Vers genau untersuchen. Er wird seine Meditationen und kabbalistischen Untersuchungen so lange fortsetzen, bis ihm in seinem Inneren die Bedeutung plötzlich offenbar wird.

**Der Esoteriker möchte die Prinzipien der Welt und des Seins verstehen und in sich aufnehmen**

Esoterik beinhaltet also eine Methode – es muß nicht die Kabbalah sein –, um den tiefsten Sinn und die Bedeutung einer Geschichte, eines Gottes, Bildes, Traums oder Symbols in seinem Innern erfahren zu können. Letztlich strebt der Esoteriker an, persönlich zu erfahren, was diese Welt eigentlich bedeutet und welchen Platz er in diesem Kosmos hat. Die Prinzipien dieser Welt will er in seiner Seele sehen, er will sie verstehen und sich mit ihnen vereinigen. Um sich diese Erfahrung zu erleichtern, gibt er den Kräften oft menschliche Gestalt und geht so mit Dämonen, Geistern, Göttern oder Fabelwesen um.

Damit steht er in der Tradition vieler Religionen. Auch in der Antike glaubten die Gebildeten nicht daran, daß sich Zeus wirklich in einen Schwan oder Stier verwandeln konnte. Sie wußten, daß menschliche Eigenschaften auf erdachte Wesen übertragen worden waren. Und bei den damaligen Esoterikern in den Mysterienschulen

konnte man lernen und persönlich erfahren, welche tiefere Bedeutung sich hinter den Göttern verbarg.
Das Eigentliche an der Esoterik ist also die persönliche seelische Erfahrung, und über diese kann man nicht sprechen, geschweige denn ein Lexikon verfassen. Trotzdem gibt es zu wenig anderen Themen so viele Bücher wie zu diesem. Einerseits zeigt sich daran, daß es unmöglich ist, mit Worten den Kern zu beschreiben. Andererseits braucht man aber eine Methode, um sich den Erfahrungen wenigstens zu nähern.
Die Aufgabe eines Esoterik-Lexikons kann es also nur sein, in großen Zügen verschiedene Tendenzen und einige der wichtigsten Persönlichkeiten der Esoterik vorzustellen. Dazu können einige Auswirkungen angesprochen werden, die esoterisches Denken auf unser Alltagsleben hat oder haben kann. Wir haben uns dabei bemüht, nicht so sehr die trockenen Fakten in den Mittelpunkt zu stellen, sondern Sie, den Leser, auch etwas vom Geist unserer Wissenschaft spüren zu lassen.

# A

**A.·. A.·.** Abkürzung für die lateinischen Worte Astrum Argenteum, was silberner Stern bedeutet. Gelegentlich wird der Name auch durch die Abkürzung S.·. S.·. angegeben, was Silver Star (Silberner Stern) heißt. Der A.·. A.·. ist ein magischer Orden, über den viele Legenden und Falschinformationen bestehen. Er wurde im Jahre 1900 in Mexiko von Aleister → Crowley gegründet. Er verstand ihn als eine Fortsetzung des „Hermetic Order of the Golden Dawn" (→ Hermetischer Orden der Goldenen Morgendämmerung). Crowley, der selbst ein Eingeweihter des Golden Dawn war, schuf diesen Orden, weil er unzufrieden mit dem Golden Dawn und dessen Führung war. Seiner Ansicht nach hatte der Golden Dawn den Kontakt zu den Geheimen Oberen des Ordens verloren. Als es ihm im Jahre 1904 gelang, diesen Kontakt seiner Ansicht nach wieder herzustellen, bezeichnete er den A.·. A.·. als den „Inneren Orden des Neuen Äons, von dem das Gesetz von Thelema ausgehe" (→ Äon, → Platonisches Jahr, → Thelema). Der A.·. A.·. verfügt über elf Grade (0–10) und zwei Zwischengrade. Grundlage des Gradsystems ist der kabbalistische Baum des Lebens (→ Kabbalah). Während seines Fortschreitens im Orden begibt sich das Mitglied symbolisch auf die Reise von der Sephirah Malkuth (Neophyt 1°) hin zur Sephirah Kether (Ipsissimus). Im Gegensatz zu anderen sogenannten magischen Orden unterhält der A.·. A.·. weder → Logen noch Schulungszentren. Der A.·. A.·. nimmt Männer und Frauen auf. Die Unterweisung der Mitglieder findet nach folgendem Schema statt: Jedes Mitglied im Orden kennt nur das Mitglied, das in der Ordenshierarchie direkt über ihm ist. Dieses fungiert als sein Lehrer. Hat das Mitglied den magischen, mystischen und philosophischen Wissensstand seines Lehrers erreicht, kommt es in den nächsten Grad. Gleichzeitig fungiert das Mitglied auch als Lehrer desjenigen, der im System des Ordens unter ihm ist. Wenn dieser Ordensbruder/diese Ordensschwester sein „Wissen" erlangt, erhält er/sie dessen Grad. Jedes Mitglied des A.·. A.·. kennt also eigentlich nur zwei weitere Mitglieder des A.·. A.·., seinen Lehrer im Grad über ihm und seinen Schüler im Grad unter ihm. Solch ein System ist natürlich anfällig für Schwindler und Scharlatane, da es einem Interessenten für den A.·. A.·. nicht möglich ist, hundertprozentig festzustellen, ob er wirklich Kontakt zum echten A.·. A.·. hat oder ob er einem Pseudoorden aufgesessen ist. Er kann den Orden nicht in seiner Gesamtheit überschauen, und er findet die Wahrheit oft erst nach Jahren heraus. Dies macht die Suche nach dem wahren A.·. A.·. sehr schwierig. So gibt es z. B. seit den achtziger Jahren einen sog. A.·. A.·., der zuerst von Berlin und dann von Bergen an der Dumme aus arbeitet. Oberhaupt dieses Pseudo-A.·. A.·. ist der Berliner Michael E. Eschner. Eschner mißbraucht den Namen des A.·. A.·. für seine eigenen Zwecke, die da lauten: Befriedigung des eigenen Machttriebes, Geld verdienen (die Mitgliedschaft im echten A.·. A.·. kostet nichts bzw. sehr wenig) etc. Eschner und seine Gruppe sind mehrmals mit dem Gesetz in Konflikt geraten, und er selbst sitzt eine mehrjährige Gefängnisstrafe wegen Nötigung ab. Trotzdem ist seine Gruppe weiter tätig, wie man diversen Publikationen der Boulevardpresse und Fernsehsendungen entnehmen kann. Hinzu kommt noch, daß Eschner wiederrechtlich äußerst schlechte Übersetzungen der Bücher Crowleys auf den Markt gebracht hat, die voller Fehler und Mißinterpretationen sind, die aus seiner eigenen Feder stammen. Er hat dem Ansehen des A.·. A.·. in Deutschland großen Schaden zugefügt. Es soll zur Zeit mehrere Zweige des A.·. A.·. auf der Welt geben, die authentisch sind, ein Anspruch, der sich aber nicht gerade leicht überprüfen läßt. Was lehrt nun der A.·. A.·.? Dieses hat Crowley in seiner Schrift „One Star in Sight" (Ein Stern in Sicht) alles detailliert beschrieben. Der A.·. A.·. lehrt keine Sexualmagie, wie gelegentlich irrtümlich behauptet wird. Es werden diverse Yoga- und Meditationstechniken vermittelt (→ Yoga, → Meditation). Das Mitglied lernt vieles über Philosophie und die verschiedenen Religionen. Es muß die Basistexte der thelemitischen Weltanschauung (→ Thelema) lesen, und es erhält eine Grundausbildung in ritueller → Magie. Im 5° muß es ihm gelingen, seinen eigenen → Heiligen Schutzengel zu beschwören, der ihm dann bei seinem weiteren Fortschreiten im Orden hilft. Nach dem 7° muß es ihm gelingen, den → Abyss zu überschreiten und jenseits von ihm symbolisch als Kind des Abyss in Binah (→ Kabbalah), der „Stadt der Pyramiden", wiedergeboren zu werden. Er tritt dann quasi in die kabbalistische Welt Aziluth ein.

Literaturhinweise: Crowley, Aleister, One Star in Sight, Magick – Buch 4 Appendix II, London 1929 (diverse Neuausgaben); ders., An Account of the A.·. A.·., Erstveröffentlichung in The Equinox Vol. I, London 1909–1914; ders., Liber Collegii Sancti, o. O. u. o. J.

**Abd-ru-shin** (1875–1941), Pseudonym für Oskar Ernst Bernhardt. Er war ein sächsischer Kaufmann, der später als esoterischer Schriftsteller und Gründer der Gralsgemeinschaft (→ Gral) bekannt wurde. Die Gralsgemeinschaft wurde Ende der zwanziger Jahre in Tirol gegründet. Bernhardts Lehren sind ein Sammelsurium aus den unterschiedlichsten Strömungen wie Christentum, Theosophie und diversen christlichen Sekten wie z. B. den Adventisten. Hauptbestandteil der Lehren ist Bernhardts Buch „Im Lichte der Wahrheit". In ihm bezeichnet sich Bernhardt selbst als Gottessohn.

**Abiegnus** Name des mythischen Berges, von dem die → Rosenkreutzer vorgeben zu stammen. Gleichzeitig ist es auch der Name für das Grabgewölbe, in welchem ihr sagenumwobener Gründer Christian → Rosenkreutz begraben sein soll. Bei den Initiationen in einigen Rosenkreutzergemeinschaften spielt die mystische Suche nach dem Schlüssel, der das Gewölbe öffnet, eine große Rolle. Wer diesen Schlüssel erlangt, für den tun sich alle Geheimnisse des Lebens und des Todes auf. Dementsprechend symbolisiert der A. auch das Zentrum der Welt. Gelegentlich wird der A. auch mit dem Montsalvat gleichgesetzt, jenem Berg in den spanischen Pyrenäen, auf dem sich die Gralsburg befunden haben soll.

**Abraham von Worms** Legendärer Autor des Buches „Die heilige Magie des Abramelin" (→ Abramelinritual), eines Zauberbuches, welches 1458 zuerst erschienen sein soll. Es ist seinem Sohn Lamech gewidmet.

**Abramelinritual** bezieht sich in erster Linie auf das Buch „Die heilige Magie des Abramelin". In ihm schildert der Wormser Jude Abraham seine Reisen durch Arabien und Ägypten auf der Suche nach Wissen und Weisheit. In Ägypten trifft er schließlich den Magier Abramelin (gelegentlich auch Abramelim genannt), der ihm einen Ritualtext (→ Ritual) überläßt, mit dessen Hilfe es möglich sein soll, seinen → Heiligen Schutzengel zu beschwören. Ist einem dies gelungen, so kann man Engel und Dämonen herbeirufen, die man mit Hilfe des Heiligen Schutzengels in seine Dienste zwingt. Das ganze Ritual dauert sechs Monate und soll am Karfreitag beginnen. Während dieses Zeitraumes beschäftigt sich der → Magier mit nichts anderem als mit diesem Ritual. Zwei Ausgaben des Buches sind für die europäische Esoterik von großer Wichtigkeit. Die eine Ausgabe befindet sich in der Bibliothèque Arsenal in Paris und stammt aus der Privatbibliothek des Comte d'Artois, der es im Jahre 1785 gekauft haben will. S. L. Mac Gregor Mathers übersetzte sie ins Englische. Diese Ausgabe erschien im Jahre 1898 in London. Mathers war einer der Gründer des → Hermetischen Ordens der Goldenen Morgendämmerung, einer der wichtigsten magischen Organisationen des ausgehenden 19. und beginnenden 20. Jahrhunderts. Dieses Buch hatte einen großen Einfluß auf die Magie und die Mitglieder dieses Ordens. Eines davon war Aleister → Crowley, der im Jahre 1900 versuchte, dieses Ritual durchzuführen. Die andere Ausgabe erschien 1725 in Köln unter dem bombastischen Titel: „Die egyptischen großen Offenbarungen in sich begreifend die aufgefundenen Geheimnißbücher Mosis; oder des Juden Abraham von Worms Buch der wahren Praktik in der uralten göttlichen Magie und in erstaunliche Dingen wie sie durch die heilige Kabbala und durch Elohym mitgeteilt worden.

Sammmt der Geister- und Wunderherrschaft welche Moses in der Wüste aus dem feurigen Busch erlernet, alle Verborgenheiten der Kabbala umfassend. Aus einer hebräischen Handschrift 1387 im 17. Jahrhundert verdeutscht und wortgetreu herausgegeben, Köln am Rhein, bei Peter Hammer". Eine Ausgabe dieses Buches befindet sich in der Bibliothek der Universität Köln. Der Begründer der Tiefenpsychologie, der Schweizer Carl Gustav → Jung, soll eine Ausgabe besessen haben. Der verstorbene Professor für jüdische Mystik an der Hebräischen Universität in Jerusalem vertritt die Auffassung, daß der Autor dieses Buches kein Jude gewesen sei. Er meint, daß das Buch unter dem Einfluß des christlichen Kabbalisten Pico de → Mirandola verfaßt wurde.

Literaturhinweise: Beecken, Johann Richard, Die Heilige Magie des Abramelin, Berlin 1957; Mathers, S. L. Mac Gregor, The Book of the Sacred Magic of Abra Melin the Mage, London 1898 (verschiedene Nachdrucke); Dehn, Gregor, Das Buch Abramelin, Saarbrücken 1995; König, Peter Robert, Abramelin & Co, München 1995.

**Abraxas** ist ein Wort, über dessen Ursprung man nichts weiß. Es taucht häufig im Zusammenhang mit der → Gnosis auf und findet sich dort vor allem auf Schmuckstücken und → Amuletten. Die Bedeutung dieses Wortes ist ebenfalls unklar. Schreibt man A. in griechischen Buchstaben und ordnet ihnen die dem griechischen Alphabet zugehörenden Zahlenwerte zu, so ergibt sich die Gesamtsumme 365. Die Zeit, die ein Jahr dauert, der Zeitraum also, in dem die → Sonne einmal durch den ganzen → Tierkreis zieht. Dies könnte die Schlußfolgerung nahelegen, daß sich A. auf die Sonne bezieht und somit ein heiliger oder magischer Name derselben ist.

**Abtei Thelema** taucht zum ersten Mal in François → Rabelais' (1494–1553) Roman „Gargantua und Pantagruel" auf, der in fünf Bänden von 1532 an erschien. Im ersten Buch („Gargantua") schildert er, wie Gargantua die Abtei Thelema bauen läßt. In ihr leben die Menschen in völliger Freiheit, gemäß der einzigen Ordensregel „Tu, was du willst". Aleister → Crowley schuf in einem Landhaus nahe der sizilianischen Stadt Cefalu seine Abtei Thelema, in der er und seine Anhänger gemäß seinem „Gesetz von Thelema" lebten (→ Thelema). 1923 wurde Crowley aus Italien ausgewiesen. Die Abtei bestand noch etwa zwei Jahre ohne ihn weiter.

**Abyss** stammt aus dem Griechischen und heißt ursprünglich Abyssos. Als Eigenschaftswort lautet die Übersetzung unergründlich, grundlos, als Hauptwort bedeutet es Abgrund; Stätte der Toten und Verdammten lautet die Übertragung im Neuen Testament. In der → Kabbalah bezeichnet der A. den tiefen, unbekannten Abgrund zwischen den kabbalistischen Welten, vor allem den zwischen Briah und Aziluth. Ihn muß der Suchende auf seinem Weg hin zu Gott durchschreiten. Sein normales, menschliches Wesen löst sich im A. auf und wird dann jenseits des A. wiedergeboren, als Kind des A. Eine poetische Beschreibung des Durchganges durch den A. befindet sich in J. R. R. Tolkiens berühmten Fantasyroman „Der Herr der Ringe" (Stuttgart 1972). Der Zauberer Gandalf der Graue stürzt in die Schicksalsklippen und taucht später als Gandalf der Weiße geläutert wieder auf.

**AC** Gebräuchlichste Abkürzung für → Aszendent

**Adept,** lateinisch, kommt von adeptus, welches eine Form des Verbs adipiscor, erhalten, erringen, ist. Ein A. ist also jemand, der etwas errungen hat. Im Rahmen der Esoterik bezeichnet das Wort einen Menschen, der Wissen und magische Kenntnis, oft mittels → Einweihung erlangt hat.

**Adonai** ist aus dem Hebräischen und heißt der Herr. Es wird immer an Stelle des heiligen, unaussprechlichen Namen Gottes (Jehovah oder Jahwe) verwandt. Laut Aleister → Crowley ist es auch eine Bezeichnung für den → Heiligen Schutzengel, da sein Zahlenwert im Hebräischen 65 lautet und 65 die Verbindung des Menschen (des → Mikrokosmos, symbolisiert durch die Zahl 5) mit Gott (dem Makrokosmos, symbolisiert durch die Zahl 6) darstellt.

**Adyar** ist ein Vorort der indischen Stadt Madras und der Hauptsitz eines der Zweige der Theosophischen Gesellschaft – Adyar Theosophie (→ Theosophie); ein anderer Zweig befindet sich in Pasadena, Kalifornien.

**Äon** kommt vom griechischen Aion, was Leben, Lebenszeit, aber auch lange, unbegrenzte Zeit, Ewigkeit bedeutet. In der Esoterik wird dieses Wort häufig auf Teile des → Platonischen Jahres angewandt.

**Äther** stammt aus dem Griechischen und bedeutet ursprünglich „heiterer Himmel“. Im übertragenen Sinne bezeichnet es die Wohnstätte der Götter. In der Esoterik ist damit der Übergangszustand vom Stofflichen zum Spirituellen gemeint.

**Ätherleib** ist ein anderes Wort für den → Astralleib.

**Agartha** ist eine sagenhafte Stadt, die sich unter dem Himalaja befinden soll. Magiere, Weise und Philosophen aller Hochkulturen sollen an diesem Ort zusammengekommen sein und dort diesen Hort der Weisheit und Gelehrsamkeit gegründet haben.

**AGLA** ist eine Abkürzung der hebräischen Worte „Ateh Gibor Le Olam Adonia“, was übersetzt heißt: „Du bist mächtig, o Herr“. Diese Worte wurden oft als Zauberformel auf → Amuletten und → Talismanen verwandt.

**Agrippa von Nettesheim**, Heinrich Cornelius (1486–1535). Er ist sicher eine der schillerndsten Figuren der Geschichte der Esoterik. Sein Leben würde Stoff für einen Abenteuerroman oder einen Historienfilm à la Hollywood liefern.
A. ist einer der bedeutendsten der sogenannten Renaissancemagier. Als junger Mann begab er sich im Auftrag des Kaisers Maximilian nach Paris (die Ursache seiner Mission ist unbekannt) und gründete dort mit jungen Adligen eine Geheimgesellschaft. Sie wollten die Welt nach mystischen Gesichtspunkten reformieren, und sie gelobten einander gegenseitige Hilfe. Als ein Mitglied dieser Geheimgesellschaft die Botschaft erhielt, daß die Bauern seines Gutshofes ihn enteignet hatten, sammelten die Adligen, die man vielleicht als frühe Freimaurer betrachten kann, unter der Führung A.'s ein Heer, um ihrem Bruder wieder zu seinem Eigentum zu verhelfen. Dies mißlang, und die Geheimge-

sellschaft löste sich daraufhin auf. 1509 kam A. nach Dôle, wo er Lehrer an der dortigen Universität wurde. Seine Vorliebe für die jüdische → Kabbalah rief die Kirche auf den Plan, die dies für eine gefährliche Ketzerei hielt. Er ging nach Genf, doch die Anfeindungen ließen nicht nach. Daraufhin ging er nach England und kehrte schließlich wieder nach Köln zurück, wo er Vorlesungen hielt. 1515 folgte er Kaiser Maximilian und seinem Heer nach Italien, wo er zum Ritter geschlagen wurde. A. war Mitglied des Konzils von Pisa und hielt dann später in Turin und Pavia Vorlesungen über → Hermes Trismegistos. 1518 wurde er Syndikus, Advokat und Redner der Stadt Metz. Nach einem Streit mit dem Inquisitor Savini – A. rettete eine Frau, die der Hexerei angeklagt war – gab er zwei Jahre später diesen Posten wieder auf. In den nachfolgenden Jahren hielt er Vorlesungen in Köln, Genf und in Freiburg in der Schweiz. Während dieser Zeit praktizierte er auch als Arzt. 1524 wurde er zum Hausarzt der Herzogin Luise von Savoyen, der Mutter des Königs. Es kam zum Streit mit ihr, da er sich weigerte, für sie als Astrologe zu arbeiten, daraufhin verlor er seine Anstellung und Pension. In den nachfolgenden Jahren war er für den König von England, Heinrich den VIII., den Kanzler des deutschen Kaisers, einen italienischen Marchese und für Margarete von Österreich, die Statthalterin der Niederlande tätig. Letztere ernannte ihn zum Historiographen (Geschichtsschreiber). Während dieser Zeit erschien sein berühmtes Werk „Über die Eitelkeit und Unsicherheit der Wissenschaften“ in lateinischer Sprache. In ihm schildert er seine These, daß alles menschliche Denken und Handeln eitel sei. Das Buch wurde zu einem Skandal, und A. wurde erneut arbeitslos. Mittellos verbrachte er ein Jahr in Brüssel im Gefängnis. Kurz darauf erschien sein Buch „De Occulta Philosophia“ (Über die Okkulte Philosophie), und A. wurde der Ketzerei angeklagt. Er verließ Deutschland und starb schließlich in Grenoble. „De Occulta Philosophia“ hat einen großen Einfluß auf die westliche → Esoterik genommen. A. vertritt darin die These, daß der Mensch durch die Macht des Wissens Wunder bewirken könne. Magie sei eine mächtige Gabe des Menschen, die auf dem Wissen um die geheimsten Dinge beruhe. Sie sei Philosophie und Wissenschaft in einem und schließe Physik, Mathematik und Theologie mit ein. Um die verborgenen Eigenschaften der Dinge zu erforschen, müßten wir uns der Lehre von den → Analogien (Ähnlichkeiten) bedienen: Ähnliches erzeugt Ähnliches. Das Feuer der Opferungen auf der Erde beeinflusse das Feuer des Himmels. Das Auge eines Frosches heile einen blinden Menschen. Neben den Sympathien gäbe es auch Antipathien, so verursache der Harn eines Maulesels Unfruchtbarkeit bei Frauen – Maulesel sind Bastarde aus Pferdehengst und Eselstute und fast immer unfruchtbar. A. war der erste, der die esoterischen Lehren der Juden und des griechisch-römischen Kulturkreises systematisch aufarbeitete. Für ihn bestand der Kosmos aus drei Welten. Für jede dieser Welten gibt es eine eigene Magie, die physische, die astrale und die religiöse. Die Gesamtausgabe der magischen Werke von A. erschien im Jahre 1855 in deutscher Sprache.

**Ahriman** In der Religion des Persers Zoroaster (auch → Zarathustra) der Name des bösen Prinzips oder Gottes.

**Ahura Masda** (auch Ahura Mazda) ist der höchste und heiligste Geist in der zoroastrischen Religion → Zarathustra.

**Ain Soph** wird auch En Sof geschrieben → Kabbalah.

**Ajna Chakra** → Chakra.

**Akasha** stammt aus der indischen Sprache Pali und bedeutet Raum. Ursprünglich war der Gebrauch dieses Wortes auf den Buddhismus (→ Buddha) und → Hinduismus beschränkt. Es war vor allem Rudolf → Steiner, der dieses Wort aufgriff und es zur Akasha Chronik erweiterte. In ihr sollen alle vergangenen, gegenwärtigen und zukünftigen Ereignisse aufgezeichnet sein, und einem hellsichtigen Menschen soll es möglich sein, in der Chronik zu lesen.

**Akasha-Chronik** → Akasha

**Akupunktur** ist ein wichtiger Bestandteil der traditionellen chinesischen Medizin. Der menschliche Körper verfügt nach dieser Lehre über ca. 1 000 sog. Akupunkturpunkte. Diese befinden sich auf zwölf Linien, die den menschlichen Körper überziehen. Sechs dieser Linien sind männlich bzw. positiv – positiv ist hier nicht eine moralische Qualität, sondern eher im Sinne der Elektrizität zu verstehen –, sechs sind weiblich bzw. negativ – hier gilt das gleiche wie bei positiv. Im Chinesischen bezeichnet man das Männliche mit Yang und das Weibliche mit Yin. Durch diese Linien, auch Meridiane genannt, fließt nach chinesischer Ansicht die Lebensenergie → Ch'i. Dadurch, daß die Akupunkturpunkte nun mit Edelstahlnadeln gestochen werden, soll das Ch'i entweder in seinem Fluß angeregt oder gebremst werden, denn die chinesische Medizin vertritt die Ansicht, daß Krankheiten ihre Ursachen darin haben, daß der Energiefluß nicht mehr im Gleichgewicht ist.

**Albertus Magnus** (1193–1280) lateinischer Name für Albert den Großen. Nachdem er an der Universität von Padua studiert hatte, lehrte er in Köln, Hildesheim, Frankfurt, Freiburg, Regensburg und Straßburg. Im Jahre 1223 war er dem Orden der Dominikaner beigetreten und war dann von 1260–1262 Bischof in Regensburg. Thomas von Aquin war auch einige Zeit sein Schüler. Albertus beschäftigte sich intensiv mit den Schriften des Aristoteles, und er las, was damals völlig neu war, arabische, byzantinische und jüdische Kommentare dazu. Die → Kabbalah gehörte ebenfalls zu seinen Studiengebieten. Zudem beschäftigte er sich mit den esoterischen Künsten wie → Astrologie und → Alchemie. Es gibt sogar eine Legende, die behauptet, daß er vor dem Stauferkaiser Friedrich dem II. (1194–1250) Tote beschworen habe. Albertus Magnus entwickelte bereits so etwas wie eine kritische, naturwissenschaftliche Haltung, denn in seinen Schriften tauchen Sätze auf wie: „Das habe ich nachgeprüft." oder „Dies liegt außerhalb meiner Erfahrung". Ihm wird die Herstellung von Kaliumkarbonat (Pottasche) zugeschrieben, und er war der erste, der die chemischen Komponenten von Bleiweiß, Mennige und Zinnober angab.

**Albertus Magnus**

Seiner Ansicht nach verfügten Pflanzen auch über magische Kräfte, so befähige z. B. die Petunie zum Wahrsagen. Albertus Magnus ist darüber hinaus einer der Pioniere der sogenannten → Edelsteinmagie, die sich heute wieder zunehmender Beliebtheit erfreut. Von ihm stammt der Satz: „Die Edelsteine haben vor anderen wunderwirkende Eigenschaften." So wirke der Amethyst gegen Trunkenheit, fördere die geistige Klarheit und mache klug.

Mittels eines Smaragdes ließe sich feststellen, ob ein Mädchen keusch sei. Wenn man dem Mädchen einen Trunk mit geriebenem Smaragd gebe, und es sich nicht übergebe, so sei sie keusch, könne sie den Trunk jedoch nicht bei sich behalten, sei sie untugendhaft. Der Achat kräftige die Zähne, befreie von Halluzinationen und helfe gegen Melancholie. Dies sind nur einige Beispiele aus den Schriften von Albertus Magnus, der von all dem auf das tiefste überzeugt war. Da sich aus seinen Schriften auch ergab, daß man → Amulette und → Talismane aus Edelsteinen machen kann, wundert es nicht, daß er in den Verdacht geriet, → Magie zu praktizieren. Diesen Vorwurf wies er mit den Worten, er betreibe Wissenschaft, weit von sich. Außerdem beschäftigte er sich ausgiebig mit der Alchemie. In einer Schrift mit dem Titel „Über die Alchemie" behauptet er, daß man Gold auf künstlichem Wege herstellen könne. Heutzutage erscheint uns Albertus als eine zwiespältige Person, die auf der einen Seite das naturwissenschaftliche Denken förderte und vertrat, andererseits aber gleichzeitig abergläubische Vorstellungen verbreitete. Doch in der Zeit – dem Mittelalter –, in der er lebte, erschien das nicht als ein Widerspruch. Albertus Magnus werden auch verschiedene Zauberbücher zugeschrieben, die aber alle späteren Ursprungs sind. Die katholische Kirche hat ihn zu einem Heiligen ernannt, sein Feiertag ist der 24. 11.

**Albigenser** Eine asketische Geheimsekte, die seit dem 12. Jahrhundert in Südfrankreich vor allem um die Stadt Albi herum weit verbreitet war. Sie vertrat die Lehre eines guten und eines bösen Schöpfergottes, was auf ihre nahe Verwandtschaft mit den → Manichäern hindeutet. Außerdem verwarfen sie die christlichen Sakramente und die christliche Lehre der Dreifaltigkeit. Dies machte sie in den Augen der Kirche zu einer gefährlichen Ketzerbande, die es auszurotten galt. So kam es in den Jahren 1209–1229 zu vernichtenden Albigenserkreuzzügen.

**Alchemie,** auch Alchimie oder Alchymie. Die genaue Herkunft des Wortes ist nicht eindeutig zu klären. Einer Theorie nach stammt das Wort von dem koptischen Namen Ägyptens Khem oder Khemi her, eine andere Meinung ist, daß es von dem griechischen Wort Chymos abzuleiten ist, welches den Saft einer Pflanze bezeichnet. Als A. bezeichnet man die Kunst, unedle Materialien in edle zu verwandeln. Insbesondere wollten die Alchemisten Gold herstellen und suchten zu dem Zweck nach dem wundertätigen „Elixier" oder dem → „Stein der Weisen". Nach der Vorstellung der → Gnosis war die Materie anfangs im Zustand des Chaos, und erst die Schaffung der Welt brachte sie in den heutigen Zustand. Der Alchemist, der nun diese Zusammenhänge kenne, sei in der Lage, durch eifriges Forschen den „Stein der Weisen" zu gewinnen. Mittels dieses Steins könne er die Materie verändern. Die A. entwickelte sich aus der spätägyptischen Dämonenlehre, die direkt von den Geistern stammen sollte. Sie wurde in schwer verständlichen Rezepten aufgeschrieben und später von den Arabern zu logisch aufgebauten Rezeptsammlungen und genauen Verfahrensbeschreibungen geordnet. So kann man die A. als eine Frühform der Wissenschaft bezeichnen. Etwa ab dem 11. Jahrhundert wurde die A. auch im Abendland bekannt und trug gemeinsam mit der → Astrologie viel zur Weltanschauung des Mittelalters bei. A. hatte von Anfang an etwas mit → Magie und → Mystik zu tun. Der Prozeß der Goldherstellung wurde immer auch auf die Seele übertragen. Der wahre Alchemist sollte sich auch in geistiger Hinsicht vervollkommnen und das wahre Gold, also letztendlich Gott, finden. Trotzdem suchten sie auf Erden nach dem Rezept zur Goldherstellung. Die Deutung des schweizerischen Psychoanalytikers C. G. → Jung ist nur teilweise richtig, nach der sich die A. nur auf innere seelische Zustände und Zusammenhänge beziehe, die, so Jungs These, in den alchemistischen Schriften in symbolischer Form dargestellt wurden.

Literaturhinweis: Rode, Alexander, Alchemie und Mystik, Köln 1996.

**Almagest** Titel der arabischen Übersetzung des → Tetrabiblos des Klaudios → Ptolemaios.

**Alraune oder Alraunewurzel** Wurzel, die wegen ihrer menschlichen Form als ein mächtiges

Alraunewurzel

der Orden altägyptischen Ursprungs sein, die Lehrinhalte stammen aber überwiegend aus der → Theosophie und anderen magischen Orden wie der → Ordo Templi Orientis (O. T. O.), bei dem Spencer Lewis einige Zeit Mitglied war.

**Amulett** ist ein Gegenstand, dem eine magische und glückbringende Eigenschaft zugeschrieben wird. Es handelt sich hierbei entweder um einen natürlichen Gegenstand, wie zum Beispiel einen → Edelstein, oder um ein künstlich geschaffenes

Zaubermittel angesehen wurde. Zudem enthält die Pflanze (Mandragora) eine Substanz, die den Menschen in rauschhafte Zustände versetzen kann.

**AMORC** ist eine Abkürzung für „Antiquus Mysticus Ordo Rosae Crucis“ oder „Ancient Mystical Order of the Rosy Cross“, was übersetzt „Alter und Mystischer Orden von Rosenkreutz“ heißt. Er wurde während des I. Weltkrieges von Spencer Lewis in den USA gegründet. Der AMORC hat ein Initiationssystem, das 16 Grade umfaßt. Angeblich soll

Amulett

Ding, auf dem beispielsweise magische Symbole eingraviert sind.

**Amun** Einer der ältesten ägyptischen Götter. Sein Name soll soviel wie „der Verborgene" bedeuten. Er ist der Gott, der sich seines eigenen Atems bedient, um damit zu schaffen und zu wirken. A. ist für die Fruchtbarkeit und den Landbau zuständig. In der Spätzeit wurde er zum Sonnengott, der dann den Namen Amun-Re hatte.

**Anahata Chakra** → Chakra.

**Analogie,** griechisch, bedeutet Ähnlichkeit, Entsprechung. In den Naturwissenschaften wird nach Ursachen und ihren Wirkungen gesucht. In der → Esoterik hingegen steht die Suche nach und die Arbeit mit Analogien im Mittelpunkt. Es wird angenommen, daß alles, was sich ähnlich ist, in einem tieferen Zusammenhang steht und sich gegenseitig anzieht. (→ Agrippa)

**Andreae, Johann Valentin** (1586–1654), lutherischer Theologe, der in der Esoterik vor allem durch die Bücher „Die chy-

**Johann Valentin Andreae**

mische Hochzeit des Christiani Rosenkreuz", erschienen 1616, „Fama Fraternitas Rosaceae Crucis" (Gerücht von der Bruderschaft des Rosenkreuzes), erschienen 1614, und „Confessio Fraternitas Rosaceae Crucis" (Bekenntnis der Bruderschaft des Rosenkreuzes), erschienen 1615, bekannt wurde. All diese Bücher erschienen anonym, es gilt aber heute als gesichert, daß sie aus der Feder von A. stammen. In ihnen schildert er die Bruderschaft des Rosenkreuzes und das Leben ihres sagenhaften Gründers → Rosenkreutzer. Die Bücher A. löste im eigentlichen Sinne den

„Rosenkreutzerboom" aus, der die Esoterik-Interessierten bis heute beschäftigt.

**Andreas-Grade** Bezeichnung für den 4. und 5. Grad der → Freimaurerei.

**Animismus,** von lat. „anima". Unter A. versteht man eine Religion, die vor allem bei Naturvölkern weit verbreitet ist. „Animisten" glauben, daß alle Dinge eine Seele besitzen. Das können Pflanzen, Tiere, Flüsse, Berge etc. sein. Nach dieser Religion lebt alles und ist beseelt, egal welche materielle Form es hat.

**Ankh-Kreuz**

**Ankh,** ägyptisches Wort für Leben. Meist wird damit das Ankh-Kreuz bezeichnet. Dieses Henkelkreuz in Schüsselform wird traditionell von den ägyptischen Göttern getragen und symbolisiert immerwährendes Leben und Zeugungskraft.

**Anthroposophie,** griechisch Menschenweisheit. Es taucht zum ersten Mal in dem Buch „Anthroposophia Thaumaturgica" (Wundertätige Anthroposophie) des englischen Rosenkreuzerautors Thomas Vaughn auf, das Anfang des 18. Jahrhunderts erschien. Heute wird der Begriff fast ausschließlich für die Lehre Rudolf → Steiners gebraucht. Rudolf Steiner war der deutsche Generalsekretär der Theosophischen Gesellschaft – Adyar Zweig – für Deutschland (→ Theosophie). Als Steiner mit der Entwicklung, die die Adyar Theosophie nahm, nicht einverstanden war, trennten er und ein Großteil der deutschen Mitglieder sich von ihr und gründeten in den zwanziger Jahren die Anthrosophische Gesellschaft. Die

A. hat den Anspruch, die ganze Menschheit mittels Meditationsübungen (→ Meditation), Konzentration, Beschäftigung mit Träumen und durch die Lektüre spiritueller Bücher zu einer höheren Erkenntnis ihrer selbst und der Welt zu führen. Im Mittelpunkt ihrer Lehre vom Entstehen des Kosmos steht der Christusimpuls, der den Mittelpunkt des Weltgeschehens darstellt. Durch Wiedergeburt soll der Mensch die Möglichkeit der seelischen und geistigen Höherentwicklung erlangen. Nach der anthroposophischen Lehrmeinung ist der Mensch dreigeteilt und zwar in Körper, Seele und Geist. Die Anthroposophie hat Bewegungen in Gang gesetzt, die über die → Mystik und → Esoterik hinausgehen, aber letztendlich doch immer in ihr begründet sind. So gibt es die anthroposophische Medizin, die über ein Krankenhaus in Herdecke verfügt, und die anthroposophische Pädagogik, auch unter dem Namen Waldorfpädagogik bekannt. In vielen Städten gibt es heute Waldorfkindergärten und Waldorfschulen.

**Anubis** Totengott der Ägypter. Er hat den Kopf eines Hundes oder Schakals. Nachts bewacht A. die Mumien vor Dämonen und anderen unheilbringenden Geistern. In den Anfangszeiten war er Herrscher des Totenreichs. Als → Osiris diese Stellung einnahm, wurde A. herabgestuft. Beim Totengericht hat er nun die Aufgabe, das Wiegen der Herzen der Verstorbenen zu überwachen. Außerdem führt er die Seelen der Verstorbenen sicher durch die Unterwelt.

**Aphrodite,** griechische Göttin der Liebe, der Schönheit und des Wachstums. Über ihren mythologischen Ursprung gibt es mehrere Versionen. Einmal ist sie die Tochter des → Zeus und der Dione, ein anderes Mal entstand sie aus dem Schaum des Meeres, der entstand, als → Kronos die Genitalien des → Uranos in das Meer warf. Ihr heiliger Baum ist die Myrrhe. Tauben, Spatzen und auch Fische sind ihre ständigen Begleiter, also ihre heiligen Tiere. Ihre römische Entsprechung ist → Venus.

**Aphrodisiakum** Der Name leitet sich von der Göttin → Aphrodite ab. Ein A. ist eine Substanz, die das sexuelle Verlangen und das Empfinden beim Liebesakt steigern soll. Es ist nicht mit einem Potenzmittel zu verwechseln. Die Wirkung eines A. besteht hauptsächlich darin, daß es die Hemmungen, eines der Haupthindernisse beim Liebesgenuß, herabsetzt. Ob ein A. dazu in der Lage ist, die Teile des Gehirns zu beeinflussen, die für das sexuelle Verlangen und die Lustempfindung zuständig sind, ist umstritten. Seit Jahrtausenden gelten bestimmte Nahrungsmittel als A., z. B. Fische (heilige Tiere der Aphrodite/Venus), Hasen, Sellerie, Petersilie, → Alraune, Oliven, Spargel etc. Dann gibt es noch eine Reihe von Substanzen, die eine aphrodisiakische Wirkung haben sollen, die aber heute fast alle nach dem Betäubungsmittelgesetz verbotene Drogen sind und die, im Übermaß genossen, das Gegenteil bewirken. Außerdem kann der Konsum solcher Mittel gesundheitliche Schäden nach sich ziehen. Das in der Welt am weitesten verbreitete A. ist Haschisch oder Marihuana. In der indischen Mythologie z. B. war es der Gott → Shiva, der den Menschen das Haschisch brachte, damit sie mehr Freude an der Liebe haben sollten. Deswegen wird er auch oft auf Bildern und Statuen mit dieser Pflanze abgebildet. Des weiteren gelten Alkohol, Kokain, → LSD und → Meskalin als A. In bestimmten sexualmagisch ausgerichteten Kulten, z. B. → Tantra, werden A. bewußt als Stimulanzien eingesetzt.

**Apokryphen,** griechisch, bedeutet so viel wie „das Verborgene“. A. nennt man Bücher, die in Inhalt und Form den Büchern der Bibel nahe verwandt sind und auch als zu ihr gehörig ausgegeben werden, aber nicht in die Bibel aufgenommen wurden. Es gibt viele apokryphe Bücher des Alten und Neuen Testaments, so gibt es zum Beispiel ein Petrusevangelium, ein Evangelium der Maria Magdalena oder eine Petrusapokalypse.

**Apollonius von Tyana** Ein aus Kappadozien stammender → Magier des 1. Jahrhunderts n. Chr., von dem es ungefähr 100 Briefe geben soll, in denen er über Magie und Philosophie schreibt. Es ist heute strittig, ob es überhaupt einen A. gegeben hat, sehr sicher ist man sich aber darin, daß diese Briefe nicht von ihm stammen.

**Apollo,** griechischer Gott, Sohn des → Zeus und der Leto. Ursprünglich war er der Gott der alles verbrennenden Sommerhitze, der Pest und des Todes. Später wandelte er sich u. a. zum Gott des Ackerbaus, der Herden, des Lichtes, der Künste und der Weissagung. Ihm war in Delphi das wohl berühmteste → Orakel der Antike gebaut worden. In der Spätzeit des klassischen Griechenlands wandelte er sich zum Sonnengott. In dieser Eigenschaft tritt er in der Esoterik auf.

**Apophis** Name der ägyptischen Schlangengottheit (strenggenommen ist es die griechische Übersetzung des ägyptischen Apepi), die an den Ufern des himmlischen Nil oder Nun lebt. Jeden Morgen begibt sich der Sonnengott → Re (oder Ra) mit der Sonnenbarke auf seine Reise durch die zwölf Provinzen seines Reiches (die zwölf Tagesstunden). Die riesige Schlange A. versucht nun, Re und die Barke zu verschlingen. Dieser Kampf findet jeden Morgen statt, und Re ist stets der Sieger. Sturm und Unwetter sahen die alten Ägypter als Zeichen des Kampfes zwischen Re und A. an. Bei einer Sonnenfinsternis glaubten sie, daß A. einen kurzfristigen Sieg errungen habe. Dieser Mythos symbolisiert den ewigen Kampf der Kräfte des Lichtes (Re) gegen die Kräfte der Finsternis (A.), wobei das Licht (das Gute) immer den Sieg erringt.

**Aquarius** Lateinischer Name des elften → Tierkreiszeichens Wassermann.

**Astrologisches Zeichen für das Sternzeichen Wassermann**

**Äquinoktium** Lateinische Bezeichnung für die Tag- und Nachtgleiche, die Tage des Jahres also, an denen Tag und Nacht jeweils 12 Stunden dauern, am Frühlings- und Herbstanfang. Diese Tage haben schon seit altersher eine große magische und religiöse Bedeutung, die sich darin zeigt, daß sie in vielen Kulturen Tage großer Feste waren und sind.

**Arbatel de Magia Veterum** Ein Zauberbuch, das Anweisungen zur → Beschwörung von Geistern und Dämonen enthält. Es stammt angeblich aus dem Mittelalter, wurde aber erst 1575 in der Schweiz veröffentlicht.

**Arcanum** (auch Arkanum), lateinisches Wort für „das Geheimnisvolle". Dieses Wort wird gemeinhin für das Wissen benutzt, das nicht jedem Menschen zugänglich ist, sondern nur den Eingeweihten in den → Mysterien, Geheimbünden und magischen Künsten. Beim → Tarot spricht man von den großen und kleinen Arkanen.

**Archetypen** Nach Ansicht des Psychologen C. G. → Jung haben alle Menschen bestimmte seelische Bilder gemeinsam. Man findet sie in Märchen, Träumen, religiösen Erzählungen, aber auch in magischen → Ritualen, in der → Alchemie, → Astrologie und anderen esoterischen Bereichen wieder. Beispiele sind: der weise Alte, die große Mutter, die Hexe.

**Aries,** lateinische Bezeichnung des ersten → Tierkreiszeichens Widder.

**Astrologisches Zeichen für das Sternzeichen Widder**

**Artemis,** griechische Göttin, die ihren Ursprung im östlichen Raum des Mittelmeeres hat. A. ist die Zwillingsschwester des → Apollo. Sie ist die Göttin der Jagd, des Mondes und die Schützerin der Jungfräulichkeit junger Frauen. Da sie auch die Mondgöttin ist, spielte und spielt ihre Verehrung in der → Hexerei eine große Rolle. In der Antike befand sich ihr Hauptheiligtum im türkischen Ephesos. Ihr römisches Gegenstück ist die Göttin Diana.

**Asana (Pl. Asanas)** Name der Körperhaltung, die beim → Yoga eingenommen wird.

**Ashmole, Elias** (1617–1692), Englischer Rosenkreutzer und Sammler von Altertümern. Er verfaßte viele Bücher über → Rosenkreutzer und Freimaurer (→ Freimaurerei). Seine wertvolle Bibliothek befindet sich heute im Ashmole Museum in Oxford. A. gilt als einer der Schöpfer des Freimaurerrituals – so lautet wenigstens eine These über die Entstehung der Freimaurer. Zusammen mit Freunden hatte er eine Art Geheimgesellschaft gegründet, die sich mit → Mystik, → Magie und Rosenkreuzertum beschäftigte. Sie war geheim, weil sie sich gegen die damals noch weitverbreitete Intoleranz einer wenig aufgeklärten Gesellschaft schützen mußte. A. ließ sich in die Londoner Zunft der Steinmetze aufnehmen, und seine Freunde folgten seinem Beispiel. Die Folge war, daß sie ihre Treffen im Zunftsaal der Maurer und unter deren Emblem abhalten konnten.

**Ashram** Ein hinduistisches oder buddhistisches Kloster in Indien. Heute wird dieses Wort meist als Name für den Versammlungsort eines geistigen Führers mit seinen Schülern verwandt.

**Aspekte** Deutungselemente der → Astrologie. Von der Erde aus gesehen bilden die → Planeten miteinander und zu den → sensitiven Punkten Winkel. Werden bestimmte Winkel gebildet (sie brauchen nicht absolut genau zu sein), spricht man von A. und schreibt ihnen eine besondere Bedeutung zu. Beträgt die Größe ungefähr 45, 90, 135 oder 180 Grad, handelt es sich um sogenannte Spannungsaspekte. Sie entstehen aus einer fortschreitenden Vierteilung des Kreises (→ Vier). Aus diesen entnimmt der Astrologe Hinweise auf Aufgaben und Probleme eines Lebens. A. von 30, 60, oder 120 Grad gelten als harmonisch. Sie entstammen der Dreiteilung des Kreises (→ Drei) und stehen für günstige und leichte Entwicklungen. Ein Übermaß an harmonischen A.n in einem → Horoskop gilt aber wieder als ungünstig, da der Mensch Widerstände und Spannungen benötigt, um daran zu wachsen. In einigen astrologischen Schulen werden auch andere Einteilungen des Kreises (etwa in fünf, neun oder zehn Abschnitte) zur Bildung von A.n benutzt.

**Assassinen** (auch Hashishin), eine ismaelitisch-schiitische Sekte des Islam. Da sie als Schiiten unterdrückt und von ihren sunnitischen Nachbarn bedrängt waren, bildeten sie Mörderkommandos aus, um ihre Feinde zu töten. Später gingen sie gegen die Kreuzfahrer vor. Ihr Name soll daher rühren, daß ihre Führer Haschisch einsetzten, um den Sektenmitgliedern dadurch einen Vorgeschmack auf das Paradies zu geben, das sie nach dem Erfolg ihrer Unternehmungen erwartete. Einer anderen Theorie zufolge wurde ihnen dieser Name von ihren Nachbarn als Schimpfwort gegeben. Hashishin soll dementsprechend so viel wie Haschischfresser bedeuten, da sie Haschisch als Mittel zu Erreichung mystischer und ekstatischer Trancen verwendet haben sollen. Der Titel ihres Oberhauptes lautete „Der Alte vom Berge". Berühmt wurde einer ihrer Führer Hasan-i Sabbah (gestorben 1124) dadurch, daß es den A. gelang, unter seiner Leitung die Bergfestung Alamut im Elbrusgebirge zu erobern, die dann für Jahrzehnte ihr Hauptquartier wurde. Die A. sollen Kontakt zu den → Tempelrittern gehabt haben und diese in orientalische Geheimlehren eingeweiht haben. Aus diesem Grund betrachten verschiedene Geheimbünde und Orden die A. als ihre ideengeschichtlichen Vorfahren. Das heutige religiöse Oberhaupt der Ismaeliten, von denen die A. ein Teil waren, ist der Aga Khan.

**Astarte** Phönizische Fruchtbarkeits- und Mondgöttin, auch unter ihrem babylonischen Namen Ishtar bekannt.

**Astralebene** Bezeichnung für die Sphäre, die zwischen der geistigen und materiellen Ebene liegt. Alles was existiert, ob körperlich oder geistig, hat seinen Ursprung im Astralen. Hier befindet sich ein Plan von allem. Die A. entzieht sich der direkten Beobachtung durch den Menschen, und es bedarf bestimmter Übungen, um sie wahrnehmen zu können. Magische Rituale wirken gemäß dieser Theorie direkt auf die A. Außerdem sollen sich in der A. Engel, Naturgeister und Götter befinden.

**Astralkörper** Er besteht aus feinstofflichen Elementen, die die Seele braucht, um in den grobstofflichen Körper eingehen zu können. Das Ziel vieler magischer Übungen ist es, diesen A. zu nutzen, um so Erfahrungen und Erkenntnisse aus der → Astralebene zu erhalten und sie auf der materiellen Ebene einzusetzen.

**Astralmythen** Antike Vorstellung, daß Planeten und Sterne Götter seien, die wegen ihrer hervorragenden Taten an den Himmel versetzt wurden und von dort aus den Lauf der Welt beeinflussen.

**Astrologie** Methode, durch die Beurteilung der Stellung der → Planeten vom irdischen Standpunkt aus gesehen das Schicksal, den Charakter, die Stärken und Schwächen eines Menschen vorherzusagen. Sie macht aber auch Aussagen über das Schicksal von Gegenständen, Staaten, Tieren, Freundschaften und anderen Beziehungen. Die → Stundenastrologie gibt Auskunft über die kleinsten alltäglichen Fragen und Probleme. Grundsätzlich wird immer ein → Horoskop errechnet, das nach einer bestimmten Methode gedeutet wird. Für Vorhersagen werden außerdem → Transite und → Direktionen herangezogen. Astrologische Methoden haben sich unabhängig voneinander an verschiedenen Orten der Erde entwickelt, so in Nord- und Südamerika, Nordafrika, Mesopotamien, in Indien und China. Die heute gebräuchliche westliche A. wurde in Griechenland erschaffen, wo ägyptische und mesopotamische Einflüsse vereinigt wurden. Im ersten Jahrhundert v. Chr. lagen die Grundlagen der A., wie wir sie heute kennen, fest. Das früheste überlieferte Lehrbuch stammt aus dem 2. Jahrhundert n. Chr. von → Ptolemaios. In der folgenden Zeit wurde die A. zur Grundlage des gesamten abendländischen Denkens. Wissenschaft, Philosophie, → Alchemie und die anderen Zweige der → Esoterik wurden von ihr genauso durchdrungen wie die christliche Lehre (12 Apostel = 12 → Tierkreiszeichen, vier Evangelisten = vier

→ Elemente etc.). Zwar hat sich die Kirche meist ablehnend gegenüber der A. ausgesprochen, doch gab es selbst Päpste, die sich mit ihr beschäftigten. Im Rahmen der Aufklärung verlor dann die A. seit dem 18. Jahrhundert an Bedeutung und verschwand im 19. Jahrhundert von den Universitäten. Seit Beginn des 20. Jahrhunderts bemühen sich die Astrologen, ihre Wissenschaft auf eine neue, psychologische Basis zu stellen. Zudem gelang es dem Ehepaar Michel und Françoise Gauquelin, wissenschaftlich zu beweisen, daß zumindest die Planeten, allerdings ohne Sonne und Mond, so wirken, wie es die A. behauptet (M. Gauquelin, Die Wahrheit der Astrologie, Freiburg 1987). Seit den achtziger Jahren hat sie dann auch wieder Einzug an den Hochschulen gehalten, und es werden zunehmend mehr Magister- und Doktorarbeiten zu astrologischen Themen anerkannt.

**Astromantie** Das Beurteilen von Gegenwart und Zukunft nach den Ereignissen am Sternenhimmel. Schon seit Jahrtausenden ist bei vielen Völkern rund um die Erde die Vorstellung verbreitet, daß das Geschehen am Sternenhimmel in Beziehung steht zu den Ereignissen auf der Erde. Vor allem ängstigte die Menschen jede Abweichung vom normalen, harmonischen Lauf des Himmels. So zeigten für sie Sonnen- und Mondfinsternisse, plötzlich auftauchende Kometen und neu erscheinende Sterne stets Katastrophen und schwierige Zeiten an. Mit dem zunehmenden Verständnis für die mathematischen Regeln, nach denen das Himmelsgeschehen abläuft, verringerte sich die Angst der Menschen vor Finsternissen. Die intuitive, gefühlsmäßige Deutung machte einer mehr „wissenschaftlichen" Platz, die → Astrologie entwickelte sich.

**ASZ** Gelegentlich gebrauchte Abk. für → Aszendent.

**Aszendent** (Ac) Der Grad und das → Tierkreiszeichen, das im Moment der Geburt am östlichen Horizont aufsteigt. Er ändert sich von Minute zu Minute und wird von den Astrologen als der persönlichste und wichtigste Punkt des → Horoskops betrachtet. Horoskope von Zwillingen unterscheiden sich oft nur durch einen anderen Aszendentengrad. Ohne ihn ist eine genaue Deutung nicht möglich. Er gibt Auskunft über das Verhalten eines Menschen und ist auch Grundlage für verschiedene Techniken der Vorhersage.

**Athanor** Name des Sandbad-Ofens der Alchemisten zur Herstellung von Edelmetallen (→ Alchemie). Der Name stammt von dem arabischen Wort für Backofen.

**Athene** Griechische Göttin, die voll bewaffnet der Stirn ihres Vaters Zeus entsprang, der ihre Mutter gefressen hatte. Die immer jungfräuliche Göttin war die Schutzpatronin der Stadt Athen, des Kriegshandwerks, des Ackerbaus, der Viehzucht, der Weisheit und des Handwerks. Ihre römische Entsprechung ist die Göttin → Minerva.

**Atlantis** Der sagenhafte Kontinent, der sich im Atlantik zwischen Afrika und Amerika befunden haben soll. Er wird zum ersten Mal bei dem griechischen Philosophen Platon erwähnt. Laut Platon stammt das Wissen um A. von seinem Vorfahren Solon, der es wiederum von ägyptischen Priestern erfahren haben will. A. soll eine Hochkultur gewesen sein, von der alle anderen Völker des Mittelmeeres ihre Lehren und Religion erhalten haben sollen. Wegen des Hochmutes der Bevölkerung sei A. im Atlantik versunken. Bis heute wurden aber keine eindeutigen Beweise für die Existenz von A. gefunden.

**Atman** Die Übersetzung dieses Sanskritwortes lautet „Atem“. In der indischen Religion wird hiermit der innerste Kern der Seele bezeichnet. Es wird meist zusammen mit dem Wort → Brahman verwandt.

**Atum** Name des ägyptischen Gottes, der die Welt schuf. Der ägyptischen Mythologie nach entstand er aus sich selbst. Er verkörpert das → Chaos, das herrschte, ehe die Welt entstand und Himmel und Erde getrennt wurden. Aus sich selbst heraus schuf er den ersten Gott → Schu (Gott der Luft) und die Göttin → Tefnut (Göttin des Wassers und der Feuchtigkeit). Am Ende aller Tage vernichtet A. wieder die von ihm geschaffene Welt.

**Aura,** lateinisch „Hauch, Schein“. Die A. soll eine Art Lichtkranz sein, der den Körper des Menschen umhüllt. In ihm sollen sich Krankheiten und seelische Zustände abzeichnen. Hellsichtige Menschen sollen in der Lage sein, sie zu sehen.

**Aureole** Lateinisches Wort für Heiligenschein.

**Aurobindo, Sri** (1872–1950), Inder, auch als Aurobindo Ghose bekannt. Nach dem Studium in Indien und England (Cambridge) nahm er aktiv am Befreiungskampf Indiens von der britischen Kolonialherrschaft teil. Deswegen verbrachte er auch mehrere Jahre im Gefängnis. Nach seiner Entlassung im Jahre 1910 ging er nach Pondicherry in Indien und gründete dort einen → Ashram. Im Laufe der Jahre entwickelte sich dieser Ashram zu einem bedeutenden religiösen Versammlungsort. Nach A.s Tod wurde der Ashram von Mira Richard (1878–1973), auch „Mutter“ genannt, fortgeführt. In der Nähe von Pondicherry bauten die Anhänger der Lehren A.'s die Stadt „Auroville“, wo viele von ihnen leben und arbeiten. Auroville ist auch das Zentrum der „Aurobindobewegung“. A. schuf eine spezielle Form des → Yoga, das „Integrale Yoga“. Nach den Lehren A.s ist die wichtigste Voraussetzung für die Erlösung des Menschen Evolution und Erleuchtung. Er meint, daß es die Aufgabe der Menschheit sei, sich zu einem höheren Bewußtsein bzw. zur Göttlichkeit hin zu entwickeln. Sein „Integrales Yoga“ soll es möglich machen, daß Evolution und Erleuchtung zu einer harmonischen Entwicklung des Menschen führen.

**Außersinnliche Wahrnehmung,** Abk. ASW. Sammelname für alle Vorgänge, die nicht mit den normalen fünf Sinnen des Menschen wahrgenommen werden können, wie Telepathie (Gedankenlesen), Hellsehen oder Vorahnungen.

**Avalon** Name des Landes der keltischen Mythologie, in dem Feen und Götter leben. Eine Art Paradies, eine sogenannte Insel der Seligen, die gelegentlich auch mit → Atlantis gleichgesetzt wurde. Nach der Christianisierung Britanniens soll sich die keltische Priesterschaft dahin zurückgezogen haben.

**Avalon, Arthur** (1865–1936), Pseudonym von John Woodroffe, der heilige, tantrische Yogatexte aus dem Sanskrit übersetzte und sie so einer breiteren Leserschaft bekannt machte.

**Avatar** Avatar bezeichnet in der hinduistischen Religion Indiens normalerweise eine der Wiedergeburten des Gottes → Vishnu. Bislang hat es neun Wiedergeburten des Gottes gegeben. Die zehnte soll den Beginn einer Art von Goldenem Zeitalter einläuten. In der abendländischen Esoterik wird der Begriff A. heute auch auf andere sogenannte Wiedergeburten des universalen, göttlichen Impulses (z. B. → Jesus) angewandt.

**Aziluth** → Kabbalah.

**Azoth** Ein von → Paracelsus geschaffenes Kunstwort, welches aus den ersten und letzten Buchstaben des hebräischen, griechischen und lateinischen Alphabets besteht. Dieser Ausdruck wurde in der → Alchemie verwandt und bezeichnet das Urprinzip der Metalle. Bei Paracelsus hat es zudem auch noch die Bedeutung eines Allheilmittels. Einer anderen Theorie nach stammt das Wort von dem arabischen Namen für Quecksilber – al-zauq – ab.

# B

**Ba** Altägyptische Bezeichnung für einen Teil der Seele. In seinen Ursprüngen war B. ein Wort, welches einfach für Gott stand. B. (als Symbol der Seele) hat die Gestalt eines menschenköpfigen Vogels, der in Darstellungen oft auf einem Baum in der Nähe des Grabes sitzt. So lange, wie der Körper des Verstorbenen noch existiert, kehrt das B. immer wieder in den Körper zurück. Nach der Verwesung fliegt das B. zu den Göttern. Die weibliche Entsprechung heißt Bat.

**Baal,** hebräisch „der Herr". Er hat die Gestalt eines Stieres und ist in der Religion der Kanaaiter, die Bauern waren, der Gott der Erde.

**Baba Jaga** In der osteuropäischen Folklore eine Art Hexe (→ Hexerei), die in den Wäldern lebt und die die sogenannte „wilde Jagd" anführt. Sie fliegt in ihrem eisernen Hexenkessel durch die Luft. Ein Teil des Klavierzyklus „Bilder einer Ausstellung" von Modest Mussorgskij (1839–1881) trägt auch den Titel „Die Jagd der Baba Jaga".

**Bach, Edward** (1886–1936), britischer Physiker und Arzt. Er schuf die nach ihm benannte „Bachblütentherapie". B. entwickelte ein System der Kategorisierung der Wildpflanzen, in das er 38 Wildblütenpflanzen aufnahm. Die Blüten werden gesammelt und in Schalen mit klarem Wasser getan. Dann läßt man sie einige Zeit stehen, siebt dann das Wasser ab und hat die Bachblütenessenzen, die gegen unterschiedlichste körperliche und seelische Krankheiten helfen sollen. B.'s System der Zuordnung der Pflanzen zu den jeweiligen Krankheiten beruht nicht auf wissenschaftlichen Beobachtungen, er schuf sie gemäß seiner persönlichen Intuition (→ Ganzheitliche Medizin).

**Bacon, Francis** (1561–1626), englischer Philosoph und Schriftsteller. Der Meinung einiger Gelehrter nach soll B. der wahre Autor von Shakespeares Theaterstücken gewesen sein. Sein Roman „Nova Atlantis“ (Neues Atlantis) soll die Grundzüge der → Freimaurerei vorwegnehmen.

**Bacon, Roger** (1214–1292), englischer Fanziskanermönch, Mathematiker, Philosoph und Alchemist (→ Alchemie), der sich auch intensiv mit → Astrologie beschäftigte. B. ist als ein Vorläufer der modernen Naturwissenschaften zu verstehen, denn von ihm stammt der berühmte Satz: „Ohne Erfahrung kann der Mensch nichts sicher wissen“. Trotzdem oder gerade deswegen geriet B. unter den Verdacht, schwarze Magie zu betreiben und wurde von seinem Orden unter Hausarrest gestellt. Seine Bücher wurden verboten.

**Bailey, Alice Ann** (1880–1949), Engländerin. In den USA war sie Mitglied des sogenannten Adyar Zweiges der → Theosophischen Gesellschaft geworden und recht schnell in den inneren Kreis aufgestiegen. Sie gründete die Arkan Schule. In ihren zahlreichen Büchern vertritt sie u. a. die Theorie, daß Christus bald wiederkehren werde und daß es besonders entwickelte Wesen auf der Erde gebe, die für das Schicksal der Menschheit verantwortlich seien. Sie behauptete, wie H. P. → Blavatsky, in direktem Kontakt mit den geheimen Meistern (→ geheime Obere) zu sein. B. war eine recht produktive Autorin, die viele Bücher geschrieben hat.

**Baker-Eddy, Mary** (1821–1910), Amerikanerin. B.-E. gab an, daß sie bereits als Kind medial veranlagt gewesen sei und göttliche Stimmen gehört habe. Sie ist die Begründerin der Christian Science (Christliche Wissenschaft), die lehrt, daß man mittels des Rezitierens von bestimmten Bibelstellen alle Krankheiten heilen könne. B.-E. schrieb auch in einem ihrer letzten Bücher, daß sie ein halbes Jahr nach ihrem Tode wiederauferstehen würde. Trotzdem ist die Christian Science auch heute noch recht populär, vor allem in den USA. Das Gedankengut B.-

E.'s kann man als eine Vorform dessen betrachten, was heute gemeinhin als „Positives Denken" bezeichnet wird.

**Baphomet** Legendenumwitterte Figur, die die → Tempelritter verehrt haben sollen. So haben wenigstens einige von ihnen unter der Folter im Verbotsprozeß des Jahres 1307 gestanden. Die Tempelritter sollen das Kreuz verhöhnt und dem Götzenbild des B. gehuldigt haben. Einigen Quellen nach soll er einen weißen Bart und Edelsteinaugen gehabt haben, anderen Quellen zufolge soll er mit einem Eselskopf und Ziegenhörnern ausgestattet gewesen sein. Aus der letzten Beschreibung ist wohl auch ersichtlich, warum B. gelegentlich mit dem Teufel gleichgesetzt wird. Über die Herkunft und Bedeutung des Wortes B. gibt es viele Theorien, aber keine end- und allgemeingültige. So soll es sich z. B. von Mohammed ableiten: Mohammed – Mahomet – Maphomet – Baphomet. Dies sei ein Hinweis darauf, daß die Templer zum Islam übergetreten seien. Aleister → Crowley zufolge stammt B. von Bafomithr, einem Wort, welches so viel wie Vater → Mithras bedeutet. Auf jeden Fall hat das Wort in den letzten 600 Jahren die Phantasie vieler Menschen bewegt. – B. war → Crowleys Ordensname im O. T. O. (→ Ordo Templis Orientis).

**Bardon, Franz** (1909–1958), stammte aus Tschechien. B. verfaßte esoterische und magische Bücher, die auch heute noch weit verbreitet sind. Am bekanntesten ist der Zyklus der drei Bücher „Der Weg zum wahren Adepten", „Die Praxis der magischen Evokation" und „Der Schlüssel zur wahren Kabbalah". Innerhalb der sogenannten magischen Tradition beschreibt B. einen für die Verhältnisse der neueren magischen Literatur recht eigenständigen Weg, dem aber allem Anschein nach nur sehr wenige folgen können und wollen.

**Basilides** Bekannter Gnostiker (→ Gnosis) des 2. Jahrhunderts n. Chr., der um 133 in Alexandria lehrte. B. gab an, ein Schüler des Glaucias und des Menander gewesen zu sein. Er schrieb einen umfangreichen Kommentar zum Neuen Testament, von dem aber nur noch kleine Teile erhalten sind. B. wird von einigen Forschern als Schöpfer einer bestimmten Form der Zahlenmystik angesehen. Zudem soll das Wort → Abraxas bei ihm seinen Ursprung haben. B. wurde vom katholischen Kirchenlehrer Irenäus (ca. 140–202 n. Chr.) zum Ketzer erklärt (→ Ketzerei).

**Bat** Die weibliche Entsprechung von → Ba.

**Baum des Lebens** → Kabbalah.

**Bastet** Name der katzenköpfigen Göttin der Fruchtbarkeit des alten Ägypten; B. war die Tochter der → Isis.

**Beelzebub** Form des hebräischen Baal-Sebub, was Fliegenfürst oder Herr der Fliegen bedeutet. Laut dem Alten Testament (2. Buch Könige, 1,2) war B. der oberste Gott der Philister. Für die Juden war er der Höchste der bösen Dämonen. Folglich wurde er später auch im Christentum zu einem der obersten Fürsten der Hölle. In einigen Texten über Magie des Mittelalters wird B. auch als Schutzgott der Magie bezeichnet.

**Belial** Einer der Teufel oder Höllenfürsten, der gelegentlich auch Dämon der Feindschaft genannt wird.

**Belladonna** Eine der wenigen berauschenden Pflanzen unserer Breiten. Wegen ihrer gefährlichen Nebenwirkungen wurde sie nicht aus Vergnügen genossen, fand aber Anwendung in verschiedenen Rezepten für Hexensalben (→ Hexerei). Daneben wurde sie in der Schönheitspflege benutzt. Ihr Auszug, in die Augen geträufelt, verleiht große, glänzende Pupillen. Diese Praxis kann sehr gefährlich für das Augenlicht werden und ist nicht zu empfehlen.

**Bennet, Allan** (1872–1923), war eines der herausragendsten Mitglieder des Golden Dawn (→ Hermetischer Orden der Goldenen Morgendämmerung). Sein magischer Name im Orden lautete „Iehi Aour“ (Es werde Licht). Er war ein Freund und Lehrer Aleister → Crowleys. Beide teilten sich einige Zeit eine Wohnung in London. Während dieser Zeit unterwies er Crowley in der Praxis der rituellen Magie. Als B.'s Gesundheitszustand – er litt

**Belladonnapflanze**

unter starkem Asthma – immer ernster wurde, besorgte Crowley Geld, um seinen Freund nach Ceylon zu schicken. Dort konvertierte B. zum Buddhismus (→ Buddha) und nahm den Namen Ananda Metteya an. Wieder in London wurde er zu einem der Hauptinitiatoren der buddhistischen Bewegung in England. Seine Schriften sind nahezu unbekannt, wobei zwei besonders zu nennen sind: 1. The Training of the Mind (Das Training des Geistes): In ihr schildert er auf einfache Weise Meditationsübungen. 2. Notes on Genesis (Notizen über die Genesis): Dies ist eine gelehrte kabbalistische (→ Kabbalah) Analyse von Schlüsselwörtern des ersten Buches des Alten Testaments.

**Bernhardt, Oskar Ernst**
→ Abd-ru-shin

**Bes** (auch Besz) Eine zwergenhafte Gestalt mit einem extrem häßlichen Gesicht und meist übergroßen Genitalien. Sein Bild diente in Ägypten dazu, böse Geister abzuwehren.

**Besant, Annie** (*1847 England, †1933 Indien). Sie war politisch sehr engagiert und gehörte zur 1. Sozialistischen Internationalen. In London war sie mit Karl Marx gut bekannt. Nachdem sie Kontakt mit einem der geheimen Meister oder Oberen der → Theosophie gehabt hatte, trat sie 1889 der Theosophischen Gesellschaft bei und wurde Mitarbeiterin von H. P. → Blavatsky. 1907 wurde sie zur Leiterin der Theosophischen Gesellschaft. Sie verursachte eine der schwersten Krisen der Theosophischen Gesellschaft, als sie den Hindujungen → Krishnamurti Anfang dieses Jahrhunderts als den neuen Messias propagierte. Dies führte zur Aufspaltung der Theosophischen Gesellschaft in mehrere Zweige. Unter anderem spaltete sich damals die deutsche Sektion der Theosophischen Gesellschaft unter der Leitung Rudolf → Steiners ab und gründete die Anthroposophische Gesellschaft (→ Anthroposophie).

**Beschwörung** Im klassischen magischen Sinne wird darunter die Anrufung eines Gottes, Geistes etc. verstanden. Der Anzurufende wird mittels magischer Formeln, Symbole, Räucherungen etc. beschworen. Dies soll im Idealfall bis zur Sichtbarkeit des Geistes führen.

**Bewegliche Zeichen** In der → Astrologie die → Tierkreiszeichen Zwilling, Jungfrau, Schütze und Fische. Sie verleihen eine anpassungsfähige, bewegliche Natur, bergen aber auch die Gefahr in sich, einen zu beeinflußbaren Charakter zu entwickeln.

**Bhagavadgita** wohl das berühmteste Gedicht aus dem indischen Helden- und Religionsepos Mahabharata, welches im 2. Jahrhundert n. Chr. entstand. Hauptfigur des B. ist → Krishna, der lehrt, daß der wichtigste Weg hin zur Erkenntnis und Erfahrung Gottes der der hingebungsvollen Liebe an Gott ist. Im Falle des B. ist dieser höchste Gott → Vishnu. Als dieser Text in Europa bekannt wurde, machte er einen tiefen Eindruck auf viele Esoteriker, Mystiker und Magiere, die zum ersten Mal mit einem direkten Zeugnis indischer Religiosität in Kontakt kamen. Das Bhakti Yoga (das Yoga der hingebungsvollen Liebe zu Gott) erlangte so in Europa einen hohen Bekanntheitsgrad und wurde zum Lehrinhalt verschiedener Orden und Bruderschaften, z. B. Aleister → Crowleys → A.·. A.·.

**Bilokation** stammt aus dem Bereich der Parapsychologie und meint die Fähigkeit, an zwei räumlich getrennten Orten zur gleichen Zeit zu sein.

**Bilsenkraut**

**Bilsenkraut** Eine der wenigen berauschenden Pflanzen unserer Breiten. Wegen seiner gefährlichen Nebenwirkungen wurde es nicht zum Vergnügen genossen. Es fand aber Anwendung in verschiedenen Rezepten für Hexensalben (→ Hexerei).

**Binah** → Kabbalah.

**Biorhythmen** fußen auf der bislang trotz vieler Untersuchungen unbewiesenen Annahme, daß drei Rhythmen das Wohlbefinden und die Leistungsfähigkeit des Menschen beeinflussen. Ein Rhythmus von 23 Tagen soll danach die körperliche Leistungsfähigkeit bestimmen, einer von 28 Tagen das seelische Befinden (offensichtlich in Anlehnung an den „weiblichen“ Zyklus) und ein Rhythmus von 33 Tagen die geistigen Fähigkeiten. Alle Rhythmen beginnen mit dem Tag der Geburt. Zu Beginn jedes Zyklus steigt die jeweilige Leistungsfähigkeit an, erreicht nach dem ersten Viertel den Höhepunkt und sinkt dann wieder auf den Ausgangspunkt nach der Hälfte der Zeit. Es folgt eine Phase der Erholung. Beim dritten Viertel des Rhythmus sind Leistungs-

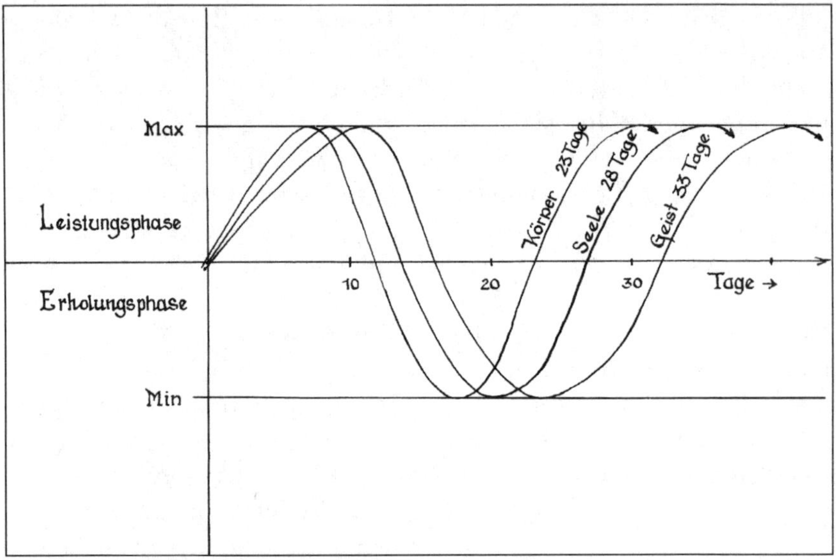


**Kurvendarstellung des Biorhythmus**

fähigkeit und Stimmung auf einem Tiefpunkt, um dann bis zum Ende wieder auf den Ausgangspunkt anzusteigen. Danach wiederholt sich der Ablauf. Die Darstellung erfolgt meistens in Form von Sinuskurven. Die Überlagerung dieser drei Kurven zeigt das allgemeine Befinden. Mit Hilfe von Computerprogrammen oder Tabellen kann man sich seine eigenen Biorhythmen leicht veranschaulichen.

**Biquintil** Abk. BQ. Ein → Aspekt von 144 Grad. Er wird als schwach und weniger bedeutend eingeschätzt.

**Blake, William** (1757–1827), englischer Maler, Kupferstecher und Dichter. Seine Visionen waren die Quelle, aus der heraus er seine Kunst schuf. Er war stark vom Seher Emmanuel → Swedenborg beeinflußt. B. entwickelte seine eigene Sicht der Welt und des Kosmos, die der der → Kabbalah nicht unähnlich ist. Eines seiner bekanntesten Werke ist „Die Lieder der Unschuld", erschienen 1789.

**Madame Helena Blavatsky**

**Blavatsky, Helena Petrowna** (*1831 Ukraine, †1891 London) Schon als Kind behauptete B., ein → Medium zu sein. Sie betätigte sich lange Jahre als Hellseherin, die durch europäische und amerikanische Großstädte reiste und dort in öffentlichen Vorstellungen auftrat. Im Laufe der Zeit nahm auch ihr Interesse an der → Esoterik zu, und sie versuchte mehrere Male vergeblich, nach Tibet und in die Mongolei einzureisen. (Nach ihren eigenen Angaben will sie tatsächlich in der Mongolei gewesen sein.) Sie behauptete, als Medium Kontakt mit großen, unbekannten Oberen oder geheimen Meistern (sie nannte sie Mahatmas = Große Seelen) gehabt haben. Diese Meister bilden eine Art geheime Bruderschaft, die die Geschicke der Welt und der Menschheit führen soll (→ geheime Obere). 1877 erschien ihr Buch „Entschleierte Isis", in dem mehrere Religionen behandelt werden und nach einem sie verbindenden Kern gesucht wird. Einige Jahre später erschien ihr Großwerk „Die Geheimlehre" (1888) in mehreren Bänden, welches ihr angeblich von ihrem Meister Djwal Khul diktiert wurde. Das Opus basiert auf den sogenannten Stanzen von Dzyan, einem ihrer Behauptung nach geheimen Buch, welches über die Entstehung der Welt und des Menschen berichtet. Ihr Meister soll es ihr u. a. ermöglicht haben, Zugang zu diesen Stanzen zu bekommen und ihr beim Kommentar geholfen haben. Heute gilt als gesichert, daß sowohl die Stanzen wie auch die Kommentare allein aus der Feder B.'s stammen, und der „Meister" lediglich in ihrer Vorstellung existierte. Trotzdem wird „Die Geheimlehre" für ein äußerst wichtiges Werk gehalten. Diese Bücher beschäftigen sich mit fast allem, was in der Esoterik des ausgehenden 19. Jahrhunderts angesagt war. Sei es nun Buddhismus, Hinduismus, → Kabbalah, → Alchemie, Ägyptologie, → Gnosis etc. B. versucht, Gemeinsamkeiten all dieser unterschiedlichen Gebiete aufzuzeigen, um so zu beweisen, daß jede Religion von einem ursprünglichen Kern ausgeht. Die Vermittler dieses Wissens seien die geheimen Meister/Oberen oder Mahatmas gewesen, die durch die Jahrtausende immer wiedergeboren worden seien. Diese Meister waren u. a. → Buddha, → Lao Tse, → Jesus etc. Im Jahre 1875 gründete B. zusammen mit ihren Anhängern die Theosophische Gesellschaft in New York (→ Theosophie). B. ist einige Male des Schwindels überführt worden. Sie hat mediale Phänomene gefälscht und mit den Tricks von Bühnenmagiern gearbeitet.

**Blocksberge** Tanzplätze der Hexen, auf denen sie ihren Sabbath (→ Hexensabbath) bzw. die Walpurgisnacht feiern. Neben dem → Brocken im Harz sind der Donnersberg in der Pfalz, der Hörselberg in Thüringen und der Venusberg in Schwaben die bekanntesten.

**Blut** gilt als Träger der Lebenskraft, und sein Opfer spielte daher eine wichtige Rolle in magischen → Ritualen. Auch heute gibt es noch viele Religionen, in denen dem Opfern von Blut eine große Bedeutung zukommt, z. B. in der afroamerikanischen Religion des Voodoo.

**Boaz** (auch Boas) Name der rechten der beiden Säulen im Tempel Salomons in Jerusalem. In der → Freimaurerei gilt sie meist als schwarz (manchmal auch als rot) und weiblich. Übersetzt könnte der Name „in Kraft" bedeuten. Aber es herrscht weder über die Bedeutung noch die Stellung der Säulen Einigkeit. (→ Jachin)

**Bogumilen** (auch Bogomilen) Eine im 10. Jahrhundert bestehende Sekte aus dem Balkan, die der → Gnosis zugeordnet wurde. Einige der Lehren der B. haben sehr große Ähnlichkeit mit denen der → Albigenser (→ Katharer). Daher gilt es als ziemlich gesichert, daß es einen Austausch zwischen diesen Sekten gegeben haben muß. Die B. vertraten, wie auch viele andere gnostisch beeinflußte Sekten, einen strengen → Dualismus.

**Bo Yin Ra** (1876–1943), Pseudonym, unter dem Joseph Anton Schneiderfranken weit mehr als 40 Bücher schrieb. Schneiderfranken behauptete, schon als Kind mit einem Abgesandten der großen geheimen Bruderschaft in Kontakt gekommen zu sein. Seine Bücher haben eher einen Unterhaltungscharakter und werden in der Regel nicht sehr ernst genommen. Trotzdem haben sie diverse Rosenkreutzergemeinschaften der Neuzeit beeinflußt.

**Böhme, Jakob** (1575–1624) Schuhmacher aus Görlitz. Während seiner Lehr- und Wanderjahre hatte er mehrmals mystische Visionen, die ihn schließlich dazu veranlaßten zu schreien. Bei B. vermischen sich Naturphilosophie und → Mystik zu einem organischen Ganzen. In seinen Lehren ist der ewige Streit zwischen Gut und Böse in der Natur und in der Seele, die unabdingbare Voraussetzung für alles Seiende. Der Wille des Menschen muß sich dem Gottes unterordnen, da dieser das letztendlich einzig Existierende ist. In seiner Symbolwelt repräsentierten Gottvater den Himmel, Jesus Christus die Sonne und der Heilige Geist das Licht der Sterne. Um eins mit Gott werden zu können, muß der Mensch zuerst das Göttliche in sich selbst erkennen. B. trägt auch den Beinamen Philosophus Teutonicus (Deutscher Philosoph), von seinen Gegnern wurde er „der antichristliche Schuster" genannt. Seine Schriften wie „Aurora oder die Morgenröte im Aufgang" hatten einen prägenden Einfluß auf die Rosenkreutzergemeinschaften (→ Rosenkreutzer) und die deutsche Romantik.

**Böser Blick** Nach magischer Theorie können Menschen, die über ihn verfügen, anderen durch bloßes Ansehen Schaden zufügen.

**Book of Shadows** → Buch der Schatten.

**Boullan, Joseph Antoine** (1824–1893), französischer, exkommunizierter römisch-katholischer Priester. War eine Zeitlang Oberhaupt der Carmel-Kirche, einer recht obskuren, christlichen Sekte, die vor allem in Lyon tätig war. Diese Kirche vertrat die Meinung, daß der Sündenfall des Menschen nur mittels Geschlechtsverkehr mit Engeln etc. aufgehoben werden könne. Weiteres zu B. und der Carmel-Kirche ist in dem Buch von Francis King „Sexuality, Magic and Perversion“ (1971) nachzulesen.

**BQ** → Biquintil

**Brahma** Der höchste der drei indischen Götter. Zusammen mit → Vishnu und → Shiva symbolisiert er drei Aspekte oder Zustände des Lebens: Schöpfung (Brahma), Erhaltung (Vishnu), Zerstörung (Shiva).

**Brahman** Wort aus dem Sanskrit, das „Heilige Macht“ bedeutet. In der Frühzeit war es die durch den Priester gesprochene heilige magische Formel. Später wurde die Bedeutung abstrakter und bezeichnete die schöpferische Quelle all dessen, was existiert. Eng mit B. verbunden ist das Wort → Atman.

**Brocken** Berggipfel im Harz, an dem sich alljährlich zur Walpurgisnacht (Nacht vom 30. April zum 1. Mai) die Hexen zu ihrem Sabbath treffen sollen (→ Hexensabbath).

**Brüder des Schattens** Mit diesen Worten meint man in der Esoterik und Magie gemeinhin Menschen, die dem „linken Pfad“ (oder Pfad des Schattens) folgen. Sie sind also im eigentlichen Sinne Schwarzmagiere.

**Buch der Schatten** ist in Deutschland unter seinem englischen Titel „Book of the Shadows“ fast noch bekannter als unter seinem deutschen. Das Buch der Schatten ist das Buch, das jede Hexe und jeder Hexer bei ihrer/seiner → Einweihung erhalten und von ihr/ihm weitergeführt wird. Es enthält die Zaubersprüche und Rituale, die das Mitglied eines Hexenzirkels ausüben soll. Im eigentlichen Sinne ist das Buch der Schatten geheim und persönlich. Es soll nach dem Tode des Eigentümers vernichtet werden. Trotzdem gibt es verschiedene gedruckte Fassungen dieses Buches, die alle einen starken Einfluß der Schriften von

**Darstellung des sitzenden Buddha**

Aleister → Crowley verraten (→ Hexerei, → Wicca).

**Buddha** ist eigentlich kein Name, sondern ein Titel. Es ist ein Sanskritwort und bedeutet „der Erleuchtete". Der historische B. war ein nepalesischer Prinz mit dem Namen Siddharta Gautama und wurde um 543 v. Chr. geboren. Das Erleben von Leid, Elend und Tod, die er außerhalb der Palastmauern sah, brachten ihn dazu, sein Leben zu ändern. Im Alter von 29 Jahren gab er sein gewohntes Leben auf, um nach Weisheit und Erkenntnis zu suchen. Sechs Jahre zog er durch Indien und übte sich in Askese und verschiedenen Yogapraktiken (→ Yoga). Der historische B. starb um das Jahr 480 v. Chr.

**Buddhismus** Religion, die von → Buddha gestiftet wurde und auf dessen Lehre beruht. Während Buddha unter dem Bodhibaum meditierte, erlangte er Erleuchtung. Er ging nach Benares und hielt seine erste Predigt über die „vier Wahrheiten" vom Leiden und von der Erlösung. Die Predigt war Anlaß zur Gründung der Ordensgemeinschaft buddhist. Mönche, die von Buddha nach der Predigt geweiht wurden. Die vier Wahrheiten lauten, Leiden, die Entstehung des Leidens, die Aufhebung des Leidens und der Weg, der zur Aufhebung des Leidens führt. Der Weg der Befreiung wird durch den „achtfachen Pfad" dargestellt. Er besteht aus rechtem Erkennen, rechte Entschlüsse fassen, rechtes Reden, rechtes Handeln, rechter Lebenserwerb, rechtes Bemühen, rechte Achtsamkeit, rechte Meditation. Erst spät wurde es auch Frauen erlaubt, in den buddhist. Orden einzutreten.

**Bulwer-Lytton, Sir Edward** (1803–1873), englischer Schriftsteller, → Rosenkreutzer und Freimaurer (→ Freimaurerei). Bekanntester Roman ist „Die letzten Tage von Pompeji". In esoterischen Kreisen ist er eher durch Romane wie „Zanoni" und „Vril" bekannt geworden. 1861 übernahm B.-L. den Vorsitz der Societas Rosicruciana in Angelia (Rosenkreutzergesellschaft in England), einem Vorläuferorden des → Hermetischen Ordens der Goldenen Morgendämmerung („Hermetic Order of the Golden Dawn"). Der von ihm geschaffene Vrilmythos beeinflußte die nationalsozialistischen Esoteriker (z. B. den Stellvertreter Adolf Hitlers und ehemaligen Steinerschüler Rudolf Heß), die eine Vril-Gesellschaft gründeten. Vril steht in B.-L.'s Roman „Vril oder das kommende Geschlecht", für die reine schöpferische Kraft, die die Pflanzen wachsen läßt. Der Mensch werde in der Zukunft in der Lage sein, diese Kraft für sich zu nutzen. B.-L. hatte auch Kontakt zu dem französischen Esoteriker und Magier Eliphas → Levi. B.-L. und Levi sollen gemeinsam in dessen Haus den Geist des → Apollonius von Tyana beschworen haben, der ihnen u. a. den Entwurf für einen angeblich sehr wirkungsvollen Talisman mitgeteilt haben soll.

# C

**Caduceus** Lateinisches Wort für Heroldsstab. Eines der traditionellen Attribute des griechischen Gottes → Hermes bzw. seiner römischen Entsprechung → Merkur. Beim C. handelt es sich um einen Stab, um den sich zwei Schlangen winden. Sehr oft befindet sich an der Spitze des Stabes eine geflügelte Sonne, das ägyptische Symbol für → Horus, den Sonnengott.

**Cagliostro, Alexander Graf von** (1743–1795), hieß eigentlich Guiseppe Balsamo und war der Sohn eines sizilianischen Bauern. C. war, was man einen begnadeten Schwindler nennen würde. Er verstand es ausgezeichnet, den Reichen und Mächtigen seiner Zeit das Geld aus der Tasche zu ziehen. C. war Gast an den wichtigsten Königshöfen seiner Zeit, z. B. Belgien, England, Frankreich, Italien und Rußland. Dort trat er entweder als Alchemist (→ Alchemie) auf, der behauptete, im Besitz des → Steins des Weisen zu sein, mit dessen Hilfe er die Schatzkammern der jeweiligen Fürsten und Könige mit Gold zu füllen versprach (gegen entsprechendes Honorar), oder er gab sich als Großmeister der von ihm gegründeten ägyptischen → Freimaurerei aus. In der letzteren Position verkaufte er an den Adel Einweihungen in diese Freimaurerei zu für damalige Zeiten extrem hohen Preisen. Berühmt-berüchtigt wurde C.

**Alexander Graf von Cagliostro**

durch die „Halsbandaffäre“, einen Skandal, der das vorrevolutionäre Frankreich erschütterte. Diese Geschichte wirft ein bezeichnendes Licht auf C. Zusammen mit der Gräfin Lamothe-Valois informierte er den bei Hof in Ungnade gefallenen Kardinal von Straßburg, daß dieser die Gunst der Königin Marie Antoinette durch ein kostbares Halsband wiedererringen könnte. Sie fälschten Liebesbriefe und arrangierten ein nächtliches Rendezvous zwischen dem Kardinal und einem Straßenmädchen, das sie als Marie Antoinette verkleidet hatten. Der Schwindel flog auf, und es kam zu einem Prozeß in den Jahren 1785/86, der das Ansehen des französischen Königshauses schwer in Mitleidenschaft zog. Alexandre Dumas (1802–1870) schuf aus dieser Geschichte einen seiner bekanntesten Romane „Das Halsband der Königin“. 1789 wurde C. in Rom von der Inquisition wegen Ketzerei zum Tode verurteilt, 1791 wurde das Todesurteil in eine lebenslängliche Freiheitsstrafe umgewandelt. Die von C. geschaffene ägyptische Freimaurerei lebte fort und wurde später in den sogenannten Memphis – Misraim Ritus der Freimaurerei aufgenommen. Da der Memphis – Misraim Ritus auch ein Freimaurerorden war, der bei der Gründung des → Ordo Templi Orientis Pate stand, existieren heute noch Spuren von C.'s Schöpfung. Johann Wolfgang von Goethe hat sich in seinem satirischen Theaterstück „Der Großkophta“ über C. und dem ihm verfallenen Adel auf bissige Art und Weise lustig gemacht.

**Astrologisches Sternzeichen für das Sternzeichen Krebs**

**Campanus, Campani Giovanni** (1233–1296) Italienischer Astrologe, der ein noch heute benutztes Häusersystem für die Astrologie entwickelte (→ Häuser).

**Astrologisches Sternzeichen für das Sternzeichen Steinbock**

**Cancer** Lateinischer Name des vierten → Tierkreiszeichens Krebs.

**Capricornus** Lateinischer Name des zehnten → Tierkreiszeichens Steinbock.

**Case, Paul Foster** (1884–1954), Amerikaner, der seinem eigenen Bekunden nach der Leiter des amerikanischen → Hermetic Order of the Golden Dawn war. In den USA gründete er das BOTA (Builders of the Adyatum = Baumeister des Adyatums, Bezeichnung für das Allerheiligste eines Tempels). Bekannt geworden ist C. aber vor allem durch seine Bücher über das → Tarot. Er vertritt zwar recht wunderliche Thesen zum Ursprung des Tarots, trotzdem gehören diese Bücher zu den besten, die bislang über das Tarot geschrieben wurden. Titel seines wohl wichtigsten Buches: „The Tarot, A Key to the Wisdom of Ages" (Tarot, Ein Schlüssel zur Weisheit der Zeitalter).

**Castaneda, Carlos** Amerikanischer Anthropologe und Autor, der 1925 geboren wurde. Bekannt wurde der öffentlichkeitsscheue C. durch seine Bücher (z. B. „Die Lehren des Don Juan", „Die andere Wirklichkeit", „Die Reise nach Ixtlan" etc.). In ihnen schildert er, wie er bei dem indianischen Schamanen Don Juan Matus in die Lehre ging und eine Ausbildung zum Brujo (spanisch für Hexer, Zauberer) absolvierte. Viele Anthropologen halten seine Bücher für wenig authentisch und sehen ihn als eine Art esoterischen Karl May an. Eine andere These lautet, daß C. und sein ihn betreuender Professor sich die ganze Geschichte ausgedacht hätten, um auf die Art und Weise ein Experiment in bezug auf die Wissenschaftsgläubigkeit der Menschen zu machen, denn die ersten Bücher C.'s erschienen als wissenschaftliche Arbeiten (Dissertationen etc.). Die Bücher C.'s enthalten viele wahre Informationen über die Schamanenkultur mittelamerikanischer Indianer (→ Schamanen) und deren zeremoniellen Gebrauch halluzinogener Drogen.

**Cayce, Edgar** (1877–1943). Er konnte sich in → Trance versetzen und soll dann in der Lage gewesen sein, Krankheiten zu diagnostizieren und Mittel für ihre Heilung zu verschreiben. In seinen Trancezuständen machte er sehr viele Prophezeiungen, die heute noch in gedruckter Form vorliegen und sich nach wie vor einer großen Anhängerschaft erfreuen.

**Ceres** Römische Göttin des Pflanzenwachstums. Ihr Fest war die Cerealia, welches am 19. April gefeiert wurde. C. hatte auch schon früh eine Verbindung zur Tellus Mater (Mutter Erde), der Göttin des Ackerfeldes. Diese beiden Göttinnen verschmolzen in der griechischen Mythologie zur Göttin → Demeter.

**Chakra** (Pl. Chakren) Aus Indien stammendes Sanskritwort, das Rad bedeutet. Ch. kann man als geistige Energiezentren im menschlichen Körper bezeichnen. Der Mensch verfügt über eine große Anzahl dieser Ch. Am wichtigsten sind aber die sieben (oder sechs, je nach Schule), die auf der Wirbelsäule liegen, entlang des sogenannten Mittelkanals (Sushumna). Ein Yogi (→ Yoga), der die Schlangenkraft (→ Kundalini) aktivieren kann, „zieht" sie vom Wurzelchakra bis hinauf zum Scheitelchakra. Dies soll ihm übermenschliche Fähigkeiten verleihen, seine körperliche und geistige Gesundheit fördern und zu tiefer mystischer Erkenntnis führen. Die gebräuchlichste Methode der Aktivierung der Ch. ist die → Meditation. Es gibt auch rituelle Arten und Weisen der Chakraaktivierung, wie sie z. B. von den Anhängern des → Tantra praktiziert werden. Die Namen der wichtigsten Ch. und ihre ungefähre Lage im menschlichen Körper sind: Muladhara Ch. – dies ist das Wurzelchakra, welches sich am Steißbein (auf Höhe der Genitalien) befindet. Es verfügt über vier Lotusblätter und in ihm ruht die Kundalinienergie, symbolisiert durch eine

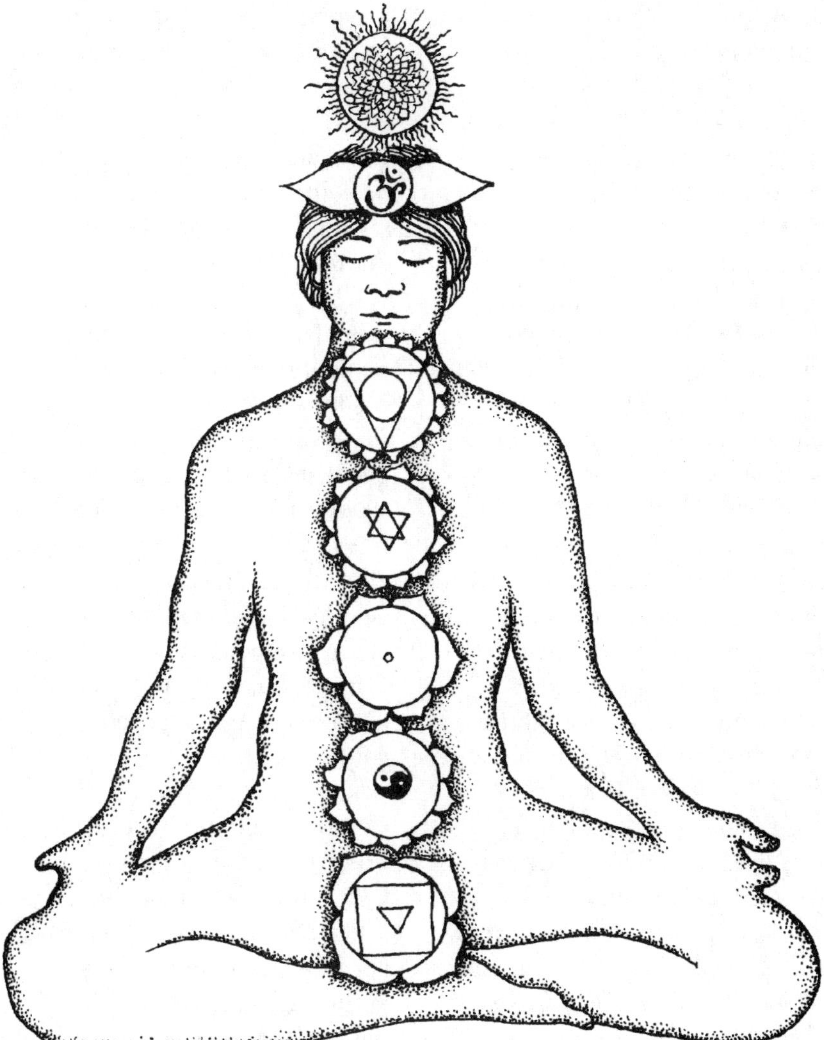

Sie sechs wichtigsten Chakren beim Menschen

zusammengerollte Schlange, die bereit ist, nach ihrer Erweckung, ihren Weg durch den Mittelkanal nach oben zu nehmen. Svadhistana Ch. ist der Name des zweiten Ch.'s. Es befindet sich ungefähr auf halbem Weg zwischen den Genitalien und dem Bauchnabel (Kreuzbeinregion). Es hat sechs Lotusblätter. Manipura Ch. ist der Name des nächsten, das auf Höhe des Nabels liegt. Es hat zehn Lotusblätter. Das Anahata Ch. oder auch Herzchakra mit zwölf Lotusblättern ist das vierte. Darauf folgt das Vishudda Ch. oder Kehlchakra, welches sechzehn Lotusblätter hat. Das Ajna Ch. oder Stirnchakra wird häufig mit dem dritten Auge (→ Drittes Auge) gleichgesetzt. Es verfügt über sechsundneunzig Lotusblätter. Das letzte ist das Sahasrara Ch. oder Scheitelchakra, welches tausend Lotusblätter hat. Jedes Ch. wird auch als eine Lotusblume gesehen. Wenn nun die Schlangenkraft aufsteigt, entfaltet sich jeder Lotus, er blüht auf. Weder die genaue Anzahl der Ch. noch ihre Lage im menschlichen Körper sind eindeutig definiert. Die Angaben unterscheiden sich oft von Autor zu Autor, und dies trifft sowohl auf indische wie euroamerikanische Autoren zu. Die oben erwähnte Zuordnung ist eine der gebräuchlicheren.

**Chaldäer** Volk aus der Region des Mittelmeers, das seine Ursprünge wahrscheinlich in Vorderasien hat. Im 2. Jahrtausend v. Chr. schufen sie in Mesopotamien (Zweistromland) viele kleine unabhängige Staaten. Im 8. Jahrhundert v. Chr. errangen sie die Herrschaft in ihrem Nachbarstaat Babylon. In der Spätantike (vor allem zur Zeit der Römer) wurde der Name Ch. fast ausschließlich für die Babylonier gebraucht und wurde hierbei vor allem zu einer Bezeichnung für Astrologen, da Babylon auf dem Gebiet der Astrologie als führend galt.

**Channeling** Ein neuer Ausdruck für ein altes Phänomen. Ch. leitet sich von dem englischen Wort „channel" = Kanal ab. So wird heute häufig die Fähigkeit eines → Mediums genannt, Botschaften von Verstorbenen, Geistern etc. zu empfangen und zu übermitteln. Das Medium ist der „Kanal", durch den diese Mitteilungen fließen. Es werden heute oft Kurse angeboten, in denen man diese Fähigkeit angeblich lernen kann.

**Chaos,** griechisch, bedeutet so viel wie „weiter Raum“, vor allem aber „der leere, unermeßliche Weltraum“. In der Esoterik hat es auch oft die gleiche Bedeutung wie → Abyss. Das Ch. verfügt über das verborgene Potential der Schöpfung. In ihm ist bereits alles als Same oder als Idee vorhanden. Es wartet quasi darauf, in Erscheinung, ans Licht zu treten.

**Chaosmagie** Eine neue Form der → Magie, die vor allem durch den IOT (Illuminated Order of Thanateros = Erleuchteter Orden des Thanateros, IOT) propagiert und praktiziert wird. Die Ch.magie erfreut sich vor allem bei jungen, an der Esoterik und Magie interessierten Intellektuellen großer Beliebtheit. Ch. wird als die Kraft definiert, die dem Universum Struktur und Vielfältigkeit verleiht und die Entstehung des Lebens verursacht. Das geoffenbarte Universum wird als eine kleine Insel der Ordnung im unermeßlichen Ozean des Urch. definiert. Das grenzenlose Ch. durchdringt alle Teile dieser geordneten Insel. Den Menschen betrachten die Ch.magiere als eine Struktur von hoher Ordnung, die sich auf dieser Insel befindet. Im innersten Zentrum des Menschen findet man einen Funken des Ch. wieder, das die Illusion des Universums geschaffen hat. Dieser Funke Ch. haucht dem Menschen Leben ein und versetzt ihn in die Lage, Magie zu praktizieren. Das Ch. an sich entzieht sich jeder Wahrnehmung. Es läßt sich nur indirekt wahrnehmen, benutzt aber teilweise geformte Materie, die äußerst instabil ist. Diese Materie nennen die Ch.magiere Äther. Die Ch.magie betrachtet die schöpferische Kraft des Universums als zufällig, eben als chaotisch. Im Gegensatz dazu sieht die eher traditionell ausgerichtete Magie die Kraft eines geistigen Bewußtseins hinter der Schaffung des Universums. Eine Art Glaubensbekenntnis des Ch.magiers lautet: „Wie oben, so unten; ich bin das Universum; die Kraft in uns ist die Lebenskraft des Universums. Die subtile Kraft in uns (der Äther) ist die subtile Kraft des Universums. Die grobe Materie in uns ist die grobe Materie des Universums. Dem Ch. ist nichts wahr, und alles ist erlaubt, obwohl es sich selbst durch das Prinzip der Dualität bei der Schaffung der Welt begrenzt hat.“ Viele Kritiker sehen in der Ch.magie nichts grundlegend Neues, „sie fülle einfach alten Wein in neue Schläuche“ und versehe diesen Wein dann mit modischen Etiketten. Die Ch.-magiere halten dagegen, daß sie neueste Erkenntnisse der Religionswissenschaft, der Physik und Psychologie in ihre Lehren mit einbezögen.

**Chassidismus,** hebräisches Wort für „die Frommen“. Der Ch. ist eine religiöse Erneuerungsbewegung des Judentums, die im 18. Jahrhundert in Polen und Rußland entstand. Er lehrt die Freude an allen Dingen und Lebewesen, da Gott in ihnen wohnt. Damit setzt er sich von der nüchternen Lehre des Talmud ab. Der Ch. beruft sich u. a. auch auf die Lehren des Kabbalisten Isaak Luria (→ Kabbalah).

**Cheiro** (1866–1939), Pseudonym des Grafen Louis Hamon. Er war Astrologe und beschäftigte sich intensiv mit der Handlesekunst (→ Chiromantie), über die er einige Bücher schrieb. Ch. war der Berater bekannter Persönlichkeiten der Politik und Kultur seiner Zeit.

**Chela** Aus dem Indischen stammendes Wort, das die Schüler eines okkulten Lehrers bezeichnet.

**Cheopspyramide** Grabmahl eines ägyptischen Pharaonen (Cheops, Schufu, Chufu soll sein Name gelautet haben) aus der IV. Dynastie, das um 2700 v. Chr. erbaut wurde. Standort der Ch. ist Gizeh, Vorort der ägyptischen Hauptstadt Kairo. Dieses gewaltige Bauwerk hat die Phantasie der Menschen seit Jahrtausenden beschäftigt. Daher gibt es die unterschiedlichsten Deutungsversuche auch der Esoteriker. So soll man z. B. aus den Zahlen, die die Größen- und Längenverhältnisse der Pyramide ergeben, Schlüsse und Prophezeiungen auf die Geschichte und das Schicksal der Menschheit ziehen können. Ebenso gibt es die verschiedensten Spekulationen über den Verwendungszweck der Pyramide. Sie reichen von Grabstätte über Sonnentempel, Observato-

**Pyramiden**

rium bis hin zum Ufo-Landeplatz. Wahrscheinlich hatte sie wie die anderen Pyramiden mehrere verschiedene Funktionen: Religiöses Zentrum, Grabstätte und Observatorium.

**Cherubim** Wesen aus der jüdischen Mythologie, die einen menschlichen Kopf und den Körper eines Tieres haben. Nach dem Alten Testament sind sie die Thronträger Gottes. Ein Ch. besteht aus vier Teilen von verschiedenen Lebewesen: Adler, Löwe, Stier und Mensch. Jedes dieser vier Lebewesen ist einem → Element zugeordnet: Adler – Luft; Löwe – Feuer; Stier – Erde; Mensch – Wasser. So symbolisieren die Ch. die Elemente in ihren unterschiedlichsten Verbindungen.

**Chesed** → Kabbalah.

**Ch'i** Name aus dem chinesischen → Taoismus, der die Lebenskraft bezeichnet.

**Chinesische Astrologie** Eine einheitliche Schule hat sich in China im Gegensatz zum Abendland nicht entwickelt. Es bestehen zahlreiche verschiedene Systeme nebeneinander. Hier erhältliche Bücher sind fast immer willkürliche Anpassungen an westliche Vorstellungen und haben nur wenig mit der chinesischen A. zu tun. Der chinesische → Tierkreis kennt zwar auch 12 Tierkreiszeichen, doch beruhen diese nicht auf der Bahn der Sonne, sondern auf einem Mondkalender. Das bedeutet, daß die Zeichen nicht fest mit ei-

Chinesisches
Tierzeichen
Ratte

Chinesisches
Tierzeichen
Ochse

Chinesisches
Tierzeichen
Tiger

nem Monat verbunden sind, sondern durch das ganze Jahr wandern. So fällt das Neujahrsfest jedes Jahr in ein anderes Zeichen und verleiht ihm so eine besondere Bedeutung. 1997 ist z. B. das Jahr des Ochsen, es folgt 1998 das des Tigers. Alle zwölf Jahre wiederholen sich die Jahresherrscher. Das chinesische Neujahrsfest fällt auf unterschiedliche Tage im Januar oder Februar. Für viele chinesische Astrologen ist das Jahreszeichen der Geburt so wichtig wie hier das → Sternzeichen in der Zeitschriftenastrologie.
Die chinesischen Jahresregenten in ihrer Reihenfolge sind:

*Ratte* (1984)
Ein Ratte-Geborener gilt als freundlich und anziehend. Man schreibt ihm aber auch großen Ehrgeiz zu. Seine gesellschaftlichen Fähigkeiten nutzt er für seine Karriere. Nur engsten Freunden gegenüber ist er großzügig und anhängig.

*Ochse* (1985)
Ruhig, bedächtig und ausdauernd ist er, manchmal auch etwas störrisch, aber immer bereit zu harter Arbeit. Materielle Sicherheit für sich und seine Familie ist ihm das Wichtigste. Die Freizeit verbringt er am liebsten zu Hause. Er liebt Kunst und Literatur.

*Tiger* (1986)
Er ist ein verwegener und tollkühner Kämpfer. Langweilig wird in seiner Umgebung keinem. Er liebt Gesellschaft und steht gerne im Mittelpunkt. Da sein Interesse nie lange bei einer Sache bleibt, gilt er als unzuverlässig. Er soll ein leidenschaftlicher Liebhaber sein, der aber nicht lange treu bleiben kann.

*Hase* (1987)
Ein im Jahr des Hasen Geborener gilt als besonders glücklich. Er soll besonders einfühlsam, treu und zärtlich sein. Auch als Ratgeber wird er geschätzt. Sein großes Glück führt meist zu einem sehr erfolgreichen Leben.

*Drache* (1988)
Dieses Zeichen verkörpert die besten Seiten der männlichen Natur: Mut, Stärke, Ritterlichkeit und Großmut. Da es zusätzlich noch großes Glück verspricht, haben es die Chinesen als Zeichen des kaiserlichen Herrschers gesehen.

**Chinesisches Tierzeichen Hase**

**Chinesisches Tierzeichen Drache**

**Chinesisches Tierzeichen Schlange**

Chinesisches
Tierzeichen
Pferd

Chinesisches
Tierzeichen
Schaf

Chinesisches
Tierzeichen
Affe

*Schlange* (1989)
Die Chinesen fürchten die Schlange nicht so wie wir. Sie sehen in ihr das Tier der Weisheit und der Schönheit. Diese Eigenschaften verleiht sie auch den in ihrem Jahr Geborenen.

*Pferd* (1990)
Beweglich, schnell und temperamentvoll ist der Pferdgeborene. Immer sucht er nach Abenteuern. Seine erotische Ausstrahlung und seine Lebenslust lassen ihn Freunde so schnell gewinnen, wie er sie durch seine Unbeherrschtheit wieder verlieren kann.

*Schaf* (1991)
Alle Schafgeborenen lieben die Geselligkeit. Sie glauben daran, daß keiner alleine leben kann und die Hilfe seiner Mitmenschen braucht. So lieben sie auch ihre Familie und bleiben ihr zeitlebens eng verbunden.

*Affe* (1992)
Erfindungsreich, listig und hilfsbereit ist er. Er liebt es, seinen großen Verstand zu üben – er ist keineswegs ein dummer Affe. Da ihn jede neue geistige Herausforderung lockt, ist er nicht sehr zuverlässig. Aber er ist fröhlich und heiter, so trägt ihm seine Umgebung dies nicht nach.

*Hahn* (1993)
Als angriffslustig und eitel gelten die in diesem Jahr Geborenen. Diplomatie ist ihnen ein Fremdwort. Doch sollen sie zuverlässig und hilfsbereit sein. In Geldangelegenheiten vertrauen die Chinesen einem Hahn besonders.

*Hund* (1994)
Die Chinesen schreiben dem Hund ähnliche Eigenschaften zu wie wir. Er soll sympathisch, treu und aufrichtig sein. In Notfällen kann man sich auf seine Hilfsbereitschaft und seinen Kampfesmut verlassen.

*Schwein* (1995)
Innere Werte und Freundschaft sollen diesem Zeichen am wichtigsten sein. Auf äußere Umgangsformen legt es wenig Wert. Auseinandersetzungen meidet es am liebsten, ein Kämpfer ist es nicht. Aber es teilt gerne mit denen, die in Not sind.

Chinesisches
Tierzeichen
Hahn

Chinesisches
Tierzeichen
Hund

Chinesisches
Tierzeichen
Schwein

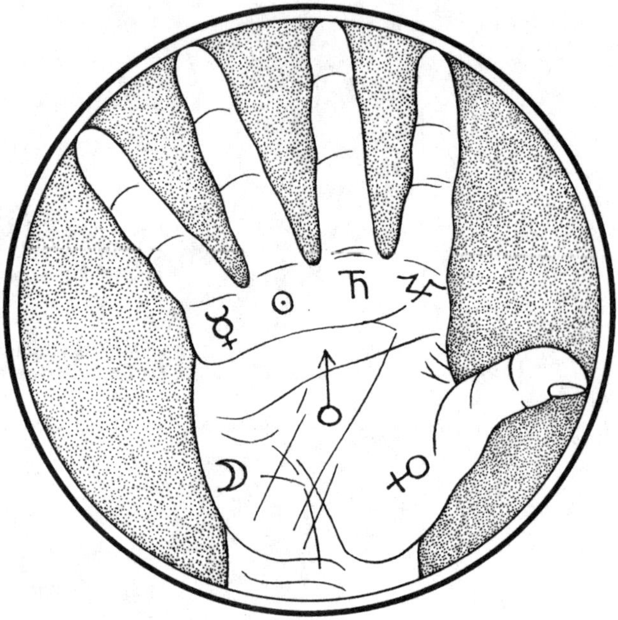

**Handlesekunst: Verteilung der Planeten auf der Handinnenfläche**

**Chiromantie** (auch Chiromantik) Handlesekunst. Aus den Linien der Handinnenfläche soll es möglich sein, Aussagen über den Charakter, den Gesundheitszustand und die Lebenserwartung eines Menschen zu machen. Gleichzeitig sind bestimmte Teile der Hand (s. Abb.) bestimmten Planeten zugeordnet.

**Chokmah** → Kabbalah.

**Chons** Name des ägyptischen Mondgottes. Auf Bildern sieht er aus wie eine Mumie, die die Mondscheibe auf dem Kopf trägt. Aleister → Crowley behauptete die Wiedergeburt eines Priesters des Ch.'s – er benutzte dafür die damals übliche Schreibweise Khonsu – mit Namen Ankh af na Khonsu aus der ägyptischen Spätzeit gewesen zu sein. Die Grabstele (eine Art Grabstein) dieses Priesters spielt eine wichtige Rolle im thelemitischen Symbolsystem (→ Thelema).

**Choronzon** Name des Dämons der Auflösung. Er gilt als der gefährlichste Dämon, dem der Magier auf seinem Wege zur Erleuchtung begegnet. Ch.'s Aufenthaltsort ist der → Abyss. Auf seinem Weg von Malkuth zu Kether muß der Magier durch den Abyss (→ Kabbalah), und er wird mit Ch. konfrontiert, der ihn vernichten will. Aleister → Crowley beschwor diesen Dämon am 6. Dezember 1909 in Bou Saada, einem Teil der algerischen Sahara. Unterstützt wurde er hierbei von seinem Schüler Victor Neuburg, der als Schreiber bei der Zeremonie fungierte. Crowley nahm die Beschwörung des Ch. im Rahmen seiner Ritualarbeit (→ Rituale) mit den dreißig Aethyren vor. Diese Arbeit fußt auf einem System, das wahrscheinlich der elisabethanische Magier John → Dee gemeinsam mit seinem Schüler Edward Kelley geschaffen hat. Ch. beherrscht den zehnten Aethyr.

**Christengemeinschaft** Kirche der Anthroposophischen Gesellschaft (→ Anthroposophie), die in den zwanziger Jahren in der Schweiz gegründet wurde. Die Ch. möchte die Spaltung der Christenheit in Katholiken und Protestanten wieder aufheben. Die wichtigste Zeremonie ist die Menschenweihehandlung, die dem christlichen Abendmahl analog ist.

**Christliche Wissenschaft** auch Christian Science, → Baker-Eddy, Mary.

**Chtonisch** Griechisches Eigenschaftswort, das „der Erde oder dem Erdboden angehörig" bedeutet. Eine weitere Bedeutung ist „unterirdisch, der Unterwelt zugehörig". Ch. ist in erster Linie ein Beiname griechischer Göttinnen wie → Demeter und → Hekate, er wurde aber auch auf Unterweltsgötter wie → Hades angewandt.

**Church of Satan** → Kirche des Satans.

**Claviculum,** lateinisch „Schlüsselchen". C. ist der Beiname, der diversen Zauberbüchern gegeben wurde. Das wohl bekannteste ist der Clavicula Salomonis, eine Art Sammelbegriff, unter dem mehrere Zauberbücher erschienen.

**Collins, Mabel** (1851–1927), Pseudonym von Mrs. Kennigdale Cook, einer englischen Schriftstellerin. Sie gehörte eine Zeitlang der Theosophischen Gesellschaft (→ Theosophie) an, geriet aber dann mit H. P. → Blavatsky über die Idee der geheimen Meister (→ geheime Obere) in Streit, was zum Bruch mit der Theosophie führte. Für ihren bekanntesten Roman „Licht auf dem Pfad" soll sie von einem der geheimen Meister inspiriert worden sein. Später nahm sie diese Behauptung zurück. Sie verstand unter den geheimen Meistern nicht mehr irgendwelche Überwesen, die z. B. im Himalaja leben, sondern hielt sie für einen Teil der inneren Psyche.

**Comenius, Johann Amos**
(1592–1670), Tscheche (lateinische Form des tschechischen Komensky), wurde 1616 zum Priester geweiht und gilt als einer der großen Humanisten. Er wollte die Grundlagen des menschlichen Lebens verbessern und unternahm aus diesem Grund Anstrengungen das Unterrichts- und Schulwesen zu reformieren. Er schuf eine systematische Unterrichtslehre, forderte einen einheitlichen Schulaufbau und vertrat die These, daß man besser lernt, wenn man vom Leichten zum Schweren vorgeht. C. wollte auch, daß alle Wissenschaften und die okkulten Lehren in einer zusammengeführt würden, der „Pansophie" (übersetzt soviel wie Allweisheit). Vieles in den Schriften von C. erinnert an die Gedankenwelt der → Rosenkreutzer und nimmt Ideen der Freimaurer (→ Freimaurerei) vorweg, z. B. die Idee eines allumfassenden Menschheitsbundes.

**Constant, Alphonse Louis**
besser bekannt unter seinem Pseudonym Eliphas → Levi.

**Court de Gébelin, Antoine**
(1725–1784), französischer Gelehrter. Bekannt wurde er vor allem durch sein mehrbändiges Mammutwerk „Die Primitive Welt". Diese Bücher enthalten vom heutigen Standpunkt aus gesehen keine belegbaren Fakten. Im achten Band dieses Werkes vertritt C. die Ansicht, daß das → Tarot aus Ägypten stamme. Die alten Ägypter seien so klug gewesen, daß sie ihr Wissen in Form dieses Kartenspiels dargestellt hätten, damit ihre Weisheit die Jahrhunderte überdauere. Seit dem Erscheinen dieser Bücher hält sich die These, daß

der Ursprung des Tarot in Ägypten zu suchen sei. Eine Bestätigung dieser These gibt es nicht.

**Coven** Name für einen Hexenzirkel, der aus dem angelsächsischen Sprachraum stammt und heute auch in Deutschland gebräuchlich ist. Hexen und Hexer schließen sich in einem C. zusammen, um dort gemeinsam ihre Rituale zu feiern. In der Frühzeit soll ein C. aus dreizehn Mitgliedern bestanden haben – zwölf und ein Leiter. In der heutigen Zeit wird es damit nicht mehr so genau genommen (→ Hexe und Wicca).

**Crowley, Aleister** (1875–1947) Der Engländer C. (seine ursprünglichen Vornamen waren Edward Alexander) ist sicherlich einer der umstrittensten und berüchtigsten Personen der Esoterikszene dieses Jahrhunderts. Seine Anhänger sehen ihn als Propheten eines Neuen Zeitalters, als hervorragenden Autor von Büchern über Magie, als Dichter oder ganz einfach als Genie. Für seine Feinde ist er einer der geistigen Wegbereiter des Faschismus, Urvater dessen, was man heute als modernen Satanismus bezeichnet oder einfach ein aufgeblasener Scharlatan, der die Kunst der publikumswirksamen Selbstinszenierung exzellent beherrschte. Er ist trotz allem für die Esoterik und Magie von großer Bedeutung. C. stammte aus wohlhabendem Haus, sein Vater war Brauereibesitzer. Beide Eltern waren Mitglied der Plymouth Bretheren, einer christlichen Sekte, die man nach heutigen Maßstäben als fundamentalistisch bezeichnen würde. Die Bibel wurde als direkte Äußerung Gottes betrachtet und alles in ihr wurde wörtlich genommen. Über lange Jahre war die Bibel die einzige Lektüre, die dem jungen C.

**Aleister Crowley**

erlaubt war. War er ungezogen, beschimpfte ihn seine Mutter als „Tier 666". Dies ist eine Figur aus der „Geheimen Offenbarung des Apostels Johannes", dem letzten Buch des Neuen Testaments und wird gemeinhin als der Teufel bezeichnet. Als Ausdruck der Rebellion gegen seine Eltern begann er zunehmend, sich mit dem Tier 666 zu identifizieren. Er fing an, das zu mögen, was seine Eltern verabscheuten. Später war eines seiner vielen magischen Mottos und Titel auch „Das Große Tier 666" (To Mega Therion). Dann bezog er es aber nicht auf den Teufel, sondern auf die Sonne (→ Magische Quadrate). Der Titel „Das Tier 666" sei ein Name des sog. Sonnenlogos. Als ihn ein Richter einmal in einem Prozeß fragte, was nun To Mega Therion genau bedeute, antwortete C.: „Sie können mich mein kleiner Sonnenschein nennen." Nach dem Tode seines Vaters erbte er ein für damalige Zeiten nicht unbeträchtliches Vermögen. Dies erlaubte ihm einen Lebensstil, von dem er glaubte, daß er charakteristisch für die englische Oberklasse sei. Er unternahm Reisen in die USA, nach Mexiko, Indien, Nordafrika und Indochina. Auf diesen Reisen frönte er seinen Hobbys wie Großwildjagd und Bergsteigen. So nahm C. z. B. an zwei Himalajaexpeditionen teil, die die Erstbesteigung des Chogo Ri, eines der höchsten Berge der Erde, zum Ziel hatten. Er studierte einige Zeit in Cambridge, aber ohne großen Ehrgeiz. Ursprünglich hatte er vor, eine Karriere im diplomatischen Dienst zu machen. Außerdem trainierte er eine Zeitlang dafür, Schachweltmeister zu werden. Während seiner Zeit in Cambridge hatte C. verstärkt begonnen, Gedichte zu schreiben, die er auf eigene Kosten drucken ließ. Damals wuchs sein Interesse an → Alchemie und der → Kabbalah, und er begann Organisationen oder Orden zu suchen, in denen er etwas hierüber lernen konnte. So traf er auf den → Hermetic Order of the Golden Dawn, in den er 1898 eingeweiht wurde. Dank seiner Intelligenz und schnellen Auffassungsgabe durchlief er die ersten Grade in einem Jahr. Als C. den fünften Grad beanspruchte, verweigerte der Londoner Tempel des Golden Dawn ihm diesen. C.'s Auskunft nach aus Neid, der Meinung anderer Mitglieder des Golden

Dawn nach wegen erheblicher charakterlicher Mängel. So sagte der irische Dichter und spätere Literaturnobelpreisträger W. B. → Yeats, der auch Mitglied des Golden Dawn war, in bezug auf C., daß der Orden keine Besserungsanstalt sei. Die ganze Affäre um C. führte später zu einer Spaltung des Ordens und eigentlich zu seinem Ende. C. selbst kümmerte sich um all das nicht und begab sich auf Reisen. 1903 heiratete er Rose Kelly und ging mit ihr auf Hochzeitsreise in den Orient. In Kairo geschah dann das, was sein ganzes späteres Leben beeinflussen sollte. Zwischen dem 8. und 10. April 1904 erhielt er per Diktat von einer außermenschlichen Intelligenz „Das Buch des Gesetzes". – Über das Zustandekommen dieses Textes verfaßte er einen ausführlichen Bericht, der unter dem Titel „The Equinox of the Gods" (Das Äquinoktium der Götter) erschien. – „Das „Buch des Gesetzes" ist ein 220 Verse langes Prosagedicht, welches für sich in Anspruch nimmt, die erste Offenbarung jener Kräfte zu sein, die das Neue Zeitalter, das Äon des Horus oder Wassermannzeitalter (→ Äon, → Horus, → Platonisches Jahr) regieren. Dieses Buch behauptet ein Neues Gesetz (das Gesetz von → Thelema) zu verkündigen, demnach jeder Mann und jede Frau in ihrem innersten Kern ein Gott bzw. eine Göttin seien. Es sei die Aufgabe eines jeden Individuums, diese Wahrheit für sich selbst zu entdecken. Dadurch werde die Aufgabe der Evolution fortgeführt. Der Text des Buches nimmt viel Bezug auf die ägyptische Mythologie und erinnert teilweise an die Übermenschenideologie des deutschen Philosophen Friedrich Nietzsche. Da in dem Buch eine sehr freie Moral gepredigt wird und es außerdem Gotteslästerungen enthält, geriet es schnell in den Verdacht, eine Äußerung Satans zu sein. C. selbst interessierte sich für Satanismus nicht sonderlich. Er fügte die Lehren des „Buch des Gesetzes" in seinen Orden → A.·. A.·. ein. 1912 wurde er zum englischen Oberhaupt des → Ordo Templi Orientis/ O. T. O. und nach dem Tode des internationalen Oberhauptes Theodor → Reuß dessen Nachfolger. Das „Buch des Gesetzes" wurde zu der wichtigsten Lehre des O. T. O.; C. benutzte den Orden u. a. dazu, um das Gesetz von

Thelema zu verbreiten. Er schrieb viele Gedichte, Theaterstücke, Romane, Detektivgeschichten, Bücher über Mystik, Yoga und Magie. Die Veröffentlichung vieler Bücher zahlte er aus eigener Tasche und verbrauchte so einen großen Teil seines Erbes. Am bekanntesten dürften wohl die Tarotkarten sein (→ Tarot), die er und die Malerin Frieda Harris zwischen 1938 und 1943 schufen. Sie sind gemeinhin als „Buch Thoth“ bekannt (→ Thoth). Die letzten Jahre seines Lebens verbrachte C. verarmt in Hastings in England, angewiesen auf Spenden der A.·. A.·. und O. T. O. Mitglieder. Wie aber noch erhaltene Briefe belegen, verfügte er selbst im Alter von über siebzig Jahren über eine recht große Schaffenskraft; so schrieb er in den letzten Jahren vor seinem Tod die Briefsammlung „Magick without Tears“ (Magick ohne Tränen). Crowleybiographien: Symonds, John, Das Tier 666, Basel, 1973 (eine sehr kritische Auseinandersetzung mit Crowley); Regardie, Israel, The Eye in the Triangle (Das Auge im Dreieck), USA 1971.

**Crux Ansata** Lateinischer Name des Ankhkreuzes (→ Ankh).

# D

**Dämon,** griechisch „daimon". In der griechischen Mythologie sind die D.en die Seelen der Menschen des Goldenen Zeitalters (die griechische Vorstellung des Paradieses). Sie leben auf einer Ebene, die sich zwischen den Menschen und den Göttern befindet. Jeder Mensch erhält bei seiner Geburt einen D. zugeteilt, der sein Schutzgeist/Schutzengel ist. Später – vor allem durch das Neue Testament beeinflußt – wird die Bezeichnung D. fast ausschließlich nur noch für böse Geister verwandt.

**Dagon** D. ist der Name eines Gottes der Philister (Phönizier). Er ist der Gott der Erde und des Meeres und Vater des Gottes → Baal.

**Dakini** Als D. werden übernatürliche, weibliche Wesen der indischen Mythologie bezeichnet, die spirituelle Wegweiserinnen eines → Yoga Praktizierenden sind.

**Dante, Alighieri** (1265–1321), italienischer Dichter, der vor allem durch seine „Göttliche Komödie" bekannt wurde. In ihr führt der römische Dichter Vergil D. von den neun Höllen der Verdammten über die neun Stufen der Reinigung hinauf in die neun himmlischen Sphären. Ziel der Reise ist das himmlische Empyreum, der Ort ewiger Ruhe.

**Dashwood, Francis** (1708–1781), englischer Aristokrat, gründete mit Freunden die „Knights of St. Francis" (die Ritter des Heiligen Franziskus). Diese Vereinigung diente einzig und allein dazu, den Mitgliedern Möglichkeiten zur sexuellen Ausschweifung zu gewähren. Die „Ritter" gerieten auch in den Ruf, → Schwarze Messe zu führen, weshalb die Gruppe auch Hellfire Club (Höllenfeuer Club) genannt wurde.

**DC** Astrologische Abkürzung für → Deszendent.

**Dee, John** (1527–1608), englischer Gelehrter, Mathematiker und astrologischer Berater Königin Elisabeths der I. D. beschäftigte sich auch mit Magie, was für damalige Zeiten üblich war. So schuf er für den Seekrieg der englischen Flotte gegen die spanische Armada einen Talisman, der zum Sieg verhelfen sollte. Er ist heute noch im Britischen Museum in London zu sehen. Vor allem aber ist er durch seine Arbeiten mit der → Henochischen Magie bekannt, die er mit seinem Assistenten Edward Kelley zusammen praktizierte.

**Dekan** Alte Einteilung des → Tierkreises in 36 Abschnitte von je 10 Grad und damit jedes Tierkreiszeichens in drei. In Zeitschriftenhoroskopen ist diese Dreiteilung gelegentlich noch zu finden. Jedes D. wird von einem → Planeten beherrscht.

**Delphi** Ort des wohl berühmtesten Orakels der Antike, das sich in Phokis, im Gebirgszug des Parnaß befindet. Schon seit dem 8. Jahrhundert v. Chr. ein Heiligtum des → Apollo. Die Priesterin des Tempels, Pythia genannt, saß auf einem Dreifuß über einer Erdspalte, aus der Dämpfe aufstiegen, und verkündete ihre Orakelsprüche, die dann von den Priestern interpretiert wurden.

**Demeter** Altgriechische Göttin der Fruchtbarkeit, des Ackerbaus, der Ehe und Kultur. Ihre Hauptkultstätten waren Eleusis in Griechenland (→ Eleusis Mysterien) und Enna auf Sizilien. In relativ früher Zeit verschmolz sie bereits mit → Persephone.

**Demiurg** Ursprünglich bedeutet dieses griechische Wort „Handwerker". Platon, der griechische Philosoph, bezeichnet damit den Schöpfer der Welt. In der → Gnosis ist der D. der Mittler zwischen Gott und dem Bösen, der materiellen Welt.

**Derwisch** Das Wort stammt aus dem Persischen und bedeutet „arm". Mit ihm werden islamische Wandermönche bezeichnet. Gelegentlich schließen sie sich in Klöstern zusammen. D. sind seit dem 12. Jahrhundert n. Chr. bekannt. Heute sind vor allem noch die „Tanzenden Derwische" bekannt, die in der Türkei leben. Durch einen speziellen Tanz verfallen sie in Trance und hoffen

**Tanzender Derwisch**

auf diese Art und Weise eine direkte Verbindung zu Allah zu bekommen.

**Dessoir, Max** (1867–1947), Psychologe und Theosoph (→ Theosophie). Er ist der Schöpfer des Wortes → „Parapsychologie".

**Deszendent** Der Grad und das Sternzeichen, das im Moment der Geburt am westlichen Horizont untergeht. Er liegt dem → Aszendenten genau gegenüber und gibt Auskunft über das Verhalten in Partnerschaften. (→ DC)

**Devachan** Wort aus dem → Sanskrit für die Wohnorte der Götter. In der → Theosophie ist D. der Ort, wo die Seele zwischen den Wiedergeburten gereinigt und geistig vervollkommnet wird.

**Devas** Sanskritbegriff aus der indischen Mythologie. D. sind übernatürliche Wesen, die entweder gut oder böse sind. Die D. sind auch die Schöpfer der Dinge und normalerweise für die Menschen unsichtbar. In der persischen Religion des → Zoroaster (Zarathustra) sind D. ausschließlich böse Geister.

**Dharma** Begriff aus dem → Buddhismus (→ Buddha), der Gesetz, Recht, Brauch etc. bedeutet und dem gesamten Universum zugrunde liegt. Es bestimmt auch die Kette der Wiedergeburten von uns Menschen. D. ist der moralische, also der ethische Leitfaden, nach welchem sich der Buddhist zu richten hat.

**Dionysos** Griechischer Gott, dessen Name ursprünglich Sohn des Zeus bedeutet. Zu Anfang war D. ein skytischer Gott des Haschisch, später verschmolz er mit dem griechischen Gott des Weines zu einer neuen Gottheit. Der efeubekränzte D. zog, begleitet von Löwen, Panthern, Silenen, Satyrn und seiner menschlichen Anhängerschaft durch die Welt und feierte mit ihnen rauschhafte Feste. Wer ihnen in ihrem ekstatischen Wahn begegnete, mußte fürchten, von ihnen zerrissen zu werden. In späterer Zeit gab es die Dionysien in Athen, eine Art Kulturfest, bei dem im Rahmen eines Wettbewerbs Chöre auftraten und Komödien und Tragödien aufgeführt wurden.

**Direktion** Astrologischer Fachbegriff. Direktionen sind neben → Solarhoroskopen und → Transiten eine Technik, Vorhersagen zu machen. Ihre Anwendung erfordert größere mathematische Kenntnisse und ist deshalb ausschließlich Berufsastrologen vorbehalten. Der Primärdirektion liegt die Bewegung des Aszendenten am Tage der Geburt zu Grunde. Ein Lebensjahr entspricht dabei einer Bewegung von einem Grad. Die Sekundärdirektion geht von der Bewegung der Planeten an den Tagen nach der Geburt aus. Hier entspricht ein Lebensjahr einem Tag.

**Dis** Römischer Name des Gottes der Unterwelt. Da das Aussprechen seines Namens im Volksglauben Unglück brachte, wurde er fast immer „Pluto“ (der Reiche) genannt.

**Divination** Häufig benutztes Wort für verschiedene Methoden der Zukunftsdeutung (→ Astrologie, → Tarot etc.).

**Dogma,** griechisch, Lehrsatz. Dieser Begriff wird fast ausschließlich in der christlichen Religion gebraucht. Man bezeichnet damit eine Lehre, die direkt von Gott verkündet wurde und die von dem Oberhaupt der jeweiligen christlichen Richtung (z. B. dem Papst) verkündet wird.

**Drachenkopf, Drachenschwanz** → Mondknoten

**Drei** Die Zahl hat seit altersher eine Beziehung zur harmonischen Welt der göttlichen Prinzipien. In vielen Religionen ist sie eine heilige Zahl. So stellt sie zum Beispiel den Aufbau der Welt dar: Himmel, Erde, Hölle. Es gibt im Hinduismus drei höchste Götter: Brahma, Vishnu, Shiva. Das Christentum kennt die heilige Dreifaltigkeit mit Vater, Sohn und Heiligem Geist, und die Heiligen drei Könige sind mit die ersten Besucher des neugeborenen Jesus. Die buddhistischen Schriften gliedern sich in drei Teile, Tripitaka (Drei Körbe) genannt. Die indische Götterdreiheit wird → Trimurti genannt. In der griechischen Mythologie gibt es z. B. die drei Grazien: Agleia (Glanz), Euphrosyne (Frohsinn), Thalia (blühende Jugend) und bei den Römern die drei Parzen (Moira heißen sie bei den Griechen), die Schicksalsgöttinnen: Klotho, sie spinnt den Lebensfaden, Lachesis, sie teilt den Lebensfaden zu und Atropos, sie schneidet den Lebensfaden ab. Zudem gilt die D. schon seit alten Zeiten als eine glückbringende Zahl. „Aller guten Dinge sind drei“, heißt es im Volksmund. Ihr Symbol ist das → Dreieck.

**Christliche Dreifaltigkeit**

**Auge des Gottes Horus über einer Pyramide**

**Dreieck** Schon seit uralten Zeiten ist das D. ein heiliges Symbol. So haben zum Beispiel die vier Seiten einer Pyramide jeweils die Form eines Dreiecks. → Amulette sind oft D.e, und wenn ein Magier einen Geist beschwört, steht er selbst im Schutzkreis, und der Geist wird in ein D. beschworen; die ganze Form erinnert an ein Schlüsselloch. Für die Ägypter war das D. mit einem Auge ein Symbol des Gottes → Horus.

**Drei Lichter** Gängige Bezeichnung aus der → Freimaurerei für das Winkelmaß, den Zirkel und das heilige Buch, welches in der Regel die Bibel ist. Diese drei Sachen befinden sich auf dem Altar eines Freimaurertempels.

**Drittes Auge** Bezeichnung für das Ajna → Chakra. Es befindet sich auf der Stirn des Menschen in der Mitte zwischen den Augenbrauen und gilt als der Hauptsitz übernatürlicher Kräfte.

**Droit Humain** Kurzbezeichnung eines Freimaurerordens (→ Freimaurerei), der 1893 in Frankreich gegründet wurde. Die Übersetzung des Namens ist „Menschenrecht". Das Hauptkennzeichen dieser Organisation ist, daß sie, im Gegensatz zu der überwiegenden Mehrheit der Freimaurerorden, die reine Männerbünde sind, auch Frauen aufnimmt.

**Drude** In der deutschen Folklore der Name eines bösen, weiblichen Nachtgeistes, der Angstträume verursachen soll.

**Drudenfuß** Magisches Zeichen, das schon in der Antike verwendet wurde. D. war früher im deutschen Sprachraum die gebräuchliche Bezeichnung für das Fünfwinkelzeichen (→ Pentagramm). Es diente, auf die Türschwelle gezeichnet, zur Abwehr von Druden und zur Abschreckung des Teufels.

**Druiden** Name der keltischen Priester (→ Kelten) in Gallien und Britannien in der Zeit vor der Christianisierung. Neben der Pflege der Religion und der Opfer nahmen die D. auch richterliche Funktionen wahr und beschäftigten sich darüber hinaus vor allem mit Medizin und Astronomie. Der Name soll übersetzt „Eichenkundiger" bedeuten und ist ein Hinweis darauf, daß die Eiche bei den Kelten ein heiliger Baum war.

**Drusen** Die Mitglieder dieser islamischen Sekte leben vor allem im Libanon und in Syrien. Ihre Lehre ist eine Mischung aus islamischen, neuplatonischen und christlichen Lehren, so warten sie z. B. auf die Wiederkehr des

**Drudenfuß oder Pentagramm**

Messias am Tag des jüngsten Gerichtes. Ihre Geheimlehren sind nur den Höchsten der Eingeweihten, den Ukkal, bekannt.

**Dschiinn** Dies ist das arabische Wort für Geist oder Dämon, die sowohl gut als auch böse sein können. Sie sind eine Art Vermittler zwischen den Engeln und den Menschen. In der berühmten Märchensammlung „Tausend und eine Nacht“ tauchen viele D.'s auf, die z. B. in Lampen (Aladins Wunderlampe), Ringen oder Flaschen leben. An diese Orte wurden sie angeblich vom biblischen König Salomon verbannt, nachdem er sie beschworen hatte.

**DSZ** Gelegentlich als Abkürzung für → Deszendent gebraucht.

**Dualismus** Die philosophische Idee, die Welt aus dem Gegensatz von zwei Prinzipien zu erklären. Eine Religion, die auf dem grundlegenden Unterschied von zwei Gegensätzen aufbaut, nennt man dualistisch. So baut der Parsismus (→ Zarathustra) auf dem Gegensatz von Gut und Böse auf. Elemente des D. finden sich ebenfalls im Christentum. Dualistisch sind auch die Religionen Asiens. Doch hier ist es kein moralischer Gegensatz. Im → Taoismus stehen sich etwa → Yin und Yang gegenüber, die in ihrem Wechselspiel die Welt erzeugen. Sie sind hell und dunkel, männlich und weiblich, hart und fest, aber nicht gut und böse. Auch die moderne westliche Esoterik folgt zum großen Teil diesem asiatischen D. Für Christen kann das sehr irritierend sein. Da ihr D. auf Gut und Böse beruht, sehen sie schnell Satan und nicht das Weibliche im Yang.

**Duat** Bei den alten Ägyptern Bezeichnung für die Unterwelt, der Ort an dem sich die Sonne während der Nachtstunden aufhalten soll.

**Duftöle** Gerüche haben eine besonders starke Wirkung auf die Phantasie und das Unbewußte. Deshalb spielen Parfüms und Räuchermittel eine besondere Rolle bei allen esoterischen Praktiken. Die richtige Auswahl ist dabei von großer Wichtigkeit. Die kabbalistische Überlieferung (→ Kabbalah) beinhaltet die Zuordnung von Duftölen und Räucherungen zu Engeln und verschiedenen Geistern, aber auch zu den → Tierkreiszeichen und → Planeten. Die den Planeten zugeschriebenen Duftöle sind: Sonne – Zimtöl, Mond – Kampfer und Aloe, Merkur – Sandelholz (weiß), Venus – Sandelholz (rot), Mars – Pfeffer, Jupiter – Safran, Saturn – Schwefel.

**Dugpas** Bezeichnung für die Mitglieder der sogenannten „Rotkappenschule" in Tibet. In dieser buddhistischen Schule finden sich noch sehr viele Überbleibsel der schamanistischen Bön-Religion, die vor dem Buddhismus die Hauptreligion Tibets war. Aus diesem Grund galten die D. den Buddhisten als unmoralisch und verkommen, und der Name war fast gleichbedeutend mit Schwarzmagier.

**Dyade** Aus dem Griechischen stammende Bezeichnung für eine Gruppe von zwei Dingen, Kräften, die Zusammenfassung zweier Einheiten. Der griechische Philosoph → Pythagoras verstand die D. als die Essenz aller Lebewesen und Dinge.

**Dybbuk** Im → Judentum der Name für eine verfluchte Seele, die keine Erlösung findet oder für einen Dämon, der sich einen willensschwachen Menschen sucht und von ihm oder ihr Besitz ergreift.

**Dzyan** Nach H. P. → Blavatsky der Name eines geheimen Buches über die Entstehung der Welt und des Menschen. Es soll von tibetischen Mönchen verfaßt worden sein, die zu den geheimen Meistern (→ Geheime Obere) gehörten. Das Buch D. soll die Grundlage des von Madame Blavatsky geschaffenen Monumentalepos „Die Geheimlehre" sein. Heute wird jedoch angenommen, daß es eine reine Erfindung Blavatskys ist.

# E

**EA** Name des babylonischen Gottes der Weisheit und der Magie. E. schuf den Menschen.

**Ebene** In der → Esoterik und dem → Okkultismus werden mit E. unterschiedliche Stufen oder Welten bezeichnet. Jede E. hat ihre eigenen Regeln und Gesetze. Es gibt höhere und tiefere E., die sich gegenseitig durchdringen, und die im Raum nebeneinander und in der Zeit gleichzeitig existieren. Man kennt die materielle, die astrale und die geistige E. Der Mensch hat Anteil an all diesen E., nur verfügt er oft nicht über die magische Ausbildung, bestimmte E. wahrzunehmen.

**Eckankar** (auch Eck genannt), eine Gründung des Amerikaners Paul Twitchell (1908–1971). Durch E. soll der Mensch in die Lage versetzt werden, mit der Kraft in Kontakt zu treten, durch die Gott sich im Menschen offenbart. Viele religiöse Lehrer der Vergangenheit werden als Eck-Meister bezeichnet, z. B. auch → Jesus. Twitchell nahm für sich ebenfalls in Anspruch, einer dieser Meister zu sein.

**Eckhart, Meister** (1260–1327), auch unter Schreibweisen wie Meister Eckhardt oder Eckehart bekannt. Meister E. war ein Dominikanermönch, der für einen der größten deutschen Mystiker gehalten wird (→ Mystik). Er war ein großer Prediger, der sich in seinen Schriften ausgiebig mit dem Verhältnis des Menschen zu Gott beschäftigte. Er sah die Vernunft als ein Wirken Gottes im Menschen an – er nannte das: Gottgeburt der Seele. Der Sinn des Lebens war für ihn die Rückkehr zu Gott. Vereinigung mit ihm durch ein tugendhaftes Leben und durch Liebe und Wohltaten den Mitmenschen gegenüber sind für ihn die Mittel, die dazu führen. In der Entsagung von weltlichen Gütern sah er eine weitere Voraussetzung für das Einswerden mit Gott. Seine These, jedes Lebewesen, nicht nur der Mensch, habe Anteil an der Natur Gottes, brachte ihn in den Verdacht, ein Ketzer zu sein (→ Ketzerei). Im Jahre 1329 wurde er vor den Papst zitiert, der mehrere von E.s Thesen für ketzerisch erklärte. Bis heute ist nicht hundertprozentig geklärt, ob E. widerrief oder nicht. Die Schriften E.'s hatten eine starke Wirkung auf Jakob → Böhme.

**Edda** Name zweier alter isländischer Bücher. Das ältere ist eigentlich eine Art Lehrbuch der Dichtkunst und wurde von Snorri Sturluson ca. 1225 geschrieben. Später wurde der Name E. auch auf die Sammlung altisländischer Sagen und Heldenlieder angewendet. In ihr sind die nordische Mythologie, die Religion der Nordvölker und der Germanen beschrieben.

**Edelsteine** spielen neben Halbedelsteinen in der Magie und Heilkunst schon seit früher Zeit eine große Rolle. Sie gelten als glückbringende Steine und werden aus diesem Grund oft bei → Amuletten verwandt. Da man sagt, daß in einem E. das Licht der Sonne und der Sterne eingefangen sei, wird behauptet, daß jeder von ihnen über eine heilbringende Strahlung oder Energie verfüge. Es gibt E., die bestimmten Planeten oder Göttern zugeordnet sind und die dann in der Magie und Heilkunst Verwendung finden. Gelegentlich wurden sie klein gerieben und dem Kranken verabreicht, oder er mußte sie bei sich tragen, damit die Strahlung auf ihn übergehe. Viele mittelalterliche Esoteriker, Magiere und Mystiker haben über diese → Edelsteinmagie geschrieben, z. B. → Agrippa, → Albertus Magnus oder Hildegard von Bingen. In ihren Schriften veröffentlichten sie lange Listen von E. und ihre Zuordnung zu den jeweiligen Krankheiten. Hier findet man jedoch häufig große Widersprüche. Nachfolgend ein paar Beispiele, die auf der → Kabbalah beruhen:

(Halb-)Edelsteine, die gegen Krankheiten helfen sollen:

| | |
|---|---|
| Rubin | – Fieber; |
| Smaragd | – Haut- und Nierenprobleme; |
| Türkis | – Schlaganfall, Thrombose; |
| Bernstein | – Rheuma; |
| Quarz | – Impotenz; |

Amethyst – Gicht;
Topas und
Diamant – Herzprobleme.

(Halb-)Edelsteine und ihre Zuordnung zu den Planeten:

| | |
|---|---|
| Sonne | – Topas, Diamant; |
| Mond | – Quarz, Perle; |
| Merkur | – Opal; |
| Venus | – Smaragd; |
| Mars | – Rubin; |
| Jupiter | – Amethyst; |
| Saturn | – Saphir, Onyx. |

Die Sternzeichen werden folgenden (Halb-)Edelsteinen zugeordnet:

| | |
|---|---|
| Widder | – Rubin; |
| Stier | – Topas; |
| Zwillinge | – Turmalin; |
| Krebs | – Bernstein; |
| Löwe | – Katzenauge; |
| Jungfrau | – Beryll; |
| Waage | – Smaragd; |
| Skorpion | – grüner Türkis; |
| Schütze | – Hyazinth; |
| Steinbock | – schwarzer Diamant; |
| Wassermann | – Chalzedon; |
| Fische | – Hämatit. |

**Edelsteinmagie** Hierbei benutzt der → Magier die → Entsprechungen der → Edelsteine, um bestimmte Wirkungen zu erzielen. Will er sich etwa vor Rheuma schützen, so trägt er eine Bernsteinkette oder verfertigt ein → Amulett mit einem Stück Bernstein. Aber auch bei → Evokationen oder → Invokationen werden Edelsteine benutzt, um die Aufmerksamkeit und die Energie des Magiers zu bündeln. So hilft zum Beispiel der Smaragd, sich auf die Kräfte der Venus zu konzentrieren.

**Ego** Das Wort ist lateinisch und bedeutet „ich". In der Esoterik bezeichnet man damit die Form, die sich auf der materiellen Ebene zeigt. Oft wird das E. auch als Funke des Göttlichen definiert, der zu einem Bewußtsein seiner selbst gelangt ist und sagt: „Ich bin". Viele Religionen und mystische Schulen sahen und sehen das E. auch als eine Illusion an, die den Menschen daran hindert, sich wieder mit Gott zu vereinigen. Aus diesem Grund muß der Mensch lernen, die Illusion des E. zu überwinden.

**Egregore** Eine Gedankenform oder ein Wesen, das durch eine Gruppe oder eine Einzelperson auf einer geistigen Ebene geschaffen wurde und lebt. So nehmen einige magische Orden für sich in Anspruch, bestimmte E. geschaffen zu haben, die dann dafür sorgen, daß der Orden ein großes magisches Kraftpotential hat. Einem E. muß ständig Nahrung durch die Gedanken und → Rituale zugeführt werden, sonst stirbt es.

**Eheieh** Hebräischer Name Gottes, der in der → Kabbalah eine große Rolle spielt und übersetzt die Bedeutung von „Ich werde sein" hat.

**Ei** In vielen Religionen oder Mythen über den Ursprung der Welt spielt das E. eine große Rolle. Der ägyptische Sonnengott → Re entstand aus einem E., ebenso (z. B. bei den Platonikern) wie die Zwillingssöhne des → Zeus, Kastor und Pollux. In anderen Lehren schuf Gott die Welt, in dem er die Materie in einem E. zusammenfaßte, aus dem dann die Welt entsprang. Das E. ist auch ein Fruchtbarkeitssymbol, das es heute noch in unserer Kultur gibt und das zu Ostern eine Rolle spielt. Ostern war ursprünglich das alte germanische Frühlingsfest, das der Göttin Ostara, der Göttin der Fruchtbarkeit, geweiht war. Zur Erinnerung an sie schenkten sich die Menschen Eier, die ihr heiliges Symbol waren.

**Eiche** Ein in sehr vielen Kulten heiliger Baum. So war sie bei den Griechen der Baum des → Zeus, bei den Römern der des → Jupiters und bei den Germanen der des Thor (Donar). Eine herausragende Rolle spielt die E. auch in der keltischen Religion Galliens und Britanniens (→ Kelten). Unter ihrer Krone wurden religiöse Feste abgehalten, und die Misteln, die auf ihr wuchsen, galten den → Druiden als besonders wirksam für Heil- und sonstige Zaubertränke. Zuweilen wird behauptet, im keltischen Kalender hätten die Monate die Namen von Bäumen getragen, darunter auch den der E. Dabei handelt es sich aber um eine Erfindung des letzten Jahrhunderts.

**Eid** Bei der → Freimaurerei, in der → Magie und bei verschiedenen Mysterienbünden (→ Mysterien) hat der Eid eine wichtige Rolle. Man schwört bei Gott, den Göttern, einer übergeordneten Macht oder einem Prinzip, daß man bestimmte Dinge tut und andere läßt. Jeder Eid ist immer mit der Drohung einer Strafe verbunden für den Fall, daß man ihn bricht.

**Eidolon** Griechisches Wort für Eben- oder Spiegelbild. Man bezeichnet damit auch den → Astralkörper.

**Einhorn** Dieses Fabeltier ist weltweit bekannt. Verschiedene Tiere können das eine Horn tragen: eine Schlange, ein Nilpferd, eine Ziege oder andere. Bei uns ist es in der Regel ein Pferd. Es steht für die Vereinigung der Gegensätze, denn sein Horn gilt als männlich und der Körper als weiblich.

**Eins** ist die wichtigste Zahl in der Esoterik. Sie wird mit der Einheit, mit Gott oder dem höchsten Prinzip gleichgesetzt.

**Einweihung** (lateinisch Initiation), Bezeichnung für die Aufnahme in eine religiöse, magische oder mystische Gemeinschaft. Einweihungen sind fast immer mit einem → Ritual verbunden, währenddessen der Einzuweihende in symbolischer

**Einhorn**

Form bestimmte Lehren, ein besonderes Wissen etc. mitgeteilt bekommt. Die Einweihungsrituale sind ein äußerst wichtiger Bestandteil der → Freimaurerei, die sich u. a. auch als eine Fortsetzung antiker Mysterienbünde (→ Eleusis, Mysterien von) verstehen. Bei diesen Bünden spielte die Einweihung auch eine herausragende Rolle. Fast alle Einweihungen sind mit einem → Eid verbunden. Einweihungen sollen zudem eine Wirkung auf die Seele haben und im Idealfall den Einzuweihenden in einen anderen, höheren Bewußtseinszustand versetzen.

**Ekliptik** Die scheinbare Bahn der Sonne am Himmel. Sie wird in 360 Grad oder 12 → Tierkreiszeichen zu 30 Grad eingeteilt. Die Stelle, an der die Sonne zum Frühlingsbeginn steht, ist der Nullpunkt. An ihm beginnt der Tierkreis mit dem Sternzeichen Widder. Zum Sommerbeginn steht die Sonne bei 90 Grad oder am Anfang des Krebs etc. Jede Jahreszeit umfaßt 90 Grad oder drei Tierkreiszeichen.

**Ektoplasma** Mysteriöse Substanz, die → Medien während spiritistischer → Seancen (→ Spiritismus) absondern. In der Regel kommt sie aus dem Mund des Mediums. Was Ektoplasma genau ist, ob es überhaupt existiert und nicht auf einem Trick des Mediums beruht, ist in der Parapsychologie umstritten.

**Elemente** In der heutigen Naturwissenschaft bezeichnet man mit E. einen chemisch nicht weiter aufspaltbaren Stoff wie Sauerstoff, Kohlenstoff, Eisen etc. Streng davon zu unterscheiden sind die E. in der Esoterik, die keine wirklichen Stoffe, sondern eher Eigenschaften beschreiben. Sie entstammen der antiken griechischen Philosophie. In der

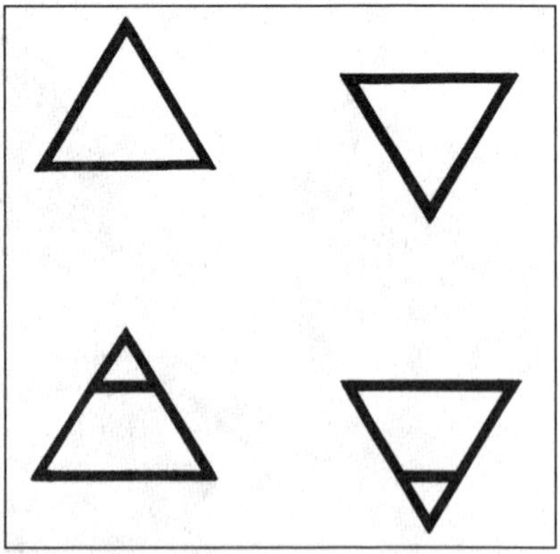

**Die Zeichen für die vier Elemente Feuer, Wasser, Luft, Erde (von links nach rechts)**

noch heute bekannten Form wurden sie zum ersten Mal von Empedokles (490-430 v. Chr.) beschrieben, einem griechischen Philosophen und Magier. Bei ihm bezeichnen sie die Grundeigenschaften von allem, was es in der Welt gibt. Werden sie in unterschiedlichen Verhältnissen gemischt, bringen sie alle Erscheinungen hervor. Ursprünglich waren es vier: → Feuer, → Erde, → Luft und → Wasser. In der Neuzeit kam als fünftes Element der Geist hinzu. Auch die chinesische Philosophie kennt fünf E. Dort sind es: Holz, Feuer, Erde, Metall und Wasser. In der → Astrologie sind jedem der vier alten E. je drei → Tierkreiszeichen zugeordnet.

**Elementale** Bezeichnung für die Geister, die zu einem der vier → Elemente gehören. Ihre Namen und die Zuordnungen lauten: Feuer – Salamander; Wasser – Undinen; Luft – Sylphen; Erde – Gnome. Die E. sind eigentlich eher Verkörperungen der Natur-

**Der Feuer-Salamander, einer der Elementalen**

kräfte als Geister im klassischen Sinne. Einem Magier, dem es gelingt, sie zu beschwören, soll es ein leichtes sein, sie zu seinen Diensten zu zwingen. Willensschwache und leichtgläubige Menschen hingegen sollen von ihnen leicht besessen werden, bzw. die E. führen sie in die Irre oder treiben im günstigsten Fall ihren Spaß mit ihnen.

**Elementargeister** Name für die Seelen der Verstorbenen, die kein gutes, gottgefälliges Leben geführt haben. Die Seele eines guten Menschen geht – in den Vorstellungen der einzelnen Religionen – nach dem Tode entweder direkt zu Gott oder sie bereitet sich auf ihre Wiedergeburt vor. Die Seele eines bösen Menschen lebt dagegen noch geraume Zeit in einer Zwischenwelt, ehe sie sich auflöst.

**Eleusis, Mysterien von** E. ist eine Stadt am Golf von Ägina, in der Nähe von Athen. Hier fanden die wohl berühmtesten → Mysterien der Antike statt. Gleichzeitig waren sie ein Teil des athenischen Staatskultes. Sie wurden zu Ehren der Fruchtbarkeits- und Getreidegöttinnen → Demeter und → Persephone jedes Jahr im September gefeiert. Jedem Teilnehmer an den Mysterien wurden ewiges Leben und geistige Erhöhung versprochen. Da alle Teilnehmer an den Mysterien einen → Eid der Geheimhaltung schworen, ist bis zum heutigen Tage nicht genau geklärt, was in E. wirklich geschah. Eine heute weit verbreitete Theorie ist, daß halluzinogene Drogen bei den Mysterien eine nicht unerhebliche Rolle spielten. Sie sollen dazu benutzt worden sein, die Teilnehmer in einen Trancezustand zu versetzen.

**Elfen** Geister, die vor allem in der nordeuropäischen Folklore und Mythologie vorkommen. Es gibt gute und böse E. E. werden oft mit → Feen in Verbindung gebracht.

**Eliade, Mircea** (1907–1986), rumän. Religionswissenschaftler, der Bücher über Religionsgeschichte, Mystik und Schamanismus verfaßt hat: „Das Heilige und Profane“ (1957), „Die Religionen und das Heilige“ (1954), „Der Mythos der ewigen Wiederkehr“ (1953), „Unsterblichkeit und Wiedergeburt“ (1962).

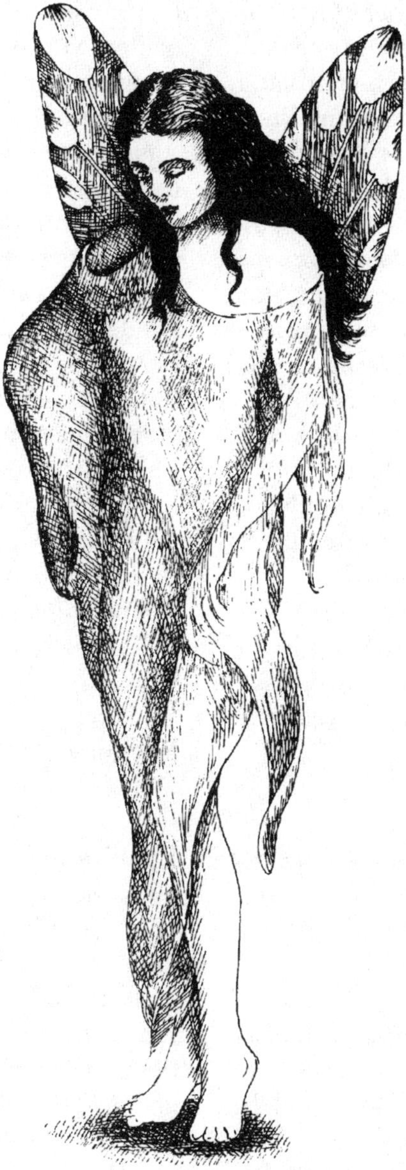

Elfe

**Elohim** Hebräischer Gottesname, der Kabbalisten, Mystiker und Magier oft beschäftigt hat. E. ist der Name, den Gott im Buch Genesis, dem ersten Buch des Alten Testaments, hat. E. schuf Himmel und Erde. Martin Luther hat dieses Wort in der ersten deutschen Bibelübersetzung mit „Gott" übersetzt, was strenggenommen aber nicht ganz richtig ist. Der erste Teil des Wortes (Elohah) ist weiblich, der zweite Teil des Wortes ist eine hebräische Endung (im), die nur bei männlichen Hauptworten benutzt wird. In diesem Wort verbinden sich also die zwei Geschlechter und die Mehrzahl. Eine richtige Übersetzung müßte also so ähnlich wie Götterinnen lauten.

**Elysium** Ort, in den nach der griechischen Mythologie die Seelen der Helden und aller guten und edlen Menschen nach dem Tode hingelangen.

**Emanation,** lateinisch „herausfließen, entspringen, sich verbreiten". Im → Okkultismus und der → Esoterik wird das Ausströmen der göttlichen Kraft E. genannt. Nach dieser Vorstellung ist die Erschaffung der Welt kein einmaliger Vorgang in ferner Vergangenheit, sondern findet dauernd statt. Die göttliche E. fließt ständig in die Welt und erfüllt alles Seiende. Auf ihrem Weg aus der göttlichen Sphäre erschafft sie zunächst die Welt der Ideen. So ist alles als Vorstellung vorhanden. Danach formt die E. den → Äther nach diesen Ideen, Vorstellungen. Zuletzt wird die gewöhnliche Materie nach dem Muster des Äthers angeordnet. Das Verständnis der Emanationslehre ist schwer und bedarf intensiver gründlicher Studien, vor allem der jüdischen Lehre der → Kabbalah und ihres Baum des Lebens.

**Encausse, Dr. Gérard Analect Vincent** → Papus.

**Enchiridion,** griechisch, bedeutet so viel wie Handbuch. In der Lehre der Magie ist das „Enchiridion des Papstes Leo III." ein bekanntes Buch mit einer Sammlung von Zaubersprüchen und Schutzgebeten. Es erschien zum ersten Mal im Jahre 1560, hat aber mit dem eigentlichen Papst Leo III., der von 795-816 Papst war, nichts zu tun.

Engel

**Endres, Dr. Franz Karl** (1878–1954), schrieb mehrere Bücher, die heute als Standardwerke über das Freimaurertum (→ Freimaurerei) gelten. Eine Auswahl: „Die Symbole des Freimaurers" (1952), „Goethe und die Freimaurerei" (1949).

**Engel** Vom griechischen Wort abstammend, das Bote bedeutet. E. gelten als Mittler zwischen Gott und den Menschen. Es gibt sie im Judentum, Christentum und Islam. Unter den E. gibt es auch eine Rangordnung. Die bekannteste ist die des Dionysius Areopagita, der erste Bischof; er wurde vom Apostel Paulus eingesetzt. Unter seinem Namen schrieb ein Autor des 5. Jahrhunderts mehrere Bücher religiösen und mystischen Inhalts. In einem von ihnen gibt er die Rangordnung der Engel folgendermaßen an: Engel, Erzengel, Kräfte, Mächte, Heerscharen, Fürstentümer, Throne, Cherubim, Seraphim. Später wurden die → Erzengel als die höchsten der E. bezeichnet.

**Engramm** Bezeichnung für Gedächtnisinhalt, der dem normalen Bewußtsein nicht zugänglich, also unbewußt, ist. In der → Scientology wird dem Mitglied versprochen, ihm Zugang zu diesen unbekannten Bewußtseinsinhalten zu verschaffen.

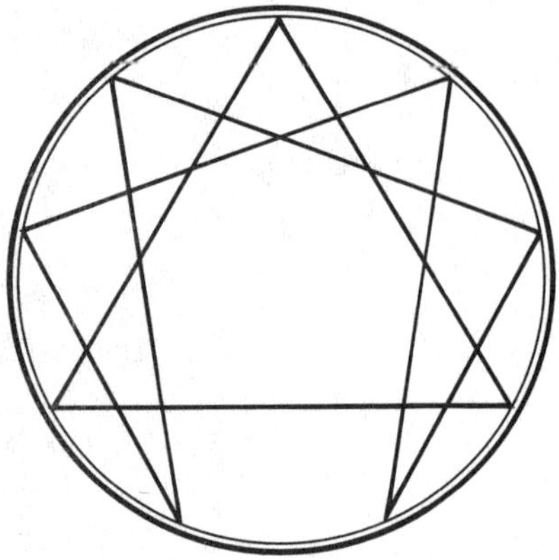

**Enneagramm – Neuneck zur Deutung der Welt**

**Enneagramm** Ein besonderes Neuneck (siehe Abb.), das vor allem von Schülern → Gurdjieffs zur Deutung des inneren Aufbaus aller Handlungen und Ereignisse der Welt benutzt wird. Bekannt gemacht wurde das E. vor allem von Peter Demianovitsch Ouspensky (1877–1947), einem russischen Wissenschaftler und Esoteriker.

**En Sof** andere Schreibweise für Ain Soph (→ Kabbalah).

**Entsprechung** Alles, was sich in irgendeiner offensichtlichen oder verborgenen Weise ähnlich ist, „entspricht" einander. Eine Grundvorstellung aller Magie und Esoterik besagt, daß sich ähnliche Dinge und Handlungen auf geheimnisvolle Weise gegenseitig beeinflussen. Fügt man etwa einer Puppe, die einem bestimmten Menschen ähnlich sieht, also entspricht, eine Verletzung zu, so soll damit auch der wirkliche Mensch verletzt werden können.

**Ephemeriden** Name der astronomischen Gestirnstabellen mit der Angabe der täglichen Positionen der Planeten. E. benötigt man unter anderem dazu, ein → Horoskop erstellen zu können (→ Astrologie).

**Epopt** Wort aus dem Griechischen. Ein E. ist ein Beschauer, Zeuge, Aufseher, Augenzeuge. E. ist außerdem der Name des dritten und höchsten Grades der eleusinischen Mysterien (→ Eleusis). Im → Illuminaten-Orden ist es der Name des sechsten Grades, im → Ordo Templi Orientis heißt so der achte Grad, den man erlangen kann.

**Equinox, The** Periodisch erscheinende Schriftenreihe, die Aleister → Crowley herausgab. Sie erschien jeweils zweimal im Jahr (zur Sommer- und Wintersonnenwende). Serie I umfaßt zehn Bücher, die zwischen 1909 und 1914 erschienen sind. In diesem voluminösen Werk finden sich neben Gedichten, Kurzgeschichten und Bilder etc. fast alle magischen und mystischen Schriften Crowleys. Serie II ist die Serie des Schweigens, es gibt also keine Bücher davon. Unter Serie III fallen unterschiedliche Publikationen wie „Die acht Vorlesungen über Yoga" oder das „Buch Thoth". Die gesamte Veröffentlichung der Serie III konnte zu Crowleys Lebzeiten nicht abgeschlossen werden. Sie blieb daher unvollended.

**Erde** (Element) ist ein Element, das allen Menschen und Dingen Wirklichkeit und stoffliche Substanz verleiht. Trolle und Gnome sind ihre Geister. Die → Tierkreiszeichen Stier, Jungfrau und Steinbock sind ihm zugeordnet. Eine Betonung dieses Elements in einem → Horoskop verleiht praktische Fähigkeiten und einen guten Realitätssinn. Allerdings verleiht das Element E. auch einen Hang zur Langsamkeit.

**Erde** (Planet) In der → Astrologie gilt die E. nicht als Planet, da sie der Standpunkt ist, von dem aus gedeutet wird. Trotzdem ist sie in jedem Horoskop von größter Wichtigkeit und steht in Form der → Häuser im Mittelpunkt der Deutung.

**Erdstrahlen** sind eine mysteriöse Kraft, die von der Erde ausgehen soll. Ihr Einfluß kann sowohl günstig als auch schlecht sein. Der Theorie nach verursachen bestimmte E. Krankheiten. Besonders begabten oder ausgebildeten Menschen soll es möglich sein, die E. und ihre Qualität mittels einer Wünschelrute festzustellen.

**Erleuchtung** In der Mystik das Erfahren einer inneren und geistigen Wahrheit, die den Menschen auf seinem Pfad zu Selbsterkenntnis und Vervollkommnung vorwärtsbringt.

**Erzengel,** griechisch „Hauptengel". Mit ihm werden die höchsten der Engel bezeichnet. Die vier bekanntesten sind: Auriel, Gabriel, Michael und Raphael. Jeder von ihnen herrscht über eines der → Elemente, Auriel über → Erde, Gabriel über → Wasser, Michael über → Feuer, Raphael über → Luft.

**Eschenbach, Wolfram von** (1170–1220), deutscher Dichter des Mittelalters. Er schuf berühmte Versepen wie „Titurel", „Willehalm" und „Parzival". Letzteres ist wohl sein berühmtestes. In ihm schildert er die Geschichte des Parzivals, eines Ritters der Tafelrunde von König Artus, und seine Suche nach dem heiligen → Gral.

**Esoterik** Ursprünglich die generelle Bezeichnung für das Geheimwissen, welches nur für Eingeweihte (→ Einweihung) bestimmt ist. Es handelt sich dabei aber nicht um ein Wissen, das anderen schriftlich oder in irgendeiner sonstigen Form mitgeteilt werden könnte, sondern um bestimmte Einsichten und Erfahrungen, die man nur persönlich machen kann. Allerdings gibt es Tätigkeiten und Werkzeuge, die helfen, diese Erfahrungen zu machen, denn sie entsprechen ihnen (→ Entsprechung). Das kann die → Meditation und das Lesen heiliger Bücher sein, aber auch die Beschäftigung (unter Anleitung!) mit → Kabbalah, → Tarot, → Astrologie, → Yoga, Zen und vielem anderen. Für jeden Menschen ist der Weg zur Erkenntnis anders, denn jeder ist einzigartig. In den letzten Jahren hat sich der Gebrauch des Wortes verändert. Die Werkzeuge werden für das Eigentliche gehalten. Äußerliches wird schon als esoterisch bezeichnet, wie etwa das Vorhersehen der Zukunft oder übersinnliche Erscheinungen aller Art, auch Volksaberglaube oder das Spiel mit niederen Kräften beim Tisch- oder Gläserrücken. Sogar alles, was von der heutigen Schulwissenschaft (noch) nicht anerkannt wird (Kornkreise, Ufo), wird neuerdings der E. hinzugerechnet.

**Essener** Die E. sind eine Art jüdischer Sekte, die man nach heutigen Gesichtspunkten als fundamentalistisch bezeichnen würde. Man weiß über sie durch die „Schriftrollen vom Toten Meer", die in Qumran zwischen 1947 und 1956 gefunden wurden. In mancher Beziehung weisen sie viele Ähnlichkeiten mit den Lehren des späteren Christentums auf, so legen die E. zum Beispiel viel Wert auf Friedfertigkeit und glauben an die Unsterblichkeit der Seele. Aus diesem Grund sind heute einige Forscher der Überzeugung, daß Jesus von Nazareth entweder ein E. war oder zumindest Kontakt zu ihnen und ihren Lehren hatte.

**Etteila** (1750–1810), hieß eigentlich Alliette und war von Beruf Perückenmacher. Er schuf ein bekanntes Tarotspiel (→ Tarot), war bei der Gestaltung der Karten aber recht eigenwillig; so schuf er neue Karten und ließ andere weg. Die neuen, von ihm geschaffenen Karten seien, so seine Auskunft, eigentlich sehr alte, die auf der Wanderung des Spiels von Ägypten nach Europa verlorengegangen seien. Vom künstlerischen Standpunkt betrachtet gilt das von ihm entworfene Spiel als eines der schönsten.

**Evokation** Mit diesem lateinischen Wort bezeichnet man in der Ritualmagie (→ Ritual) die Beschwörung eines Geistes oder Gottes. Der Magier steht hierbei meist in einem Schutzkreis, und er beschwört den Geist mittels

Gebeten, Zauberformeln und rituellen Gesten in das Dreieck, welches sich außerhalb des Kreises befindet.

**Exorzismus** ist die Austreibung eines bösen Geistes oder Teufels mit einem bestimmten Ritual. Es wird in Fällen sogenannter Besessenheit angewandt. Exorziert werden Menschen, aber auch Orte, die unter einem bösen Einfluß stehen. Das bekannteste Ritual ist das „Rituale Romanum“ der römisch-katholischen Kirche.

**Exoterik,** das Gegenteil von → Esoterik. Hiermit wird das Wissen bezeichnet, das jedem Menschen zugänglich ist.

# F

**Fakir** Ursprünglich Bezeichnung für einen muslimischen frommen Asketen. Später wurden alle bettelnden, auch nicht muslimischen Asketen so bezeichnet. Berühmt sind auf Nagelbrettern sitzende oder auf Glasscherben liegende F. Eigentlich lautet das indische Wort für diese Menschen Sadhu. F. ist ein aus dem arabischen stammendes Wort, das „armer Mann“ bedeutet. (→ Sufis)

**Falke** In der Symbolik der alten ägyptischen Religion hat der F. eine herausragende Rolle. Er ist der heilige Vogel des → Horus. Die Flügel des göttlichen F. beschützen die Erde. Das → Ba des Pharaos wurde als F. dargestellt.

**Fallende Häuser** In der → Astrologie die → Häuser 3, 6, 9 und 12. Sie bilden jeweils die Überleitung in einen neuen Lebensbereich.

**Fama Fraternitas,** lateinisch „Gerücht von der Bruderschaft“. F. ist der Titel eines Buches, das von Johann Valentin → Andreae stammt. Der Untertitel des Buches lautet: „Gerücht der Bruderschaft des R. C. an alle Gelehrte und Häupter Europas“ und erschien zuerst 1615. In diesem Buch wird das Leben des Christian → Rosenkreutz geschildert und das Entstehen der Bruderschaft vom Rosenkreutz (→ Rosenkreutzer). Das Buch machte einen großen Eindruck auf die Gelehrten seiner Zeit und führte dazu, daß viele Mitglied dieser mysteriösen Bruderschaft werden wollten.

**Farben** In der → Esoterik, im → Okkultismus und in der → Magie haben F. eine sehr große symbolische Bedeutung. Sie sollen dabei helfen, eine bestimmte Schwingung oder Stimmung zu erzielen. So werden F. zum Beispiel Stimmungen, Gefühlen, Göttern, → Planeten oder

→ Tierkreiszeichen zugeordnet. Hierbei gibt es kein einheitliches Zuordnungsschema, es unterscheidet sich, je nach Schule, zum Teil erheblich. Hier ein paar Beispiele aus der → Kabbalah für die Planeten und die Tierkreiszeichen: Sonne – Gold, Gelb; Mond – Violett, Azurblau, Indigo; Mars – Rot; Venus – Smaragdgrün, Olivgrün; Merkur – Orange; Saturn – Schwarz, Dunkelbraun; Widder – Rot; Stier – tiefes Indigo; Zwillinge – Malve; Krebs – Kastanienbraun; Löwe – tiefer Purpur; Jungfrau – Schiefergrau; Waage – Blau; Skorpion – dunkles Braun; Schütze – Gelb; Steinbock – Schwarz; Wassermann – Himmelblau; Fische – Silberweiß.

**Feen** F. sind Wesen, die zur Geisterwelt gehören und den Menschen freundlich gesonnen sind, ihnen helfen und Glück bringen. F. werden oft mit Wäldern, Bergen, Flüssen und Seen in Verbindung gebracht, in deren Umgebung sie wohnen sollen und die sie schützen.

**Felder** → Häuser

**Feng Shui** Chinesischer Name für die Kunst, günstige Plätze für den Bau von Häusern zu finden. Nach den Methoden des F. S. wird die Aufteilung eines Hauses vorgenommen, also die Entscheidung, wo der günstigste Platz für das Schlafzimmer oder den Arbeitsraum ist. Nach der Vorstellung des F. S. ist die Erde, wie auch der menschliche Körper, von einem Netz von Kraftlinien durchzogen. Je nach ihrer Energieform und Stärke können diese Linien von Vor- oder Nachteil für menschliche Aktivitäten und für das Wohlbefinden sein.

**Fenrir** Auch unter dem Namen Fenriswolf bekannt. F. ist ein riesiger, böser Wolf, der Sohn des → Loki aus der nordischen Mythologie. Bei der Götterdämmerung (auch Ragnarök oder Weltuntergang) verschlingt F. → Odin und die Sonne.

**Fernheilung** Heilen von Krankheiten, bei dem die Kranken nicht anwesend sind. Der Heiler sendet dem Kranken über eine Entfernung gesundmachende Energien.

**Feste Zeichen** In der Astrologie die → Tierkreiszeichen Stier, Löwe, Skorpion und Wassermann. Sie stehen in Verbindung mit den vier Evangelisten: Stier – Lukas, Löwe – Markus, Skorpion – Johannes (oft dargestellt als Adler), Wassermann – Matthäus.

**Fetisch** Gegenstand (Stein, Baum, Waffe etc.), dem eine bestimmte magische und vor Bösem schützende Eigenschaft zugesprochen wird. → Amulette sowie → Talismane zählen ebenfalls zu den F.

**Fetischismus** die kultische Verehrung und Anbetung eines → Fetisch.

**Feuer** Eins der vier → Elemente. Es entspricht der reinen Energie und hat eine Beziehung zu Phantasie und Leidenschaft. Sein Elementargeist ist der Salamander. In der → Astrologie sind dem F. die → Tierkreiszeichen Widder, Löwe und Schütze zugeordnet. Ist das Element F. in einem Horoskop betont, spricht dies für einen dynamischen, phantasievollen Menschen, der aber gleichzeitig eine Neigung zu Zorn und Übereifer hat.

**Feuerlaufen** Das Vermögen, durch Feuer (meist ist es glühende Holzkohle) zu laufen, ohne sich zu verbrennen. Oft versetzt sich der Feuerläufer vorher in einen Trancezustand (→ Trance).

**Ficino, Marsilio** (1433–1499), florentinischer Gelehrter. Er übersetzte die Werke Platons und alchemistische Texte (→ Alchemie) ins Italienische. Diese Übersetzungen waren wichtig für die Entwicklung der Magie in der Renaissance.

**Findhorn** Name einer Gemeinschaft in Schottland, die 1962 vom Ehepaar Caddy gegründet wurde. Ungefähr 200 Menschen leben und betreiben auf dem relativ unfruchtbaren Boden und unter dem schlechten schottischen Klima Gemüse- und Ackerbau. Ein Teil des spirituellen Konzepts, nach dem die Mitglieder der Findhorngemeinschaft leben, ist es, so zu leben, daß sie nicht störend in den Ablauf der Natur eingreifen. Naturgeister sollen ihnen bei ihren Anbaumethoden helfen.

**Fischezeitalter** Nach einer sehr alten Theorie gliedert sich die

Menschheitsgeschichte in Abschnitte von ungefähr 2 200 Jahren. Jedesmal, wenn der Frühlingspunkt der Sonne in ein anderes → Sternbild tritt, beginnt danach ein neues Zeitalter. Zu Beginn unserer Zeitrechnung trat der Frühlingspunkt in die Fische ein. Die Ära des Leidens, aber auch des Mitgefühls begann. Die ersten Christen wählten u. a. darum die Fische als ihr Symbol. Erst mehr als 400 Jahre später wurde es vom Kreuz abgelöst.

**Flamel, Nicolas** (1330–1418), französischer Alchemist (→ Alchemie), der bei den Franzosen und anderen Alchemisten in hohem Ansehen stand, da er viel Geld für wohltätige Zwecke ausgab. F. behauptete den „Stein der Weisen" (→ Stein der Weisen) gefunden zu haben und sei deshalb in der Lage, Gold zu machen. So soll es ihm gelungen sein, Quecksilber in Silber und dieses dann in Gold zu verwandeln. Da F. ein eifriger Kopist alchemistischer Bücher war, ist es schwer festzustellen, welche Bücher wirklich aus seiner Feder stammen.

**Fledermaus** Dieses hübsche Tier war in getrockneter Form Bestandteil einiger alchemistischer Rezepte. Darüber hinaus hatte es in der Esoterik keine Bedeutung. Da die Fledermaus aber des Nachts lebt und jagt, war und ist sie vielen Menschen so unheimlich wie das Dunkel selbst. Deswegen wurden seit dem Mittelalter christliche Teufel und Dämonen gelegentlich mit Fledermausflügeln dargestellt. Daß sich Vampire in sie verwandeln können, ist eine Erfindung der Gruselgeschichten des 18. Jahrhunderts.

**Fliege** Im antiken Ägypten wurden Abbilder und Nachbildungen der F. dazu verwandt, böse Geister abzuschrecken. Eine aus Gold gemachte F. erhielten ägyptische Soldaten, die im Kampf besonders tapfer gekämpft hatten. Im europäischen Mittelalter wurde die F. zum Begleiter des Teufels. In seiner Erscheinung als → Beelzebub erhielt er den Titel „Herr der Fliegen".

**Fliegenpilz** Eine der wenigen Rauschpflanzen Europas. Bei den → Schamanen Sibiriens (früher auch in unserer Gegend) gilt er

Fledermaus

als heilige Pflanze. Er wird dort aber auch als Genußmittel bei Geselligkeiten verwandt. Von persönlichen Experimenten muß aber abgeraten werden, da es sehr großer Erfahrung bedarf, dem jeweiligen Pilz anzusehen, wieviel Wirkstoff er enthält. Seinen schlechten Ruf hat er jedoch nicht wegen seiner Giftigkeit, die eher gering ist, sondern weil er bei den Heiden als göttlich galt. So wurde er von den Christen als Pflanze Satans angesehen.

**Fliegenpilz**

**Flügelsonne** Symbol des ägyptischen Gottes → Horus. Sie stellt die Flügel des → Falken dar, die die Welt schützen. In der Frühzeit des alten Ägypten war die geflügelte Sonne ein Abbild des Sonnengottes Behedeti, der aber später mit Horus verschmolz. In der Symbolik → Thelemas heißt Behedeti Hadit und ist eines der wichtigsten Elemente dieser Lehre.

**Fludd, Robert** (1574–1637), Engländer, der auch unter seinem lateinischen Namen Robertus de Fluctibus bekannt ist. F. war Astrologe, Physiker, Alchemist, Historiker, Künstler und ein großer Anhänger der Philosophie der → Rosenkreutzer. Er versuchte, die zehn Sphären des griechischen Philosophen Aristoteles mit den zehn Sephiroth der → Kabbalah zu vereinen. Beides hielt er für Offenbarungen Gottes. Er kannte jüdische Gelehrte, was in damaligen Zeiten nicht üblich war. So schrieb F. seine „Mosaische Philosophie" (1619). 1629 erschien sein bekanntestes Buch „Summum Bonum" (Höchstes Gut), in dem er die Alchemie, die Kabbalah und die Rosenkreutzer verteidigte.

**Flugsalben** Salben, die die Hexen benutzten, ehe sie zum Sabbath gingen (→ Hexerei, Hexensabbath). Diese Hexensalben bestehen zu einem großen Teil aus Pflanzen und deren Extrakten, die dafür bekannt sind, daß sie halluzinogene Wirkung haben. Durch die Salben gerieten die Hexen in → Trance, in der sie gelegentlich zu fliegen glaubten. Dies ist die wahrscheinliche Ursache des Hexenfluges.

**Fo** Im chinesischen Buddhismus Name für einen äußerst heiligen Menschen.

**Fohat** Laut H. P. → Blavatsky stammt dieses Wort aus dem Tibetischen, ist aber keinem Tibetologen bekannt. In der → Theosophie spielt F. eine große Rolle. Es bezeichnet die überall vorkommende Lebenskraft und Energie, die alle Dinge schafft und am Leben erhält.

**Fortune, Dion** (1891–1946), heißt eigentlich Violet Frith-Evans, bekannte, britische Esoterikerin und Schriftstellerin. Sie war eine Zeitlang Mitglied der Theosophischen Gesellschaft (→ Theosophie) und des Hermetic Order of the Golden Dawn (→ Hermetischer Orden der Goldenen Morgendämmerung). 1922 gründete sie die Fraternity of the Inner Light (Bruderschaft des Inneren Lichtes), die in manchem dem Golden Dawn ähnelte. Ihr Buch „Die Mystische Kabbala“ (deutsche Ausgabe 1979/1987) gilt als unumstrittener Klassiker auf diesem Gebiet. F. arbeitete auch als Psychologin an Londoner Kliniken. Ein Ergebnis dieser Arbeit und ihres Umgangs mit neurotischen und psychotischen Patienten ist ihr Buch „Psychic Self-Defense“ (Selbstverteidigung mit Psi). Hierin vertritt sie die Ansicht, daß man bestimmte psychische Störungen auch als eine Art Besessenheit durch Geister o. ä. interpretieren kann und daß magische → Rituale bei der Heilung helfen können.

**Fraternitas Saturni,** lateinisch Bruderschaft des Saturn, wurde 1926 in Berlin von Mitgliedern der Pansophischen Loge (→ Pansophie) gegründet. Die F. S. lehrt eine Mischung aus astrologisch begründeter Weltentstehungslehre, Gnostizismus (→ Gnosis), sexueller Esoterik und Magie, den Lehren Aleister → Crowleys und den Systemen einiger Freimaurerorden (→ Freimaurerei). Die F. S. sieht sich als eine magische Geheimgesellschaft und verfügt über dreiunddreißig Grade. Der Grad des Magus Pentalpha (Magier der fünf Alpha), der achtzehnte Grad, gilt als der berüchtigste. In ihm lehrt die F. S. ein bestimmtes System der tantrischen Sexualmagie (→ Tantra). Das Initiationsritual dieses Grades und die Gradpapiere brachten der F. S. den Ruf ein, ein satanistischer Orden zu sein. Gründungsmitglieder waren u. a. Heinrich → Tränker, magischer Name Recnartus, Eugen → Grosche und Albin Grau, magischer Name Pacitus. Nicht-Esoterikern dürfte der Name Albin Grau am bekanntesten sein. Der Künstler Albin Grau arbeitete als Kostüm- und Bühnenbildner an mehreren bekannten Stummfilmen mit, z. B. Murnaus „Nosferatu – eine Symphonie des Grauens" und Fritz Langs „Metropolis". In den siebziger Jahren spaltete sich der Ordo Saturni (Orden des Saturn) von der Fraternitas ab. Beide Orden nehmen für sich in Anspruch, Erbe der echten F. S. zu sein.

**Fraternity of Inner Light** Englisch für Bruderschaft des Inneren Lichtes → Fortune, Dion.

**Frazer, James George** (1854–1941), englischer Anthropologe und Ethnologe. Sein Buch „The Golden Bough" (Der Goldene Zweig) hat einen tiefen Eindruck bei Esoterikern und Magiern hinterlassen. Seine Vergleiche unterschiedlicher Religionen und Kulte haben viele von ihnen inspiriert. Heute gelten seine Theorien in der Anthropologie und Ethnologie jedoch weitgehend als überholt.

**Freimaurerei** Esoterischer Bund, zu dem nur Männer zugelassen werden. Es gibt viele Theorien über den Ursprung der F. Die geläufigste ist die, daß sie aus den mittelalterlichen Dombauhütten entstand – daher stammen auch die bekannten Symbole der F.: der Schurz, das Winkelmaß und der Zirkel. Jede Kathedrale galt als ein Abbild des himmlischen Jerusalems. Darum mußten die Menschen, die an ihnen arbeiteten, neben einem sehr guten Wissen über Baustatik und Architektur auch ein tiefes religiöses Verständnis haben. Da das Wissen über die Baukunst nur mündlich weitergegeben wurde, war es nötig, sich vor „Werksspionage" zu schützen. Aus diesem Grund entwickelten die Handwerker ein System von Paßworten und Zeichen, um so festzustellen, ob jemand wirklich zu ihnen gehörte oder nur Ideen und Pläne stehlen wollte. Das ist angeblich die Ursache dafür, daß es zu jedem Grad der F. ein Paßwort und ein Zeichen gibt, das man während der → Einweihung erhält und das geheim ist. Da die Steinmetze und die anderen am Dombau beteiligten Handwerker keiner Zunft angehörten, waren sie „freie Maurer". Im Laufe der Jahrhunderte geriet das eigentliche Handwerk immer mehr in den Hintergrund, und die Freimaurer beschäftigten sich zunehmend mit religiösen und humanistischen Fragen. Es wurde nicht mehr an einem konkreten Tempel oder Dom gebaut, sondern das „Bauen" wurde übertragen auf die Schaffung einer neuen Gesellschaft, in der Aufklärung, Toleranz und Humanität herrschen und alle Menschen sich in einem gemeinsamen Bund zusammenfinden. – Wann genau sich der Übergang von der praktischen Maurerei zur sogenannten „spekulativen Maurerei" abspielte, ist nicht klar. Sicher ist nur, daß sich im Jahre 1717 in England die erste Großloge bildete, in Deutschland im Jahre 1737 in Hamburg. – Um diesen „Tempel" bauen zu können, brauchte man geeignete „Steine". Als diese „Steine" verstehen sich die Freimaurer. Durch moralische, sittliche, ethische und religiöse Arbeit an sich selbst sollen sie zu passenden Steinen werden. Dieser Prozeß wird in der F. als „Arbeit am rauhen Stein" bezeichnet, wobei sie ihren Mitgliedern Hilfe leistet. Dies geschieht vor allem durch ein System aufeinanderfolgender Einweihungen, in denen der Kandidat mit einem bestimmten Symbol- und Lehrsystem vertraut gemacht wird, das ihm bei seiner inneren Vervollkommnung helfen soll. Die Einweihungen sind geheim. Esoterik spielt insofern eine Rolle, als die Beschäftigung mit ihr als eines der Mittel zur Selbstverwirklichung und Selbstfindung gesehen wird. Manches auf diesem Gebiet stammt bei den Freimaurern von den → Rosenkreutzern. Sicherlich ist die F. im Laufe der Jahre zunehmend zu einer Institution heruntergekommen, die ihren Mitgliedern gesellschaftliche und geschäftliche Vorteile bringt, aber sie verfügt immer noch über Mitglieder, die sich für die Ziele der F. einsetzen. In der F. gibt es verschiedene Orden oder Gruppen, die sich inhaltlich und strukturell unterscheiden. Den örtlichen Zusammenschluß von Freimaurern nennt man Loge, diese schließen sich dann zur Großloge zusammen. Da es mehrere Freimaurersysteme gibt, existiert auch je nach Orden eine unterschiedliche Anzahl von Graden. Neben der angeblich klassischen F., die über drei Grade verfügt – Lehrling, Geselle, Meister (→ Johannisgrade) –, gibt es auch noch die Hochgradsysteme, dessen bekanntestes wohl der Alte und Angenommene Schottische Ritus ist, der dreiunddreißig Grade hat. Bekannte deutsche Freimaurer waren: Friedrich der Große, die Dichter Klopstock und Goethe, der Philosoph Fichte und der Komponist Wolfgang Amadeus Mozart. In jüngster Zeit ist hier der österreichische Schauspieler Karl Heinz Böhm zu nennen, der vor allem in den letzten Jahren durch sein Engagement für die Hungergebiete in Äthiopien bekannt wurde.

**Freya** Name der norwegisch-isländischen Göttin der Fruchtbarkeit, deren Züge später mit Frigga, der Gattin des höchsten Gottes der Germanen → Odin verschmolzen. Freyja (richtige Schreibweise ihres Namens) konnte sich auch in einen Falken, der ihr heiliges Tier war, verwandeln. Der Name des Wochentages Freitag leitet sich von ihr ab.

**Fulcanelli, Jean Julien** (1877–1932), Pseudonym des französischen Alchemisten (→ Alchemie) und Autors Julien Champagne. F. ist einer der wenigen Alchemisten dieses Jahrhunderts. So soll er den → Stein der Weisen besessen haben und in der Lage gewesen sein, Gold zu machen. Zudem soll er das alchemistische Geheimnis des ewigen Lebens besessen haben. F. ist eine mysteriöse Gestalt, um die sich viele Legenden ranken.

**Fundamentalist** Mensch, der die Lehren und Überzeugungen einer Religion, eines Kultes oder einer politischen Richtung wortwörtlich nimmt. Für ihn ist nur das geschriebene Wort z. B. der jeweiligen Religion maßgebend und sonst nichts.

**Fünf** Wichtige Zahl in der Esoterik, die den Menschen mit seinen fünf Sinnen symbolisiert.

Der Mensch, der als ein → Mikrokosmos (ein Abbild des Kosmos/Alls im Kleinen) gilt, hat die Symbolzahl fünf, Gott, das All, der Makrokosmos hat die Zahl sechs. Im Buddhismus gibt es fünf Todsünden: Vatermord, Muttermord, Mord an einem Heiligen, einen Streit in einer Mönchsgemeinschaft anzetteln, einen → Buddha so stark verletzen, daß Blut fließt.

**Fünf Tibeter** Unter diesem Namen werden bestimmte Körperübungen zusammengefaßt, die der Gesundheit und dem geistigen Wachsen des Menschen dienen sollen. Ursprung dieser Übungen sollen tibetisch-buddhistische Klöster sein, in denen die Übungen bis vor kurzem geheimgehalten wurden. Allerdings sind diese Übungen keinem tibetischen → Lama bekannt, selbst der Leibarzt des Dalai Lama, des Oberhauptes der tibetischen Buddhisten, ließ verlautbaren, daß er noch nie etwas von den sogenannten „Fünf Tibetern" und ihren Übungen gehört habe. Es dürfte sich daher wohl eher um eine Erfindung cleverer westlicher Autoren handeln.

# G

**Gabriel** → Erzengel.

**Gaia** Name der griechischen Göttin der Erde, Gemahlin des → Uranos.

**Ganesh** Elefantenköpfiger indischer Gott der Weisheit und Literatur.

**Ganzheitliche Medizin** Sie versteht sich als eine Alternative zur sogenannten Schulmedizin. Bei der G.n M. wird der Mensch als eine Einheit aus Körper, Geist und Seele gesehen, die harmonisch zusammenwirken. Ist diese Harmonie gestört, besteht also ein Ungleichgewicht, wird der Mensch krank. Die G. M. behandelt im Falle der Krankheit immer diese drei Ebenen des Menschen, da sie als gleichberechtigte Teile eines Ganzen betrachtet werden. Sie folgt damit grundsätzlichen esoterischen Vorstellungen.

**Gardner, Gerald Brousseau** (1884–1964), Engländer. G. gilt gemeinhin als Reformator, Wiederbeleber oder Schöpfer der → Hexerei, wie sie sich heute darstellt (→ Wicca). Er schrieb mehrere Bücher, die heute als Standardwerke über die neue Art des Hexenwesens gelten. Es ist umstritten, ob G. auf noch wirklich existierenden Hexentraditionen aufbaute oder ob er alles nach dem Studium anthropologischer, historischer und magischer Werke selber schuf. G. kannte den Magier Aleister → Crowley recht gut, und er war ein Mitglied des siebten Grades des → Ordo Templi Orientis (O. T. O.). Da Crowley u. a. auch vorhatte, eine unkomplizierte Religion für das einfache Volk zu schaffen, ist es nicht auszuschließen, daß er, Jack Parsons und Gardner gemeinsam die Entwürfe für eine Hexen-/Naturreligion ersannen.

**Indischer Gott Ganesh**

**Garuda** Name eines mythischen Vogels und des Reittieres des indischen Gottes → Vishnu. Er verfügt gleichzeitig über die Möglichkeit zur Schöpfung und zur Zerstörung. – G. war einer der magischen Namen von Heinrich → Tränker, einem der Mitgründer der → Fraternitas Saturni.

**Gautama** → Buddha.

**Geb** Name des ägyptischen Gottes der Erde und der Fruchtbarkeit; er ist der Gemahl von → Nut, der Göttin des Himmels. Gemeinsam sind sie die Eltern der Sonne.

**Gebet** Das persönliche Gespräch mit Gott, einer Gottheit oder einem Geist. Es gibt Bitt-, Buß-, Dank- und Lobpreisungsg. Der Geist des Betenden soll im Idealfall durch das G. in eine mystische Verzückung geraten und sich voll und ganz auf den Gott etc. konzentrieren.

**Gebetsmühle** Eine G. ist ein tonnen- oder zylinderförmiges Gefäß, welches sich um eine Achse dreht. In diesem Gefäß befindet sich ein Papierstreifen o. ä. mit einem Gebet. G. gibt es vor allem im tibetischen Buddhismus. Es gibt G. unterschiedlichster Größe, kleine für die Hand und zum Teil sehr große für die Tempel. Durch das Drehen einer G. soll nach buddhistischer Vorstellung das Gebet wirksam werden, ohne daß es gesprochen werden muß.

**Geburah** → Kabbalah.

**Geburtshoroskop** → Horoskop, das für den Zeitpunkt und den Ort der Geburt eines Menschen berechnet wird. Es gibt Auskunft über den grundsätzlichen Charakter eines Menschen, seine Interessen und Abneigungen und sein Verhalten anderen gegenüber in verschiedenen Situationen des täglichen Lebens.

**Gedankenformen** Eine Form oder ein Bild, das gedacht wird und dann auf der → Astralebene durch den Willen Gestalt gewinnt. (→ Egregore)

**Gedankenfotografie** Es soll Menschen geben, die dazu in der Lage sind, Gedanken, Bilder oder Vorstellungen auf einen unbelichteten Film zu projizieren, auf dem sie dann zu sehen sind.

**Geheime Obere,** auch geheime Meister oder Mahatmas (große Seelen) genannt. Mit diesem Namen werden die geheimen Leiter eines Ordens etc. bezeichnet. Sie lenken die Geschicke dieser Organisationen aus dem Verborgenen. Nur den Eingeweihten der höchsten Grade sind sie bekannt. Geheime Meister existieren oftmals nur auf der geistigen Ebene und nehmen mittels Träumen oder Visionen Kontakt zu ihren Untergebenen auf. Einige dieser Meister sollen auch auf der physischen Ebene leben, meist in sehr entlegenen und schwer zugänglichen Gebieten Indiens, Tibets oder der Mongolei. G. O. spielen eine große Rolle in der → Theosophie und bei magischen Orden wie dem Goldenen Dawn (→ Hermetischer Orden der goldenen Morgendämmerung).

**Geheimlehre** Deutscher Titel des sechsbändigen Werkes „The Secret Doctrine", deren erste beiden Bände zuerst 1888 erschienen. Autorin dieser Bücher ist H. P. → Blavatsky. Sie stellen einen der Grundpfeiler der → Theosophie dar. Die Bücher sollen das Wissen der geheimen Meister (→ geheime Obere) enthalten, die es Blavatsky angeblich enthüllten.

**Geheimwissenschaft** Eigentlich ein anderer Name für → Esoterik. Damit werden Wissenschaften bezeichnet, die nichts mit Natur-, Geistes- oder Sozialwissenschaften zu tun haben. Sie beschäftigt sich mit Magie, Mystik, Religion und nicht erklärbaren, okkulten Phänomenen.

**Geier** Heiliges Tier der Göttin → Mut, symbolisiert in der ägyptischen Mythologie das weibliche Element, dem das männliche, dargestellt durch den Mistkäfer (Skarabäus), gegenübersteht.

**Geißel** Ein Stock mit zwei oder drei Schnüren, die an ihm befestigt sind. Der ägyptische Gott → Osiris ist fast immer mit einer G. abgebildet. Auch die Pharaonen tragen auf ihren Darstellungen immer G.n. Später spielte die G. auch eine Rolle in der → Magie, sowohl als Mittel der Selbstkasteiung, wie auch als Abwehrmittel gegen böse Geister.

**Geist** Bezeichnung für die Kräfte des Verstandes und der Vernunft. Der Ausdruck G. wird häufig auch für das denkende und mit Willenskraft versehene Bewußtsein verwandt, im Gegensatz zur Seele, die als nur passiv erlebend definiert wird. In der Esoterik wird der G. oft nicht sehr hoch bewertet, da er zu sehr an die materielle Ebene des Daseins gebunden ist. Vernunft (oder das was manche Esoteriker unter ihr verstehen) wird als Hindernis auf dem Weg zur wahren Erkenntnis gesehen.

**Geister** Die Seelen der Verstorbenen, die sich auf einer Ebene zwischen der materiellen und rein spirituellen Welt befinden sollen. Im Laufe der Jahrhunderte wurde dieser Geisterbegriff auch auf → Dämonen und die Kräfte ausgedehnt, die z. B. über die → Elemente herrschen. → Seancen (→ Spiritismus) sollen ein geeignetes Mittel sein, um mit diesen Geistern in Kontakt zu kommen.

**Geistheilung** Heilmethode, die im Gegensatz zur normalen Medizin, auf den Einsatz von Arzneien verzichtet. Der Geistheiler überträgt spirituelle, göttliche oder geistige Heilenergien auf den Patienten, meist mittels Handauflegen oder besonderen Gebeten. Der Heiler versteht sich als eine Art Kanal oder Verstärker, durch den die göttlichen Kräfte fließen. In Großbritannien sind die Geistheiler in einer Organisation zusammengefaßt, die auf Seriosität auf diesem Gebiet achtet. Dort wird außerdem das Phänomen der G. wissenschaftlich intensiv erforscht. Es kommt sogar vor, daß Geistheiler bei der Behandlung von Krankenhauspatienten hinzugezogen werden.

**Gematria** → Kabbalah.

**Gemini** Lateinischer Name des dritten → Tierkreiszeichens Zwilling (siehe Abbildung).

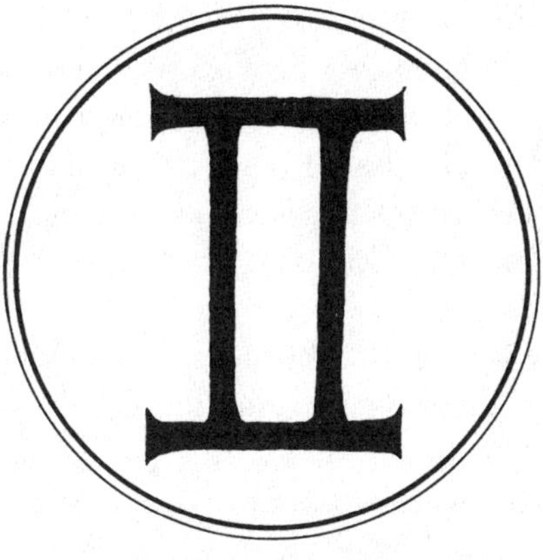

**Astrologisches Zeichen für das Sternzeichen Zwillinge**

**Genien** Andere Bezeichnung für Engel, Geister oder verkörperte Naturkräfte. Eliphas → Levi gibt in seinem Buch „Transzendentale Magie" die Genien an, die über die zwölf Stunden des Tages herrschen. Es sind sieben pro Stunde; nachfolgend jeweils die Namen der ersten jeder Stunde: Papus, Sisrea, Hahabi, Phlagus, Zeirna, Tabris, Sialul, Nantur, Risnuch, Sezarbil, Aeglun, Tarab.

**Genius,** lateinisch Geist. In den Anfängen der römischen Geschichte bezeichnete der G. die männliche Zeugungskraft, die göttlichen Ursprungs ist. Später wurde der G. zu einem Schutzgeist, dem ständigen Begleiter des Mannes, der sowohl Anteil an seiner Freude wie an seinem Schmerz hat. Dadurch gewann der G. eine sehr große Ähnlichkeit mit dem griechischen Daimon (→ Dämon).

**Geomantie** bedeutet so viel wie „Wahrsagen aus/mit der Erde". Hierzu benötigt man ein spitzes Stöckchen und Erde oder Sand. Dann konzentriert man sich auf eine Frage und macht mit dem Stöckchen wahllos Punkte in die Erde oder den Sand. Diese Punkte werden dann nach einem bestimmten Schema geordnet und in bezug auf die Frage interpretiert. Heute verwendet man statt des Stöckchens und der Erde ein Blatt Papier und ein Schreibgerät. Des weiteren versteht man unter G. die Lehre von günstigen und ungünstigen Punkten auf der Erde, das heißt von Orten, an denen die Energie der Erde oder die → Erdstrahlen die Gesundheit des Menschen fördern oder behindern können.

**Germer, Karl Johannes** (1885–1962), Deutscher. In den zwanziger Jahren kam G. mit den Lehren Aleister → Crowleys in Kontakt und wurde zu einem eifrigen Gefolgsmann Crowleys. Als die Nationalsozialisten an die Macht kamen, wurde er von der Gestapo 1933 wegen seiner Kontakte zu dem englischen Hochgradfreimaurer Crowley, so die Anschuldigung der Gestapo, inhaftiert. G., der ein hochdekorierter Offizier des I. Weltkrieges war, ging nach seiner Entlassung nach Belgien, wurde dort wieder verhaftet und in ein Konzentrationslager gesteckt. Dies verstand die Gestapo als eine letzte Warnung an den „Unverbesserlichen“. Nach seiner Entlassung ging er 1941 in die USA, wo er bis zu seinem Tod lebte. G. war zu Crowleys Lebzeiten Generalschatzmeister des → Ordo Templi Orientis und wurde nach dessen Tod im Jahre 1947 zum Oberhaupt des Ordens. G. beerdigte auch die Asche Crowleys in seinem Garten in Kalifornien. Sein Ordensname im O. T. O. war Frater Saturnus.

**Ghasali, Abu Hamid** (1058–1111), islamisch persischer Gelehrter und → Sufis. G. ist einer der Erneuerer des Islam. Er versuchte, den Islam zu einer neuen Spiritualität zu führen und die mystische Seite dieser Religion wieder mehr zu betonen.

**Gläserrücken** Form des → Tischrückens, bei der ein Glas die Botschaften übermittelt. Es steht umgestülpt in einem Kreis von Buchstaben, alle Anwesenden legen einen Finger auf den Boden des Glases und konzentrieren sich. Nach einer Weile bewegt es sich von Buchstabe zu Buchstabe und übermittelt so die Botschaft. Für die Bewegung sind allerdings nach Meinung vieler Experten nur unbewußte Muskelbewegungen der Teilnehmer verantwortlich, nicht Geister. Die Antworten geben selten einen erkennbaren Sinn.

**Glastonbury** Kleinstadt in Südengland, die vor allem durch die Ruinen einer alten Abtei bekannt ist, die sich auf einem Hügel nahe der Stadt befindet. Der Hügel soll schon in alten Zeiten der Ort eines heidnisch-keltischen Heiligtums gewesen sein. In G. soll sich das sagenumwobene → Avalon befunden haben. Viele Anhänger der → Wicca und anderer „neuer“ alter Religionen betrachten G. als ein geistiges und energetisches Zentrum ihres Glaubens.

**Glaube** Sich eine Lehre oder These zu eigen machen. Dies geschieht nicht aus Einsicht in die Richtigkeit der Aussage, sondern weil auf die Autorität desjenigen vertraut wird, von dem die Lehre/These stammt. Dies wird häufig „natürlicher Glauben“ genannt. Beim sogenannten „übernatürlichen Glauben“ wird einer übergeordneten, spirituellen Macht (oder einer religiösen Lehre) vertraut.

**Glyphe,** griechisch „geschnittener Stein, Skulptur". In der Esoterik wird hiermit entweder eine symbolhafte Darstellung eines philosophischen, mystischen oder magischen Sachverhaltes bezeichnet oder die symbolische Abbildung eines bestimmten Menschen, die in Form einer Gemme z. B. für ein → Amulett oder einen → Talisman Verwendung findet.

**Gnom** → Elementale

**Gnosis,** griechisch „Wissen". G. ist der Name einer religiösen und philosophischen Richtung, die vom 1. bis etwa zum 3. nachchristlichen Jahrhundert einen großen Einfluß auf die Länder des Mittelmeerraumes hatte. Eine lange Zeit wußte man nur durch die christlichen Gegner dieser Lehre etwas über die G. Das

**Gnom – ein Erdgeist**

Christentum bekämpfte die G. bereits von einem recht frühen Zeitpunkt an, und viele, später in den Rang eines Kirchenlehrers erhobene christliche Theologen taten sich bei diesem Kampf hervor. Im Jahre 1945 fand man nahe der ägyptischen Stadt Nag Hammadi eine Art Bibliothek, gefüllt mit Originalschriften der G. Es gibt eine Unzahl gnostischer Gruppen und Strömungen, die zum Teil recht widersprüchliche Lehren vertreten, was das Verständnis erschwert. Für alle Gruppen der G. ist jedoch eine ausgeprägte Betonung des → Dualismus kennzeichnend. Das geistige, religiöse Leben wird als das einzig wirkliche betrachtet, während das alltägliche Leben als eine Täuschung bezeichnet wird, welche es zu überwinden gilt. Hierbei ist das Wissen (Gnosis) ein sehr wichtiges Mittel. Dieses Wissen wurde den Menschen von Propheten wie → Jesus offenbart. Aus diesem Grund ist für einen Gnostiker das Studium der für seine Glaubensrichtung wichtigen Schriften eine unabdingbare Voraussetzung zur Befreiung aus der materiellen Welt. Hierzu kommt in vielen Fällen noch ein Einweihungssystem (→ Einweihung), das die Seele bei ihrem Weg aus der Hölle der materiellen Welt hin zu Gott unterstützen soll. Als sich die Richtung, die man heute als römisch-katholisch bezeichnet, durchsetzte, verlor die G. zunehmend an Bedeutung. Jedoch blieb manches der gnostischen Lehren erhalten und fand Eingang in verschiedene esoterische Lehren und in den Katholizismus. Zu nennen sind da die ausgefeilten Engelslehren (→ Engel), die Lehren über unterschiedliche Welten und → Ebenen, der Dualismus etc. Es gibt auch noch wenige Gruppen (z. B. der → Hermetische Orden der Goldenen Morgendämmerung, der → Ordo Templis Orientis), die sich auf die G. bzw. Teile der G. berufen haben.

**Goetia,** griechisch „Zauberei“. In der Magie wird dieser Begriff fast ausschließlich für Schwarze Magie, z. B. für Totenbeschwörungen, verwandt. Der Name G. bezeichnet auch noch die Bücher, in denen diese dafür notwendigen Rituale niedergeschrieben wurden.

**Golden Dawn** → Hermetischer Orden der Goldenen Morgendämmerung

**Goldmacherei** → Alchemie

**Gold- und Rosenkreutzer** Mit diesem Namen bezeichnete sich eine Gemeinschaft, die im 18. Jahrhundert versuchte, die Alchemie wiederzubeleben.

**Golem** Künstliches Wesen aus Lehm, → Kabbalah.

**Gorgonen** Stheno, Euryale und Medusa, drei monströse Schwestern, Fabelwesen der griechischen Mythologie. Die bekannteste ist die Medusa, die einzige, die sterblich war. Ihr Anblick verwandelte jeden Menschen zu Stein. Der griechische Held Perseus besiegte sie. Heute wird von vielen Forschern die Meinung vertreten, daß der Mythos der Gorgonen daher stammt, daß die Wächter/-innen der → Mysterien schreckliche Masken trugen, um unerwünschte Eindringlinge abzuschrecken.

**Gral** Das Wort bedeutet so viel wie Schüssel. Der G. taucht in vielen mittelalterlichen Sagen und Epen auf, z. B. in Wolfram von Eschenbachs „Parzival". Es gibt drei Erklärungen dazu, was der G. ist: 1. Der Kelch, mit dem Jesus und seine Jünger das Abendmahl feierten. 2. Die Schale, in der das Blut von Jesus aufgefangen wurde, als er am Kreuz hing und seine Seite geöffnet wurde. 3. Ein mysteriöser

**Der heilige Gral**

Stein mit wundersamen Kräften, der den Menschen mit körperlicher und geistiger Nahrung versorgen kann.

**Gralsgemeinschaft**
→ Abd-ru-shin

**Grant, Kenneth** *1924, Engländer, der eine Reihe von Büchern über Magie geschrieben hat. G. arbeitete in jungen Jahren einige Zeit als Sekretär → Crowleys. Er nimmt für sich in Anspruch, das Oberhaupt des → Ordo Templi Orientis zu sein, eine Tatsache, die von anderen vehement bestritten wird. Die bekanntesten seiner Bücher sind unter dem Obertitel „Typhonische Trilogie" erschienen und heißen: „The Magical Revival" (Die magische Wiederbelebung), „Aleister Crowley and the Hidden God" (Aleister Crowley und der verborgene Gott) und „Cults of the Shadow" (Kulte des Schattens).

**Graphologie** Lehre, die für sich in Anspruch nimmt, Aussagen über die Persönlichkeit und den Charakter eines Menschen durch die Analyse seiner Handschrift machen zu können.

**Graves, Robert** (1895–1985), englischer Dichter und Romancier. In Deutschland fügte er stets den Namen seines Vorfahren, des Historikers Leopold von Ranke in seinen Namen ein, also Ranke-Graves. G. wurde vor allem durch seine historischen Romane berühmt, z. B. „Ich Claudius, Kaiser und Gott". Sein Buch „Die weiße Göttin – Sprache des Mythos" (englische Ausgabe 1948, deutsche Übersetzung 1981) hat einen großen Einfluß auf die → Wicca und die neuere → Hexerei gehabt. Seine Studien über die griechische und hebräische Mythologie sind Klassiker auf diesem Gebiet.

Literaturhinweise: Graves, Robert von Ranke, Griechische Mythologie, Hamburg, 1960; Graves, Robert von Ranke und Patai, Raphael, Hebräische Mythologie, Hamburg 1986.

**Greif** Fabeltier, das seinen Ursprung in der ägyptischen Religion hat. Er wird meist als Mischwesen aus Löwe und Falke dargestellt – der Körper eines Löwen mit den Flügeln und dem Kopf eines Falken. Der G. symbolisiert den Sonnengott → Horus. Nachdem Ägypten römische Provinz geworden war, stieg das Interesse der Römer an der Religion der Ägypter sprunghaft an. Von Rom aus breitete sich das Symbol des G. in Europa aus und wurde so im Mittelalter zu einem vielverwendeten Bild in der → Alchemie.

**Grimoire** Aus dem Französischen stammender Name für sogenannte Zauberbücher wie etwa „Clavicula Salomonis" (→ Claviculum, → Kabbalah).

**Grosche, Eugen** (1888–1964), war einer der Mitbegründer der → Fraternitas Saturni. Er war Autor und Herausgeber mehrerer Bücher über → Astrologie und Magie. Sein magischer Name in der Fraternitas lautete Gregorius A, Gregorius.

**Große Göttin** Eine Art Sammelbegriff, unter dem Göttinnen wie → Inanna, → Astarte, → Isis, → Demeter etc. eingeordnet werden. Es handelt sich hierbei um Göttinnen, die mit Fruchtbarkeit und den Zyklen der Natur in Zusammenhang stehen. Da diese Göttinnen zum Teil ein sehr großes Alter haben, werden sie von sehr vielen Anhängern der → Hexerei als bedeutender als die männlichen Götter eingestuft. Hinzu kommt, daß es mit dem Auftauchen der feministischen Bewegung auch in der Esoterik in Ansätzen eine Umorientierung hin zu weiblichen Inhalten gibt. Dies trägt zu einer weiteren Verbreitung des Begriffes „Große Göttin" bei.

**Guaita, Marquis Stanislas de** (1861–1897), Franzose. Er beschäftigte sich intensiv mit → Magie und → Okkultismus und verfaßte Gedichte magischmystischen Inhalts. Mit Hilfe des von ihm mitbegründeten Martinistenorden wollte er das Rosenkreutzertum erneuern (→ Rosenkreutzer).

**Gurdjieff, Georg Iwanowitsch** (1865–1949). Mal wird seine Abstammung als türkisch-armenisch, mal als russisch-armenisch angegeben. Nach seinen Lehr- und Wanderjahren, die ihn durch den Orient und Rußland bis nach Tibet geführt haben sollen, gründete er 1922 in Fontainebleau sein „Institut zur Harmonischen Entwicklung des Menschen". Hier versuchte er seinen Schülern die Quintessenz der Lehren zu vermitteln, die er auf seinen Reisen gelernt hatte. G. hielt mehr von praktischen Übungen als vom Bücherstudium. So unterrichtete er spezielle Formen des Tanzes, die Ähnlichkeiten mit denen der → Derwische hatten. Ziel all seiner Übungen war es, den Menschen dazu zu bringen, sich verstärkt seiner selbst bewußt zu werden. Nach G.'s Meinung befindet sich die überwiegende Mehrzahl der Menschen im Schlaf. Darum sei es sein Hauptziel, sie aufzuwecken. Es sei auch nicht selbstverständlich, daß der Mensch eine Seele habe, diese müsse erst im Laufe des Lebens gebildet werden. G. hatte prominente Schüler, z. B. den Architekten Frank Lloyd Wrigth, die Schriftstellerin Katherine Mansfield und die Malerin Georgia O'Keefe. Der russische Journalist → Ouspensky schrieb mehrere Bücher über G. und trug so viel zur Verbreitung der Lehre bei. G. selbst schrieb zwei Bücher: „Begegnungen mit bemerkenswerten Menschen" (deutsche Ausgabe 1978) und „Beelzebubs Erzählungen für seinen Enkel" (deutsche Ausgabe 1981). Außerdem komponierte G., so hat der bekannte amerikanische Jazzpianist Keith Jarret ein Album mit Kompositionen vorgelegt, die ausschließlich von G. stammen.

# H

**Haack, Friedrich-Wilhelm** (1935– wahrscheinlich 1994) trat als Sektenbeauftragter der bayerischen Landeskirche auf. Dieses Amt wurde auf Anfrage aber nicht bestätigt. H. sah sich selbst in der Tradition der frühen Hexenjäger und Inquisitoren. Seine Lebensaufgabe war die Verfolgung von Ketzertum und Unglauben. In München gründete er die Arbeitsgemeinschaft für Religions- und Weltanschauungsfragen. Sie beschäftigt sich mit der Herausgabe esoterischer Bücher ihrer Mitglieder und dem Nachdruck alter Schriften.

**Haar** In vielen Kulturen und Religionen spielt das menschliche Haar eine wichtige Rolle. Es steht für die körperliche und geistige Kraft des Menschen. Berühmt ist die Geschichte des Simson (oder Samson) aus dem Alten Testament, der seine übermenschliche Kraft verlor, als man seine Haare abschnitt (Buch Richter, Kapitel 13–16). Die Priester des alten Ägyptens waren kahlgeschoren, um so anzuzeigen, daß sie sich dem Gott vollständig unterwarfen. Die Haarlocke, die der ägyptische Gott → Harpokrates auf vielen Bildern und Statuen trägt, wird gemeinhin als ein Symbol ewiger Jugend gedeutet. Christliche Mönche schnitten (und schneiden) sich die Haare meist bis auf einen kleinen Rest ab, um so jedem zu zeigen, daß sie der Welt entsagen. Im Mittelalter wurde das Haareabschneiden als Strafe eingesetzt. In der Zauberei und Magie sind Haare ebenfalls ein wichtiges Utensil. Nach Ansicht vieler Kulturen kann ein Zauberer, der das Haar eines anderen Menschen besitzt, mit Hilfe eines → Rituals Macht über ihn bekommen. Deshalb verbrannten viele Hexen und Hexenmeister ihre Haare, um so zu verhindern, daß andere in ihren Besitz kamen. Einige neuere Hexenzirkel (→ Hexerei) empfehlen dies heute noch ihren Mitgliedern.

**Hades** Griechischer Gott der Unterwelt und ein Bruder des Zeus, des höchsten Gottes der Griechen. Später wurde H. auch zu einem Namen für die Unterwelt, in der die Verstorbenen in trostlosigkeit dahindämmern. Sie wissen nichts mehr von ihrem vorherigen Leben. Der H. ist nicht mit der christlichen Idee der → Hölle zu verwechseln.

**Häresie** Aus dem Griechischen stammendes Wort für → Ketzerei.

**Halloween** In England und Amerika Bezeichnung für den Abend vor Allerheiligen (31. Oktober). An diesem Abend sollen die Seelen der Verstorbenen die Erde besuchen. Man gedenkt der Toten, zündet Feuer und Kerzen an, um sie zu wärmen und zu erfreuen. Vor allem in den USA verkleiden sich die Kinder als Geister und Monster und gehen von Haus zu Haus und bitten um Geschenke. Wenn sie keine bekommen, spielen sie einen Streich.

**Halluzination** Bezeichnung für eine Sinnestäuschung, von der man annimmt, daß sie Wirklichkeit besitzt. H. können neben einem optischen Charakter auch die Geruchs-, Geschmacks- und Tastsinne betreffen. Darüber hinaus können H. Anzeichen einer psychischen Erkrankung oder das Resultat von Drogenkonsum sein. In schamanistischen Kulturen (→ Schamanen) sind H. ein wichtiger Bestandteil. Die in Trancezuständen (→ Trance) erlebten H. spielen in diesen Religionen eine bedeutende Rolle.

**Halluzinogene Drogen** Substanzen, die nach der Einnahme → Halluzinationen verursachen. In der Religion der nord- und mittelamerikanischen Indianer hat der Gebrauch dieser Drogen sakramentalen Charakter, d. h., sie werden nicht zum Vergnügen genommen, sondern nur in einem genau festgelegten, religiösen Zusammenhang.

**Hand** Wichtiges esoterisches und magisches Symbol, das in vielen Kulturen der Welt eine bedeutende Rolle spielt. Auf Höhlenmalereien aus der Steinzeit findet man schon viele Abbildungen der H., die anscheinend mit Jagdzauber in Verbindung stehen. Die ersten Götter, die der ägyptische Gott Atum schuf, entstanden aus dem Samen, den der Gott mit seiner H. erzeugte. Die Hände sind auch ein Instrument, mit dem man durch Auflegen heilen kann. In vielen Religionen spendet der Priester den Gläubigen den Segen der Gottheit mit den Händen. Die mit den Handflächen nach außen vorgestreckte H. dient als ein Abwehrzauber gegen böse Kräfte und Geister. Bekannt sind Gesten wie das „cornu". Hierbei wird die H. zur Faust geballt und der Zeigefinger und der kleine Finger werden ausgestreckt. Dies soll vor einer Verhexung durch den bösen Blick schützen. In der arabischen Welt ist die Geste die geballte Faust mit ausgestrecktem Mittelfinger. In europäischen Ländern gilt das als obszön.

**Handlesekunst** → Chiromantie

**Handschriftendeutung** → Graphologie

**Hanf** Älteste Kulturpflanze der Menschheit. Sie ist vielseitig verwendbar. Man bindet Stricke aus ihr und stellt hochwertige Gewebe und Papier her (die Gutenbergbibel ist zum Beispiel auf Hanfpapier gedruckt). Daneben wird H. seit Jahrtausenden als Medizin benutzt. Schon Hildegard von Bingen erwähnt lobend seine Heilkraft und milde Rauschwirkung. Der Äskulapstab, das Abzeichen der Ärzte, ist ein H.stengel, um den sich Schlangen winden. Ebenso der Herrscherstab der alten chinesischen Kaiser. Bei Arabern und Indern wird H. als Genußmittel sehr geschätzt. In den USA ist H. seit den zwanziger Jahren als Rauschgift verpönt, vor allem, da es die Droge der farbigen Bevölkerung war. Nach dem 2. Weltkrieg übten große Papierkonzerne und die Chemieindustrie, die Kunstfasern herstellt, politischen Druck aus, um die Pflanze welt-

**Hanfpflanze**

weit zu verbieten. Sie fürchteten die Konkurrenz des natürlichen und billigen Rohstoffs. Trotz aller Propaganda gelang es aber nicht überall, den Gebrauch der Pflanze einzuschränken.

**Hanuman** Name des affenköpfigen, indischen Gottes der Wissenschaft und Magie.

**Hanussen, Jan Erik,** hieß eigentlich Hermann Steinschneider und war in den zwanziger und frühen dreißiger Jahren ein berühmter Bühnenwahrsager. Seine medialen Fähigkeiten galten als wenig ausgeprägt. Trotzdem bekam er mit den nationalsozialistischen Machthabern Schwierigkeiten, die ihn 1933 ermorden ließen.

**Hare-Krishna-Bewegung** Eine aus Indien stammende hinduistische Sekte. Ihre Anhänger verehren → Krishna als höchsten Gott (Hare oder Harih ist Sanskrit und bedeutet Herr). Ihr ganzes Leben ist auf die Liebe zu ihm ausgerichtet. Sie sind bekannt durch die gelbe Kleidung, ihre kahlgeschorenen Köpfe und das fast dauernde Singen des Lobpreises an Krishna. A. C. Bhaktivedananda Swami Prabhupad begann etwa Mitte der sechziger Jahre in Europa und Amerika, für die Krishna-Bewegung zu missionieren.

**Harpokrates** Ägyptischer Gott des Schweigens, wird oft als ein Kind dargestellt, das entweder am Daumen lutscht oder einen Finger auf die Lippen legt. Im eigentlichen Sinne ist H. ein Aspekt des Gottes → Horus, nämlich Horus als Kind der → Isis. In der Symbolik der → Freimaurerei und in den Lehren Aleister → Crowleys spielt H. eine große Rolle.

**Hartmann, Franz** (1838–1912), deutscher Arzt. Mehrere Jahre verbrachte er in den USA, wo er in Kontakt mit der → Theosophie kam und Mitglied der Theosophischen Gesellschaft wurde. H. wurde in mehrere Freimaurersysteme (→ Freimaurerei) eingeweiht und war selbst an der Gründung eines Systems beteiligt. Zusammen mit Karl Kellner und Henry Klein gründete er den → Ordo Templi Orientis (O. T. O.). H. war zudem ein sehr produktiver Schriftsteller, der eine große Anzahl von Büchern über viele Gebiete der Esoterik verfaßte.

**Hatha-Yoga** Zweig des → Yoga, der sich fast nur mit Körperübungen beschäftigt. Wenn man von Yoga spricht, meint man meist das Hatha-Yoga.

**Hathor** Name einer ägyptischen Göttin, die oft mit Kuhkopf oder Kuhhörnern dargestellt wird. Häufig findet man die Göttin auf Bildern in Gestalt einer Frau, die die Sonne zwischen ihren Hörnern trägt. H. ist die Herrscherin des Himmels, die Seele der Bäu-

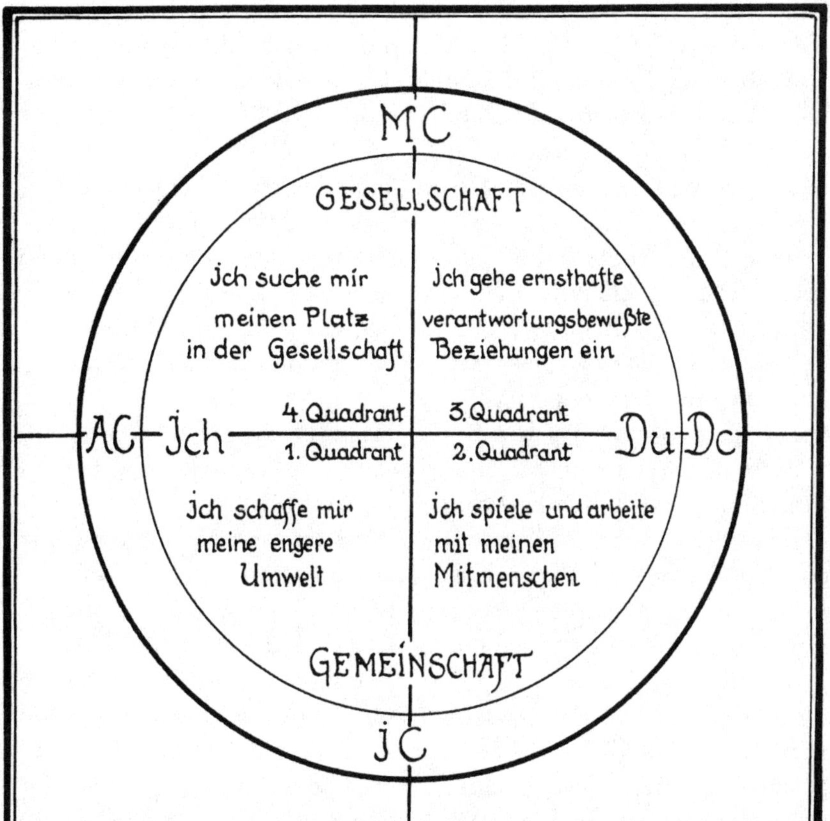


**Jeder Quadrant steht für einen bestimmten Lebensbereich**

me und die Amme des Pharao. In der Spätzeit Ägyptens wurde H. vor allem als Göttin des Tanzes und der Musik verehrt.

**Häuser** Wichtiges Deutungselement in einem → Horoskop. In ihm werden die → Tierkreiszeichen in einem Kreis dargestellt. Die waagerechte Verbindungslinie zwischen → AC und → DC einerseits und die dazu schräg stehende Linie zwischen → MC und → IC teilen den Kreis in vier Teile (= Quadranten, von lateinisch quadrans Viertel). Jeder dieser Teile wird wiederum in drei geteilt. Die entstehenden Abschnitte nennt man Häuser. Jedem Haus ist ein bestimmter Lebensbereich zugeordnet, z. B. dem 6. Haus die Arbeit, dem 9. Studium, Religion und weite Reisen. Es gibt verschiedene, zum Teil jahrtausendealte Methoden, die Viertel in je drei Abschnitte zu teilen. Die → Astrologie konnte sich noch auf keine allgemein verbindliche einigen.

**Haushofer, Karl** (1869–1946), Schüler → Gurdjieffs. H. beeinflußte die faschistische Ideologie von der esoterischen Seite. Von ihm stammt der Begriff „Geopolitik". H. war Adolf Hitlers Astrologe und einer der Gründer der „Thule-Gesellschaft".

**Heide** Bezeichnung für einen Menschen, der nicht der christlichen Religion angehört. Der Name H. kommt von Heidebewohner. Die Bewohner der Städte konnten eher bekehrt werden als die ländliche Bevölkerung, so daß diese länger ihrer alten, vorchristlichen Religion folgte. Erst im 12./13. Jahrhundert wurden auch die letzten deutschen Gegenden christianisiert. In Masuren in Ostpreußen mußten noch zu Beginn des letzten Jahrhunderts Menschen mit Militär in die Kirchen getrieben werden.

**Heiliger Berg** Berge ragen scheinbar bis in den Himmel. Sie stehen hoch über der kleinen Welt der Menschen und gelten deshalb weltweit als die natürlichen Wohnsitze von Göttern und Geistern oder magischen Energien: Die griechischen Götter wohnen auf dem Olymp, Moses erhielt die Gesetzestafeln auf dem Berg Sinai, Noahs Reise endete auf dem Berg Ararat, vom heiligen Berg → Abiegus stammen die → Rosenkreutzer. Die

**Der heilige Berg**

Beispiele für heilige Berge ließen sich endlos fortsetzen.

**Heiliger Schutzengel** Begriff aus dem Buch „Die Heilige Magie des Abramelin" (→ Abramelinritual). Er bezeichnet den Engel, der für einen Menschen persönlich zuständig ist, der ihn schützt und ihm auf seinem Lebensweg hilft. Später wurde dieser Begriff vom → Hermetischen Orden der Goldenen Morgendämmerung und von Aleister → Crowley aufgegriffen und etwas uminterpretiert oder erweitert. In diesem Zusammenhang ist der H. S. der persönliche Gott eines Menschen oder auch sein Höheres Selbst – das ist der Teil seiner Natur und seines Wesens, der nicht auf die materielle Welt beschränkt ist. – Hauptziel der Arbeit eines → Magiers ist es, Kontakt mit seinem Engel/Gott zu erlangen und sich mit ihm zu verbinden. Auf diese Art erlangt er ein Bewußtsein einer göttlichen Natur, bzw. ihm wird klar, daß er eigentlich ein Gott ist. Durch den Kontakt mit seinem H. S. versteht der Mensch auch, was der Sinn und die Bestimmung seines Lebens ist. Crowley hat dieses Verfahren einmal recht pragmatisch dargestellt: Der Magier findet heraus, was er selbst für gut hält, was moralisch, ethisch und religiös für ihn erstrebenswert ist. All diese Attribute schreibt er nun seinem H. S. zu und stellt sich ihn als eine in einer anderen Sphäre existierende Persönlichkeit vor. Dieser Engel oder Gott erlangt dann Wirklichkeit auf dieser Ebene, und der Magier bemüht sich, mit ihm in Kontakt zu treten und sich letztendlich mit ihm zu vereinen. So wird der Magier all das, was sein H. S. ist. Der eigentliche Trick bei der Geschichte sei nur, daß der H. S. auch eine Existenz habe, die unabhängig von der Vorstellung des Magiers sei. Diese widersprüchliche Äußerung

Crowleys wird von seinen Anhängern als eine Art von magischem → Koan gesehen.

**Heindel, Max** (1865–1919), hieß ursprünglich Carl Louis Heindel. 1903 wanderte er in die USA aus und kam dort mit der → Theosophie in Kontakt. Franz → Hartmann begeisterte H. für die Ideologie der → Rosenkreutzer. Daraufhin gründete H. die Rosenkreutzer-Gemeinschaft, die nach seinem Tod in mehrere Zweige zerfiel.

**Hekate** Griechische Göttin und Schützerin der Jagd, des Fischfangs, der Tore und der Wege. Kreuzwege sind ihr Wohnort. Sie wird von einer Art von Höllenhunden begleitet. H. wurde von Hexen und Magiern als Ratgeberin verehrt (→ Neumond).

**Hellfire Club** → Dashwood.

**Henoch** Gestalt aus dem Alten Testament. Er war der Großvater des Noah und lebte dreihundertfünfundsechzig Jahre. H. wurde am Ende seines Lebens von Gott direkt in den Himmel aufgenommen. Er gilt als Erfinder der Schrift und der Mathematik.

**Henochisch** Sprache unbekannten Ursprungs, die über eine eigene Grammatik verfügt. Der Magier John → Dee und sein Assistent Edward → Kelley benutzten diese Sprache bei ihren magischen → Ritualen. Sie beschworen einen → Engel mit dieser Sprache, der ihnen dann Botschaften in ihr übermittelte. Daraus entwickelte sich ein eigenes magisches System. Die Aufzeichnungen John Dees über diese Operationen befinden sich heute in der Bibliothek des Britischen Museums in London. Das H. hat immer eine große Anziehungskraft auf Magier gehabt, z. B. auf die des Golden Dawn (→ Hermetic Order of the Golden Dawn/ Hermetischer Orden der Goldenen Morgendämmerung) und Aleister → Crowley.

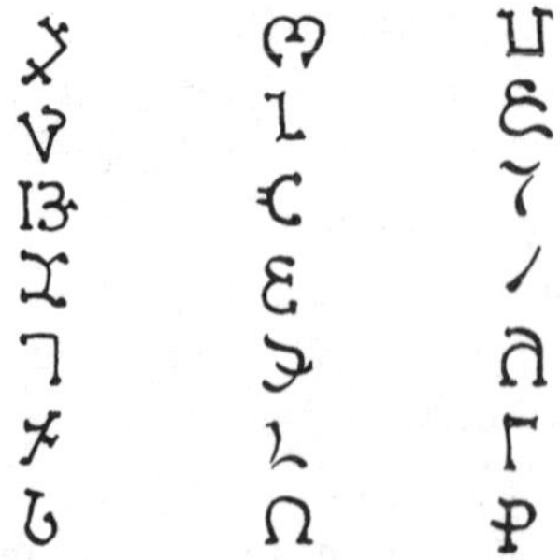

**Alphabet der unbekannten Sprache Henochisch**

**Hera** Höchste der griechischen Göttinnen und Herrscherin über alle Gottheiten des Olymp. Sie war Gattin und Schwester des Zeus, ein Kind von Rhea und Chronos. H. war die Göttin der Ehe und der Geburt. Äpfel, Granatäpfel und der Pfau waren ihre heiligen Symbole. Die häufige Untreue ihres Ehemannes veranlaßte sie dazu, gegen dessen Geliebte und deren Kinder oft mit wenig schönen Mitteln vorzugehen. Während des Trojanischen Krieges war sie auf seiten der Griechen, da der Trojaner Paris sie dadurch beleidigt hatte, daß er die Göttin → Aphrodite zur schönsten aller Göttinnen gewählt hatte.

**Hermaphrodit** Lebewesen (Mensch oder Tier), das beide Geschlechter in sich vereinigt, ein Zwitter. In der magischen und esoterischen Vorstellungswelt verkörpert der H. die Aufhebung der Gegensätze (→ Dualismus). Es gibt bei den Ägyptern eine Reihe Götter, die androgyn sind, d. h. männliches und weibliches Geschlecht in einem Körper vereinen. Dadurch soll symbolisiert werden, daß ein Gott aus sich selbst heraus schöpfen und erzeugen kann, ohne einen andersgeschlechtlichen Partner zu benötigen.

**Hermes** Name des Götterboten aus der griechischen Mythologie. Er ist der Sohn des Zeus und der Maia. H. war der Gott der Weisheit, Kaufleute, Diebe und Betrüger (→ Merkur).

**Hermes Trismegistos** heißt so viel wie der „dreifachgrößte Hermes". Er gilt als Erfinder der Alchemie und anderer okkulter Wissenschaften. H. T. trägt viele Züge des Gottes Thoth, des ägyptischen Gegenstücks des griechischen Hermes.

**Hermetic Order of the Golden Dawn** → Hermetischer Orden der Goldenen Morgendämmerung.

**Hermetik** Name der Lehren, die auf den griechischen Gott → Hermes zurückgehen sollen. Hierbei handelt es sich um Schriften, die vor allem aus Griechenland stammen und sich mit Mystik und Okkultismus befassen. Der genaue Ursprung dieser Schriften ist kaum zu klären, da es sehr viele sind und sie zudem aus unterschiedlichen Zeiten stammen.

**Hermetische Bruderschaft von Luxor** wurde Mitte der achtziger Jahre des vorigen Jahrhunderts in den USA gegründet. Inhaltlich und organisatorisch weist sie viele Ähnlichkeiten mit Freimaurerei – und Rosenkreutzerorganisationen auf (→ Freimaurerei, → Rosenkreutzer). Der → Ordo Templi Orientis (O. T. O.) bezeichnet die Hermetische Bruderschaft von Luxor als eine ihrer Vorläuferorganisationen. Der O. T. O.-Mitgründer Karl Kellner war ebenfalls ein Eingeweihter der Hermetischen Bruderschaft.

**Hermetischer Orden der Goldenen Morgendämmerung** Dieser Orden hat wohl den größten Einfluß auf das gehabt, was man heute im allgemeinen unter westlicher Magie versteht. Er wurde um das Jahr 1888 in London gegründet, und folgende Legende gibt es dazu: Angeblich fanden einige Mitglieder der Societas Rosicruciana in Angelia (SRIA) (Rosenkreutzergesellschaft in England) ein geheimes, verschlüsseltes Dokument bei einem Buchhändler in London. Sie baten den Kabbalisten Mac Gregor → Mathers, der ebenfalls ein Mitglied dieser Organisation war, dies zu entschlüsseln. Nachdem Mathers das gelungen war, stellten sie fest, daß das ein Dokument war, das von einem deutschen Rosenkreutzerorden (→ Rosenkreutzer) stammte und verschiedene okkulte Lehren enthielt. Zudem soll es die Adressen der → geheimen Oberen dieses Ordens enthalten haben. Die SRIA-Mitglieder setzten sich mit ihnen in Kontakt und erhielten von ihnen die Genehmigung, einen Orden zu gründen, die „Goldene Morgendämmerung“ eben. So weit die Ordenslegende. Sicher ist auf jeden Fall, daß Mathers die Initiationsrituale schuf und einen großen Teil des Lehrmaterials. Die „Goldene Morgendämmerung“ hatte zehn Grade und sowohl Aufbau wie Rituale haben eine große Ähnlichkeit mit der der → Freimaurerei, wobei aber nachdrücklich Wert auf magische Ritualarbeit gelegt wurde. Die zunehmenden Attitüden von Mathers und seine Arroganz führten zusammen mit der Affäre um Aleister → Crowley Anfang dieses Jahrhunderts zum Ende des Golden Dawn. Es bildeten sich mehrere Splittergruppen, von denen die bekannteste die Stella Matutina (der Morgenstern) ist. Auch heute gibt es noch mehrere Orden, die unter dem Namen Goldene Morgendämmerung tätig sind. Das wohl bekannteste Mitglied der Goldenen Morgendämmerung war der irische Dichter und Literaturnobelpreisträger William Butler → Yeats. In den Jahren 1937–1941 veröffentlichte Israel Regardie die gesamten Initiationsrituale und Lehrtexte der Goldenen Morgendämmerung. Bis zum heutigen Tage zehren noch unzählige magische Gruppen von diesem Werk.

**Hexagramm** Anderer Name für den sechsstrahligen Stern, der auch unter dem Namen David- oder Judenstern bekannt ist. Er symbolisiert zum einen die Verbindung von Feuer und Wasser – dargestellt durch die beiden Dreiecke (Spitze nach oben steht für Feuer, Spitze nach unten für Wasser), zum anderen ist es ein Symbol für den Makrokosmos (das Universum, Gott). Seinen Spitzen sind die → Planeten zugeordnet (siehe Abbildung auf Seite 140). Zusammen mit dem → Pentagramm gehört es wohl zu den bekanntesten magischen Symbolen.

**Hexe** Name für jemanden, der der → Hexerei nachgeht. Es gibt männliche und weibliche H.

**Hexensabbath** Zusammenkunft von Hexen, um ihre Riten zu feiern. Früher nannte man so die angeblichen Treffen von Hexen auf Bergkuppen, um gemeinsam mit dem Teufel ein Fest zu feiern. Die Hexen der Neuzeit verstehen unter dem H. das Zelebrieren der Feste der Sommer- und Wintersonnenwende, der Frühlings- und Herbst-Tagundnachtgleiche und

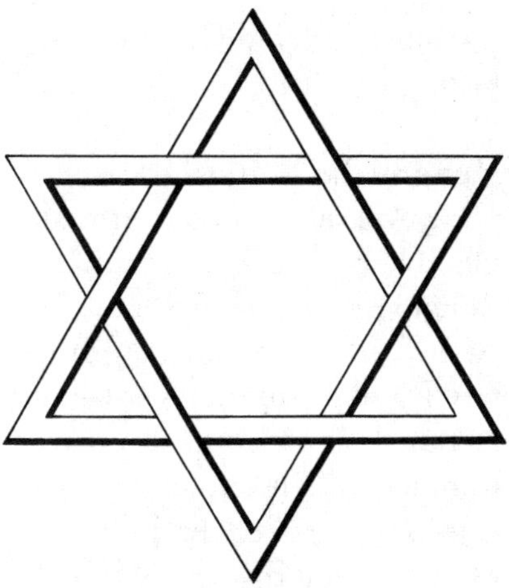

**Davidstern oder Hexagramm**

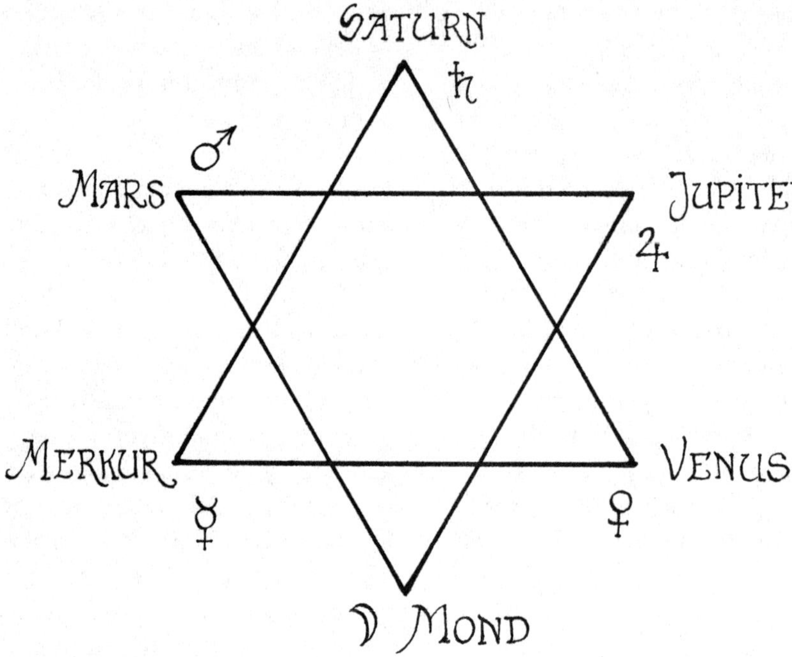


**Sechseck mit Zuordnung der Planeten**

spezieller anderer jahreszeitlich bedingter Feste.

**Hexerei** Im Mittelalter Bezeichnung für Praktiken, die entweder Überbleibsel der vorchristlichen Religionen waren oder zum Aber- oder Volksglauben gehörten. Das Christentum verdammte all das als Teufelswerk, und im Rahmen der Hexenverfolgung wurde eine große Anzahl von Männern und Frauen als Hexen/Hexer verbrannt. Mittelalterliche Priester entwickelten regelrecht eine Lehre von der H. (ausgearbeitet im Malleus Institoris von 1487). Nach dieser Lehre wurde den Hexen alles Übel der Welt zugeschrieben, weil sie mit dem Teufel im Bunde seien und mit Hilfe seiner Macht Schaden verursachten. Beim nächtlichen → Hexensabbath – so führt die Hexenlehre weiter aus – fänden u. a. geschlechtliche Vereinigungen mit dem Teufel statt. Danach seien die Hexen fähig, mit seiner Hilfe anderen zu schaden. Ihrem Einfluß zugeschrieben wurden vor allem Leiden wie Impotenz, dann Krankheit bei Mensch und Tier, Unglück etc. Nach heutigen wissenschaftlichen Erkenntnissen hat es nie Menschen gegeben, die selbst von sich glaubten, solche Hexen zu sein. Die vielen Hunderttausend, vielleicht Millionen Opfer waren letztlich alle Opfer von Verleumdung, denen mit bestialischen Foltern Geständnisse abgezwungen worden waren. Daneben wurden aber auch immer wieder Pestkranke oder Juden als Satanisten oder Hexer verfolgt. Eine Fortsetzung dieses üblen Spiels findet sich heute in der Verfolgung vieler Esoteriker als angebliche Satanisten (→ Neosatanismus). Die neue H. ist eine Art von Religion, die die Kräfte der Natur und des Kosmos verehrt und sie mit den Namen von Göttern und Göttinnen versieht. Dies wird in gemeinsamen → Ritualen und Zeremonien gefeiert. Begründet wurde sie von Gerald Gardner (1884–1964) Ende der vierziger Jahre in England. Er griff dabei als OTO-Mitglied auf Lehren von Aleister → Crowley zurück.

**Hieroglyphen** Name der ägyptischen Buchstaben. Übersetzt heißt H. etwa „heiliges Zeichen“.

**Hierophant** Aus dem Griechischen stammendes Wort, das einen Wissenden der heiligen → Mysterien bezeichnet. Er ist eine Art Priester, der in der Lage ist, den Teilnehmern an den Mysterien ihren Sinn zu erklären.

**Hildegard von Bingen** Deutsche Mystikerin (1098–1179), die angeblich schon als Kind Visionen hatte. Diese schrieb sie in lateinischer Sprache auf. Darüber hinaus verfaßte sie mehrere mystische Lieder und historische Schriften ihrer Zeit. Sie beschäftigte sich eingehend mit Kräuter- und Naturheilkunde. Ihre Erkenntnisse und Rezepte hielt sie in dem zweibändigen Werk »liber subtilitatum diversarum naturarum creaturarum« fest.

**Himmelsmitte** Auch Medium Coeli (MC) genannt. Sie ist der höchste Punkt der → Ekliptik zu einem bestimmten Zeitpunkt und liegt immer in südlicher Richtung. Im → Horoskop gibt sie die beruflichen Neigungen des Menschen an.

**Hinduismus** Bekannteste Religion Indiens. Die drei höchsten Gottheiten sind → Brahma, → Shiva und → Vishnu. Der H. lehrt das Gesetz der Vergeltung für gute und böse Taten (→ Karma) und vertritt die Theorie der Wiedergeburt. Die Welt, in der wir leben, wird als Illusion (Maya) verstanden, die überwunden werden muß. Der Hauptweg zu dieser Befreiung ist das → Yoga. Neben den drei Hauptgöttern gibt es noch unzählige andere Götter. Diese Götterwelt macht es einem Europäer schwer, den Hinduismus in seiner Gesamtheit zu überschauen und zu verstehen.

**Hiram Abif,** auch der Sohn der Witwe genannt, ist die Hauptfigur der Freimaurerlegende (→ Freimaurerei). H. A. soll der Baumeister des Tempels von König Salomon in Jerusalem gewesen sein. Als er sich weigerte, die Geheimnisse der Baukunst und das Meisterwort (Paßwort) zu offenbaren, wurde er ermordet. Seine Schüler, die ihn suchten, fanden später den Leichnam unter einem Grabhügel, auf dem eine Akazie wuchs. Der Lehre der Freimaurer nach lebt H. A. in jedem, der den Meistergrad (dritter Grad) innehat, weiter. Der Grund dafür, daß die Freimaurer bei ihrer Logenarbeit weiße Handschuhe tragen, soll darauf hinweisen, daß sie ihre Hände nicht mit dem Blute H. A.'s befleckt haben.

**Hochgrade** werden bei der → Freimaurerei die Grade genannt, die über die ersten drei Grade (Lehrling, Geselle, Meister) der klassischen Maurerei hinausgehen. Die verschiedenen Freimaurerlogen wenden zur Festlegung der Hochgrade unterschiedliche Systeme an; es gibt demzufolge auch unterschiedliche Titel, die zum Teil geheimgehalten werden.

**Hod** → Kabbalah.

**Hohlweltlehre** Heute recht absonderlich erscheinende Theorie darüber, daß wir nicht nach oben in den Himmel sehen, sondern eigentlich in das Innere der Erde.

**Hölle** Das Wort H. stammt vom altnordischen Hel und ist ein Name, der gleichbedeutend mit Unterwelt im Sinne des griechischen → Hades ist. Im christlichen Sinne ist die H. der ewige

Aufenthaltsort der Verdammten und Sünder, die die Existenz Gottes geleugnet oder schwere Verbrechen begangen haben.

**Homöopathie,** griechisch hoimos „gleich". Eine von Samuel Hahnemann (1755–1843) geschaffene Alternative zur traditionellen Schulmedizin. Als Hahnemann Ende des 18. Jahrhunderts ein Arzneimittellehrbuch übersetzte, kamen ihm Zweifel bezüglich der dort beschriebenen Erklärung über die Wirkung von Chinarinde gegen Malaria. Im Selbstversuch nahm er mehrmals täglich Chinarinde ein und als Folge hiervon bekam er alle Symptome einer fieberhaften Erkrankung. Daraus schloß er, daß bei einem Kranken das Mittel eine heilende Wirkung hat, das bei einem Gesunden die Symptome der Krankheit hervorruft. Hiermit schuf er den ersten Lehrsatz der H., der besagt, daß bei einem Kranken das Mittel hilft, das bei einem Gesunden eine ähnliche Krankheit hervorruft. Hahnemann entwickelte dieses Verfahren weiter und testete die Eigenschaften von 51 Pflanzen und 3 nichtorganischen Stoffen. Nach der Lehre Hahnemanns werden bei der Therapie alle diese Stoffe verdünnt. Er selbst bezeichnete dieses Verfahren als „Potenzierung". Man gibt einen Teil des Wirkstoffes auf neun Teile einer Trägersubstanz wie Alkohol, Wasser, Öl oder Milchzucker. Diese Verdünnung wird mit D 1 bezeichnet, verdünnt man diese dann wieder im Verhältnis 1:10, erhält man D 2 und so fort. Verdünnungen im Verhältnis 1:100 heißen C 1, C 2 etc. In seinem Buch „Die Vergeistigung der Natur" (1829) bezeichnet er die „Potenz" C 30 als Norm. Homöopathen verwenden aber noch Verdünnungen bis C 1 000. Die H. ist in der Schulmedizin sehr umstritten. Ihre Wirkung wird häufig dem sogenannten „Placeboeffekt" zugeschrieben, der so viel heißt wie, daß das Mittel völlig wirkungslos ist, der Kranke aber daran glaubt, und es ihm deshalb hilft. Homöopathen verweisen z. B. auf Heilerfolge bei Säuglingen, wo der Placeboeffekt als Erklärung nicht anzuwenden sei.

**Hokuspokus** Verballhornung der Worte, die ein katholischer Priester beim Abendmahl im Augenblick der Wandlung von Brot in das Fleisch Christi spricht. Sie lauten auf Latein: „Hoc est corpus meum“ (Dies ist mein Leib).

**Homunkulus,** lateinische Bezeichnung für einen künstlich geschaffenen Menschen, der z. B. durch Magie zu Leben erweckt wird. Beispiele hierfür sind der Golem (→ Kabbalah) und die von der englischen Schriftstellerin Margret Shelley geschaffene Romanfigur „Frankenstein oder Der moderne Prometheus“ (1818).

**Horn** Die Hörner von Tieren (Widder, Kühe etc.) gelten in vielen Religionen als ein religiöses und magisches Symbol. Oft trägt ein Widder oder eine Kuh (→ Hathor) die Sonne zwischen seinen/ihren Hörnern. In Ägypten war z. B. der Kopf eines Widders ein Machtsymbol. In mittel- und nordeuropäischen Ländern wurde das H. oft beim Jagdzauber benutzt. Viele berühmte und ihren Lebensumständen nach mythische Jäger hatten ein H., dem wahre Wunderdinge zugeschrieben wurden. Berühmt ist das H. des Roland, eines bretonischen Grafen, der zu den zwölf Paladinen (Gefolgsleuten) von Kaiser Karl dem Großen gehörte. Rolands H. verfügte über Zauberkraft, z. B. war sein Klang über eine riesige Strecke hinweg noch zu hören.

**Horoskop** Wörtlich übersetzt: Stundenschau (griechisch). Es ist die bildliche Darstellung des Himmels zu einem bestimmten Augenblick und von einem bestimmten Ort aus gesehen. Darin sind eingezeichnet der → Tierkreis, die → Planeten mit ihren → Aspekten und die → Häuser. Es dient dem Astrologen als Grundlage jeder Deutung. Um ein H. zu berechnen, muß die genaue Uhrzeit bekannt sein und der Ort des Ereignisses, für das das H. berechnet werden soll. Für einen Menschen berechnet man z. B. Geburts-, Solar- oder Partnerschaftshoroskope.

**Horus** Name eines ägyptischen Gottes, der einen Falkenkopf hat und dessen beide Augen Sonne und Mond sind. Er ist der Sonnengott und der Gott des Krieges. Nach den Lehren Aleister → Crowleys ist er der Gott, der über das gegenwärtige Zeitalter – Wassermannzeitalter – (→ Platonisches Jahr) herrscht.

**Das Auge des Horus**

**Hubbard, Lafayette Ronald** (1911–1986), amerikanischer Science-fiction-Autor. H. ist der Gründer der heute sehr umstrittenen Scientologysekte (→ Scientology). Er war ein durchschnittlicher Schriftsteller mit mäßigem Erfolg, bis er sein Buch „Dianetik" in einem billigen Science-fiction-Magazin veröffentlichte. Das Buch wurde zu einem großen Erfolg und stellt quasi die Geburtsstunde der Scientology dar.

**Huna** Name der Priester des → Kahuna, einer esoterischen Lehre, die vor allem auf Hawaii praktiziert wird.

**Hund, Karl Gotthelf Reichsfreiherr von Hund und Altengrottkau** (1722–1776). Er schuf einen Freimaurerorden (→ Freimaurerei), der „Strikte Observanz" hieß. Bei diesem Orden tauchten zum ersten Mal die → Geheimen Oberen auf. H. galt vielen Zeitgenossen als Blender und Scharlatan.

**Huysmanns, Joris Karl** (1848–1907), französischer Schriftsteller. Im Okkultismus ist er vor allem durch seinen Roman „La Bas" (Tief unten) bekannt. Hier schildert er detailliert eine sogenannte → Schwarze Messe. Diese Messe ist die Vorlage, nach der fast alle Satanisten ihre Schwarzen Messen gestalten. Im eigentlichen Sinne ist die Schwarze Messe also eine literarische Fiktion. Der Schriftsteller soll, von seinen eigenen Alpträumen und Visionen geplagt, seine letzten Lebensjahre in einem Kloster verbracht haben.

**Hypnose** Ableitung vom griechischen Gott des Schlafes Hypnos. H. ist eine Art Trancezustand (→ Trance), in welche ein Mensch durch Fremdsuggestion versetzt wird. In mancher Beziehung ähnelt die H. dem Schlaf, aber der Hypnotisierte ist immer noch für die Beeinflussungen durch den Hypnotiseur zugänglich. Mit Hilfe der H. ist es möglich, verdrängte Erfahrungen und Erlebnisse aus dem Unterbewußtsein hervorzurufen und sie so in das Wachbewußtsein zu bringen. H. ist ein wirkungsvolles Heilmittel und sollte deshalb nur von erfahrenen Psychotherapeuten und Ärzten angewandt und ausgeführt werden.

# I

**Iamblichos** (250–325 n. Chr.) griechischer Philosoph. Im Auftrag des römischen Kaisers Julian Apostata sollte er das Christentum mit der Philosophie des → Neuplatonismus und der Idee der Vielgötterei bekämpfen. Eine Übersetzung seines Buches „Über die Geheimlehren" erschien 1978.

**IAO** Ein Name Gottes, gilt als eine andere Form des vierbuchstabigen, unaussprechlichen Namen Gottes des Judentums. In der Blütezeit der → Gnosis war IAO ein häufig verwandter Begriff. In der neueren Magie fand dieses Wort vor allem Verwendung beim → Hermetischen Orden der Goldenen Morgendämmerung und bei Aleister → Crowley.

**Ibis** Heiliger Vogel der Ägypter. Der I. galt als eine Wiedergeburt des Gottes → Thot, des Erfinders der Schrift und Magie. Die Art des Ibisvogels, die in der Religion der Ägypter eine herausragende Rolle spielte (Ibis religiosa oder Threskiornis), ist heute ausgestorben.

**Iblis** Im Islam Bezeichnung für den Teufel.

**Ichtys,** griechisch „Fisch". Der Fisch war über Jahrhunderte das Symbol des Christentums. Das Kreuz wurde es erst wesentlich später. Der Grund hierfür liegt zum einen darin, daß die ersten Anhänger von Jesus von Beruf Fischer waren (Jesus sagte zum Apostel Petrus: „Menschenfischer sollst Du sein."). Zum anderen bilden die Buchstaben des Begriffs I. aber auch wiederum die Anfangsbuchstaben einer griechischen Wortfolge, die übersetzt „Jesus Christus, Sohn Gottes, Heiland" bedeutet. Der Fisch ist außerdem das heilige Tier der Göttin → Venus. Da der Freitag der ihr heiliger Tag war, durfte freitags kein Fleisch, sondern nur Fisch gegessen werden. Das Christentum machte dann daraus das Freitagsgebot (→ Fischezeitalter).

**Idealismus** Das Wort hat zwei Bedeutungen: 1. Man glaubt an eine Idee oder Lehre und ist bereit, alles dafür zu tun. 2. Die Theorie, daß die Welt eigentlich reiner Geist und nicht Materie ist (→ Dualismus).

**Iduna** Name der germanischen Göttin, die den Goldenen Apfel bewacht. Sein Verzehr verhindert das Altern der Götter.

**I Ging** (auch Yi King oder I Ching) heißt übersetzt „Buch der Wandlungen". Es ist ein ca. 3000 Jahre altes chinesisches Orakelbuch, das heute noch sehr viele Anhänger hat. Das I. G. untersucht den Zusammenhang der positiven (Yang) und negativen (Yin) Kräfte und zeigt dem um Rat Fragenden, wie sie auf sein Schicksal einwirken. Es liefert ihm gleichzeitig Hinweise darauf, wie er sich in Zukunft am besten verhalten soll. Nach einer bestimmten Methode (z. B. mit Schafgarbenstengeln oder Münzen) wird ein Zeichen ausgelegt, das aus sechs Linien besteht (→ Hexagramm). Dann wird im I. G. die passende Interpretation des gefundenen Zeichens nachgelesen. Die Lehren des Konfuzius und des → Taoismus weisen Einflüsse des I. G. auf. In neuerer Zeit nutzten z. B. C. G. → Jung und der Schriftsteller Hermann Hesse das I. G.

**Ignatius von Loyola** (1491–1556) hieß eigentlich Enco Lopez de Recalde. Er war der Begründer der Societas Jesu (lateinisch für „Gesellschaft Jesu", die eigentlich Jesuitenorden heißt). Sein Buch „Geistliche Übungen", erschienen 1548, kann mit Fug und Recht als eines der ersten westlichen Bücher bezeichnet werden, in dem geistige Übungen geschildert werden. Die

**Zeichen des I Ging**

einzelnen Anweisungen haben eine große Ähnlichkeit mit indischen Yogaübungen (→ Yoga), obwohl I. diese nicht kannte.

**Illuminated Order of Thanateros (Erleuchteter Orden von Thanateros) (IOT)** Das Wort Thanateros ist eine Zusammenziehung der beiden griechischen Worte Thanatos und Eros. Thanatos heißt Tod bzw. ist der Gott des Todes, und Eros ist der Gott der Liebe. Der Schöpfer der Psychoanalyse, Sigmund Freud, nannte den Todestrieb des Menschen Thanatos und den Lebenstrieb Eros. Der IOT ist eine der jüngsten Gründungen auf dem Gebiet der magischen Orden. Er entstand in der ersten Hälfte der achtziger Jahre in Großbritannien. Eine der treibenden Kräfte hierbei war der Engländer Peter Carroll. Der IOT nimmt für sich in Anspruch, seinen Mitgliedern das magische Wissen der Vergangenheit, z. B. des → Schamanismus, des → Tantra bis hin zu dem des → Hermetischen Ordens der Goldenen Morgendämmerung, → Crowleys, A. O. → Spares und der Gegenwart zu vermitteln. Moderne Wissenschaften spielen eine zunehmend größere Rolle in ihrem Lehrgebäude. So beschäftigt sich der IOT auch mit Gebieten der neueren Physik (z. B. Quantenphysik) und der Humanwissenschaften wie Psychologie. Zunehmend wird auch ein Gebiet bearbeitet, das der IOT Cybermagic nennt. Cybermagic beschäftigt sich mit dem Einsatz von Computern und Datennetzen wie Internet und versucht herauszufinden, ob und wie diese für die Magie zu nutzen sind. Darüber hinaus pflegt der IOT eine besondere Form der Magie, die → Chaosmagie. Trotzdem ist die klassische Magie immer noch ein gleichberechtigtes Gebiet beim IOT. So bezeichnet sich der IOT als magischer Nachfahre des → A.·. A.·. und des von A. O. → Spare geschaffenen „Zos Kia Kultes". Der IOT hat vier Grade: Student, Eingeweihter, Adept, Meister. Er versteht diese Grade aber nicht als eine hierarchische Rangordnung, sondern als Unterteilung nach den Fähigkeiten, die jemand entwickelt hat. „Liber Null", „Psychonaut" und das „Liber Chaos" sind die drei grundlegenden Bücher über die Praxis und Theorie des IOT.

**Illuminaten,** lateinisch „Erleuchtete". In der Regel bezeichnet man damit die Mitglieder des → Illuminatenordens.

**Illuminatenorden** Orden, den der Ingolstädter Juraprofessor Adam Weishaupt 1776 gründete. In seinen Anfängen war der I. eher ein philosophischer Debattierzirkel, in dem über Aufklärung, Politik, Rationalismus und den Kampf gegen die Jesuiten diskutiert wurde – mit dem Hintergrund, die Ziele der Aufklärung zu fördern. Später führte Weishaupt zusammen mit dem Freiherrn von Knigge Elemente der Freimaurerei in den I. ein. 1784 wurde der I. wegen angeblich staatsfeindlicher Umtriebe verboten. 1906 versuchte Leopold Engel gemeinsam mit Theodor → Reuß den I. zu neuem Leben zu erwecken, jedoch ohne nennenswerten Erfolg.

**Illusion** Anderes Wort für Täuschung, Irrtum oder trügerische Hoffnung. Viele esoterische Lehren und Religionen betrachten den materiellen Kosmos, die Welt in der wir leben, als eine I.

**Imagination,** lateinisch für „Einbildungskraft". In der Esoterik bezeichnet man damit die Fähigkeit eines Magiers, sich etwas vorzustellen, und zwar so konzentriert, daß es z. B. auf der → Astralebene Form gewinnt. Der Mystiker „imaginiert" die Liebe Gottes so intensiv, bis er sie in seinem Innern spürt.

**Immanenz** In der Mystik Bezeichnung für die These, daß Gott in jeder offenbarten Form vorhanden ist, also eigentlich alles Gott oder wenigstens ein Teil von ihm ist.

**Inanna** Name der höchsten babylonisch-sumerischen Göttin. Sie ist die Herrscherin des Himmels, des Krieges und der Liebe. Wegen des hohen Alters der babylonisch-sumerischen Kultur gilt I. als eine Art Urtyp aller weiblichen Gottheiten.

**Incubus** Name für den Teufel oder für einen bösen Geist, der nachts Frauen aufsucht und mit ihnen sexuellen Verkehr hat. Oft nimmt er dabei das Aussehen des Ehemannes oder Geliebten an. Das weibliche Gegenstück heißt → Succubus.

**Individualität** → Ego.

**Individuation** Diesen Begriff schuf der Schweizer Psychologe Carl Gustav → Jung. Mit ihm bezeichnet er den Prozeß, den ein Mensch durchläuft, um zur vollen Reife zu gelangen.

**Indra** In der indischen Mythologie der Gott des Gewitters und gleichzeitig der Götterkönig. Im Laufe der Zeit trat er hinter → Vishnu und → Shiva zurück.

**Initiation** → Einweihung.

**Inkarnation,** lateinisch so viel wie „ins Fleisch eingehen". Das Wort wird eigentlich im Sinne von Fleischwerdung verwendet und bezieht sich in diesem Zusammenhang auf die Menschwerdung von → Jesus Christus. Im Sprachgebrauch heutiger Okkultisten meint man damit auch das Leben und die Lebensspanne eines Menschen.

**INRI** Laut Matthäusevangelium waren diese vier Buchstaben über dem Kreuz von Jesus angebracht. Sie sind nach Matthäus die Abkürzung für: Jesus Nazarenus Rex Judaeorum (Jesus von Nazareth König der Juden). Diese vier Buchstaben haben die Phantasie vieler Menschen angeregt, weshalb noch viele andere Deutungen existieren. Hier eine kleine Auswahl: „Igne Nitrum Roris Invenitur" – Durch Feuer gewinnt man das Salz aus dem Tau, eine alchemistische (→ Alchemie) Deutung; „In Nobis Regnat Jesus" – In uns regiert Jesus, eine christliche Deutung; „Igne Natura Renovatur Integra" – Durch das Feuer wird die Natur wiederhergestellt, eine den → Rosenkreutzern zugeschriebene Deutung; „In Nomine Rationis Infallibilis" – Im Namen der unfehlbaren Vernunft, eine rationalistische Deutung; „Insit Naturae Regina Isis" – In der Natur ist die Königin Isis enthalten, eine Deutung → Crowleys; „Iammin Nour Ruach Jebusha" – Wasser, Feuer, Luft, Erde, dies sind die hebräischen Namen für die vier Elemente.

**Intelligenzien** In der Magie Bezeichnung für Geisteswesen, die auf bestimmten → Ebenen leben. So verfügen etwa alle Planeten über I.

**Intuition,** lateinisch „Anschauung". Unter I. versteht man eine Erkenntnis, die durch das Ansehen einer Sache oder durch eine Erfahrung unmittelbar gewonnen wird. Der Gegensatz zu I. ist Reflexion. Hierbei kommt man durch Nachdenken zu einer Erkenntnis.

**Invokation,** lateinisch für „Anrufung". Im Gegensatz zur → Evokation beschwört der Magier hierbei einen Gott, Geist etc. auf sich selbst und nicht in das Dreieck. Der Gott soll ihm Erkenntnis o. ä. vermitteln.

**Irminsul** auch Irmensäule genannt. So nannten die Germanen heilige Bäume und deren Nachbildungen aus Stein.

**Ishtar** → Astarte.

**Isis** Name der höchsten ägyptischen Göttin. Sie ist Schwester und Gemahlin des Gottes → Osiris und die Mutter des Gottes → Horus. Als Göttin untersteht ihr die Magie. Isis mit dem Horusknaben auf dem Arm war in der ägyptischen Welt ein weitverbreitetes Motiv. Später wurde dies von den Christen übernommen, die daraus das Bild der Jungfrau Maria mit dem Jesusknaben auf dem Arm machten.

**Islam** Eine der großen Weltreligionen. Übersetzt bedeutet I. ungefähr „Unterwerfung unter Gott". Mohammed schuf diese Religion, nachdem ihm der Erzengel Gabriel den Koran, das heilige Buch des I., diktiert hatte. Im I. gibt es einen Gott, der Allah genannt wird. Ein Moslem muß fünf Gebete am Tag sprechen, während des Ramadanmonats fasten, wenigstens einmal im Leben die Hadsch (Pilgerreise nach Mekka) machen und Almosen geben. Die Mystiker des I. werden → Sufis genannt.

**Ithyphallisch,** leitet sich vom griechischen Wort für „Wüstling" ab und bezeichnet die Darstellung eines Gottes, Geistes oder anderen Wesens mit erigiertem Glied. Solche Figuren waren in der Antike weitverbreitet und stehen mit Fruchtbarkeitskulten in Verbindung.

# J

**Jachin** Name einer der Säulen in Salomons Tempel in Jerusalem. In der → Freimaurerei ist J. meist die linke Säule und gilt als weiß. Sie wird dem männlichen Prinzip zugeordnet. Der Name der rechten, schwarzen Säule lautet → Boas. In der hebräischen Mythologie sind diese Zuordnungen nicht überliefert. Im Hebräischen bedeuten „Jachin und Boas“ im übertragenen Sinn „die Stützen der Gesellschaft“. Die ursprüngliche Bedeutung der Worte ist unbekannt. Wahrscheinlich gehen die Säulen auf die Zeit zurück, als bei den Stämmen Israels der Monotheismus (der Glaube an einen einzigen Gott) entwickelt wurde. In früheren Zeiten wurden Götter oft als Säulen verehrt, und so nehmen manche Religionswissenschaftler an, J. und Boas könnten für die Götter Jehova und Baal stehen. Da man die Verehrer beider gewinnen wollte, wurden auch die Symbole beider im oder vor dem Tempel aufgestellt.

**Jahwe** Name Gottes im Alten Testament; da die hebräische Sprache über keine Selbstlaute (Vokale) verfügt, ist die genaue Aussprache dieses Wortes ungeklärt. Im Hebräischen besteht der Name aus den vier Buchstaben Yod, He, Vau (oder Waw), He, deshalb wird er auch Tetragrammaton (Vierbuchstabiger) genannt. Die genaue Aussprache dieses höchsten Namens Gottes war geheim. Immer wenn der Hohe Priester im Tempel den Namen aussprach, wurde mit Glocken etc. Lärm erzeugt, um es den Gläubigen unmöglich zu machen, die Aussprache des Namens zu hören. Im Alten Testament wurde statt des Tetragrammatons auch oft → Adonai gesagt. Eine andere Ausspracheversion ist Jehovah. Der vierbuchstabige Name Gottes wurde auch als eine mächtige Zauberformel angesehen. Wer die richtige Aussprache kenne, könne Himmel und Erde erzittern lassen, hieß es. In der Magie wurde jeder Buchstabe einem der → Elemente zugeordnet. Yod – Feuer, He – Wasser, Vau – Luft, End-He – Erde.

**Jainismus** Eine der Religionen Indiens, die von Mahavira, einem Zeitgenossen des → Buddha, geschaffen wurde. Der J. besteht seit mehr als zweieinhalbtausend Jahren. Im 1. Jahrhundert n. Chr. gab es eine Spaltung, seit der eine Gruppe der Jainisten ein weißes Leinentuch trägt, während die andere nackt ist. Inhaltlich unterscheiden sie sich sonst nicht. Nach einer 1990 erfolgten Schätzung bekennen sich ungefähr 3,7 Millionen Menschen auf der Welt zu dieser Religion, wovon die meisten in Indien leben. Als eines der Hauptkennzeichen dieser Religion gilt das Prinzip, daß kein Lebewesen verletzt werden darf, da alle eine Seele haben. Jainistische Mönchen tragen deshalb Leinentücher über Mund und Nase, um so zu verhindern, daß sie versehentlich ein Lebewesen einatmen und dadurch töten. Ebenso werden die Fußböden der Wohnung eines Jainisten extrem sauber gehalten, damit sich dort keine Insekten o. ä. befinden. Askese und strenges Fasten spielen beim J. eine wichtige Rolle und ist wohl die einzig bekannte Religion, die es ihren Mitgliedern gestattet, unter bestimmten Bedingungen den eigenen Tod durch Fasten schneller herbeizuführen. Der J. hat eine besondere Form des → Yoga entwickelt.

**James, William** (1842–1910), amerikanischer Philosoph und Psychologe, Bruder des Romanciers Henry James. Nach J. sind Philosophien ein Ausdruck des persönlichen Charakters und Temperaments eines Menschen. Sie sind Hilfsmittel, die den Menschen bei der Lösung ihrer Probleme beistehen und sollten daher in bezug auf ihre praktischen Konsequenzen für das menschliche Leben beurteilt werden. Die herrschende Wahrheit sei dann wahr, wenn sie praktische Auswirkungen auf das menschliche Leben habe. Seine Bücher „The Will to Belief“ (Der Wille zu glauben, 1897) und „The Varieties of Religious Experiences“ 1902 (Die Vielfalt religiöser Erfahrungen 1979), haben viele Esoteriker und Okkultisten beeinflußt. In seinen Büchern untersucht J. die Frage des Glaubens in bezug auf die Fälle, in denen kein direkter Beweis für den Glauben eines Menschen vorhanden ist. Er gelangt dabei zu der Schlußfolgerung, daß religiöse Gebote bei den Gläubigen eigene Wahrheiten schaffen und bei ihnen religiöse Erfahrungen hervorrufen können, weil sie es „wollen“. Den Glauben an Gott definiert einer der Hauptvertreter der philosophischen Schule des Pragmatismus gemäß dieser Theorie: Der Glaube an Gott wird beim Gläubigen dadurch gerechtfertigt, daß er seine Erfahrungen positiv beeinflußt.

**Janus** Name des römischen Gottes mit den zwei Gesichtern. Er symbolisiert den Ein- und Ausgang, Vergangenheit und Zukunft. Der Name des ersten Monats unseres Jahres, Januar, stammt vom Namen dieses Gottes.

**Jehova** → Jahwe.

**Jesus** Begründer des Christentums, der in der römischen Provinz Syrien gelebt haben soll. Er wurde zur Zeit des Kaisers Tiberius hingerichtet. Seine Anhänger (Christen) sehen ihn als Sohn Gottes, als den Messias, der sie durch sein Leben und Sterben von der Erbsünde befreit hat, die Adam und Eva im Paradies begangen haben sollen. Drei Tage nach seinem Tod soll er von den Toten wieder auferstanden sein. Damit habe er für sich und seine Anhänger den Tod besiegt. Das Leben und die Lehren Jesu werden in den vier → Evangelien des Neuen Testaments (Teil der Bibel) beschrieben. Die Hauptlehre des Christentums ist die Nächstenliebe. Die zwei existierenden Originale dieser Evangelien – eines befindet sich im Vatikan in Rom, das andere im Britischen Museum in London – stammen aus dem 4. Jahrhundert nach Christus. Genaue Fakten über den historischen Jesus gibt es nicht, da außer den Evangelien so gut wie gar nichts Schriftliches über ihn existiert. Man weiß aber, daß er nicht aus Nazareth stammen konnte, da es um seine Zeit diesen Ort noch gar nicht gab. Einige Forscher vertreten deshalb die These, daß Jesus ein Nazoräer war. Die Nazoräer waren eine jüdische Sekte, wie etwa die im Neuen Testament häufig erwähnten Pharisäer.

Einer anderen Theorie zufolge war er Mitglied der → Essener. In den Jahrhunderten nach dem Tode Jesu hat sich das Christentum in viele Untergruppen gespalten.

**Johannes von Kreuz** war ein spanischer Karmelitermönch (San Juan de la Cruz), der von 1542–1591 lebte. Er war ein Schüler der heiligen Therese und unterstützte deren Ordensreform (Unbeschuhte Karmeliter). Er stiftete mehrere Klöster, ist heutzutage aber vor allem noch durch seine mystischen Lieder und Texte, z. B. „Die dunkle Nacht der Seele“ und „Aufstieg vom Berge Karmel“ bekannt.

**Johannesgrade** Name für die ersten drei Grade (Lehrling, Geselle, Meister) der → Freimaurerei. Die Inhaber dieser Grade schließen sich zur Johannes-Loge zusammen.

**Jones, Charles Stanfield** (1886–1950), auch unter dem magischen Namen Frater Achad bekannt. J. war für einige Zeit ein Schüler → Crowleys und lieferte ihm wichtige Hinweise für die Entschlüsselung kabbalistischer Probleme im „Buch des Gesetzes“. Später zerstritt er sich mit Crowley und verkündete etwa Mitte der vierziger Jahre den Anfang eines neuen Zeitalters, des → Äons (→ Platonisches Jahr), von Ma-Ion. Dieses Äon stehe, so J., unter der Herrschaft der ägyptischen Göttin der Gerechtigkeit Maat. J. hat sicher mit die originellsten und eigenständigsten Bücher über die → Kabbalah geschrieben, z. B. „QBL“ und „The Anatomy of the Body of God“ (Die Anatomie des Körpers von Gott).

**Judentum** Die Juden sind keine ethnische Gruppe, sondern eine religiöse Gemeinschaft. Die jüdische Religion basiert auf dem Alten Testament und hierbei vor allem auf der Thora (den fünf Büchern Mose) und den Büchern der Propheten. In der jüdischen Religion gibt es nur einen Gott (→ Jahwe/Jehovah), der sich Moses und dem Volk Israel am Berg Sinai offenbarte. Hauptprämisse der Juden ist: Der Mensch soll Gutes tun und bösen Einflüssen widerstehen. Der gläubige Jude lebt in der Hoffnung, daß der Messias (der Gesalbte Gottes) erscheine und das Reich des Friedens und die Aussöhnung mit der Schöpfung wiederherstelle.

**Judge, William Quan** (*1851 Irland, †1896 USA), Rechtsanwalt, der ein großes Interesse an → Spiritismus, → Esoterik und → Theosophie hatte. Als er mit den Schriften von H. P. → Blavatsky in Kontakt kam und sie später persönlich kennenlernte, wurde er zu einem ihrer begeistertsten Anhänger. Von ihm stammt die Idee der Schaffung der Theosophischen Gesellschaft. Nach dem Tode der Blavatsky wurde er ihr Nachfolger in der Theosophischen Gesellschaft. Sein Buch „The Ocean of Theosophy" (Das Meer der Theosophie) erschien 1893 und gilt seitdem unter Kennern der Materie als die beste Zusammenfassung der Lehren von Madame H. P. Blavatsky.

**Jürgensoneffekt** Der Schwede Jürgenson (1903–1987) war ein Filmproduzent, der Ende der fünfziger Jahre auf das Phänomen der → Tonbandstimmen stieß. Auf einem Tonband sind gelegentlich Stimmen zu hören, deren Ursachen man durch den Einsatz technischer Mittel nicht herausfinden kann und die deshalb, so lautet eine These, paranormalen Ursprungs sind.

**Julian Apostata** (331–363 n. Chr.), Flavius Claudius Julianus, genannt Julian Apostata (Julian, der vom christlichen Glauben Abgefallene), war der letzte heidnische Kaiser Roms. J. A. war ein Neffe Konstantins I. und wurde nach dessen Tod (im Jahr 337 n. Chr.) ins Exil geschickt. Hier wendete er sich vom Christentum ab und schloß sich wieder den heidnischen, römischen Kulten an. Im Jahre 354 n. Chr. wurde er zum Oberbefehlshaber der römischen Truppen ernannt und erhielt 361 n. Chr. den Titel Caesar (= Kaiser). Er nahm die Vorteile, die die christliche Religion unter seinen Vorgängern hatte, zurück und begann wieder die alte römische Religion zu propagieren. Dies geschah vor allem durch öffentliche Verlautbarungen und philosophische Diskussionen. Im Jahre 363 n. Chr. starb er auf einem Feldzug gegen die Perser. Gerüchten nach sollen ihn Christen vergiftet haben. Sein Nachfolger Jovian stellte die Privilegien der Christen wieder her.

**Jung, Carl Gustav** (1875–1961), Schweizer Arzt und Psychiater und Begründer der analytischen Psychologie. Zeit seines Lebens hatte J. Visionen und Träume, die mythologischen und religiösen Charakter hatten. Dies führte zu seinem Interesse an Mythen, Träumen und Religionen. Hierin liegt auch seine Bedeutung für die Esoterik: Er schuf wichtige Studien über → Alchemie und Religionen, wobei ihn vor allem die östlichen interessierten. Eine lange Zeit glaubte J., daß er in zwei Wesen gespalten sei, in sein äußeres Selbst, das sich um Familie, Freunde, Beruf etc. kümmere und in ein geheimes, inneres Selbst, das Gott besonders nahe sei. Den Großteil seines Lebens verwandte er darauf, diese beiden Seiten in seinem Selbst zu einer Einheit werden zu lassen. Von 1907–1913 war J. Schüler und später Mitarbeiter Sigmund Freuds, zerstritt sich aber später mit ihm u. a. wegen der Freudschen Sicht die Sexualität. In Freuds Psychoanalyse wurde die Sexualität als Motor aller Motivation und allen menschlichen Verhaltens gesehen. J. dagegen verstand die Libido – die schöpferische Lebens-

**Carl Gustav Jung**

energie – so, daß sie sich auf verschiedene Art und Weise als Motivationskraft des menschlichen Handelns äußern könnte. Die zwei grundlegenden Richtungen der Libido definierte er so: 1. die extravertierte, die sich nach außen auf Menschen und Dinge richtet und 2. die introvertierte, die sich auf Bilder, Ideen und das Unbewußte richtet. J. schuf vier psychologische Typen, nach denen man die Menschen einordnen könne. Es gibt demnach den denkenden, fühlenden, empfindenden und intuitiven Typus. Übertragungen der Libido von einer Ebene auf eine andere,

z. B. von der Sexualität auf die Religion, geschieht mit Hilfe von Symbolen, die während der Änderung der Persönlichkeit geschaffen werden. Für J. war das Symbol das wichtigste Werkzeug beim Verständnis des menschlichen Wesens. Er unterschied zwischen den individuellen menschlichen Symbolen (z. B. persönlichen Ängsten, etwa vor Dunkelheit, vor gefährlichen Tieren etc.) und den kollektiven aus Mythologie und Religion (z. B. der sagen- und märchenhaften Vorstellung eines Drachen oder Ungeheuers, mit dem ein Held kämpfen muß) und fand sehr viele Ähnlichkeiten zwischen beiden. Als Ergebnis hiervon schuf er die Theorie der zwei Schichten des Unbewußten, der persönlichen und der kollektiven. Die persönliche Schicht besteht aus den Bewußtseinsinhalten, die der Mensch im Laufe seines Lebens erlangt hat, die er aber vergessen oder unterdrückt hat. Die kollektive Schicht ist eine angeborene Struktur, über die alle Menschen von ihrer Geburt an verfügen. Sie besteht aus den sogenannten Archetypen, immer wiederkehrenden, allgemeingültigen menschlichen Situationen. So gibt es Archetypen über das Verhältnis von Eltern zu Kindern, über Partnersuche, das Bekommen von Kindern oder über den Tod. Archetypen findet man nach J. in symbolischer Form, die gelegentlich verzerrt oder überhöht ist, in allen Religionen und Mythen der Erde. In seinen späteren Jahren erweiterte J. seine Theorien dahingehend, daß es noch eine tiefere Ebene des Unbewußten gebe, die nicht gebunden ist an Raum, Zeit und das Gesetz von Ursache und Wirkung (Kausalität). Hier hätten die okkulten Phänomene wie Wahrsagen, Vorausahnungen, Hellsehen und viele andere ihren Ursprung.

**Juno** Schwester und Ehefrau des römischen Gottes Jupiters. J. war die Herrscherin über alle römischen Götter und die Schützerin der Ehe und der Frauen. Außerdem war sie die Schutzgöttin der römischen Staatsfinanzen. Die staatliche Münzprägeanstalt befand sich in Rom in ihrem Tempel auf dem capitolinischen Hügel. Ihr Fest waren die Matronalien, die jedes Jahr am ersten März stattfanden.

**Jupiter** (Gott) Oberster Gott der Römer. Ehemann der → Juno und Vater aller Götter und Göttinnen. J. war der Gott des Donners und des Blitzes. Er galt als allwissend und war den Menschen im allgemeinen wohlgesonnen. In späterer Zeit wurde er oft mit dem griechischen Gott Zeus gleichgestellt. Trotzdem gab es Unterschiede zwischen beiden. So verließ Zeus oft den Olymp und ging unter die Sterblichen, um amouröse Abenteuer zu erleben. J. dagegen tat dies nie. Sein höchstes Heiligtum stand auf dem capitolinischen Hügel in Rom.

**Zeichen für den Planeten Jupiter**

**Jupiter** (Planet) Größter Planet unseres Sonnensystems. Nach der Venus ist er der hellste Stern am Himmel. In der Astrologie steht er für Glück und Erfolg. Er beherrscht die → Tierkreiszeichen Schütze und Fische.

# K

**Ka** Wort aus der altägyptischen Religion. In unserer Sprache gibt es keine genaue Übersetzung dafür. K. bedeutet etwa so viel wie die zeugenden und bewahrenden Kräfte des Lebens. Hiermit wird beispielsweise die Macht eines Gottes bezeichnet. Beim Menschen verwendet man den Begriff K. als einen Namen für den → Astralkörper oder Doppelgänger, der ihn von seiner Geburt an begleitet. Wenn der Mensch stirbt, existiert sein K. fort. „Zu seinem K. gehen" heißt somit sterben. Da das K. den Menschen direkt von den Göttern gegeben wurde, kehrt es nach dem Tod auch wieder zu diesen zurück. Um aber weiterbestehen zu können, braucht das K. Speise und Trank, die ihm entweder als Opfer direkt gereicht werden oder sich symbolisch auf den Bildern in den Gräbern befinden.

**Kaaba,** arabisch für „Quadratisches Gebäude". Die K. ist das höchste Heiligtum des → Islam. Sie befindet sich im saudiarabischen Mekka und ist das Ziel der Pilgerfahrt aller Moslems. Die K. wurde angeblich von Adam gebaut und später von Abraham und Ismael wiederhergestellt. Der Behälter, in dem sie den Mörtel gemischt haben sollen, befindet sich noch neben der Eingangstür und ist das Ziel großer Verehrung. Innerhalb der K. befindet sich der Schwarze Stein (wahrscheinlich ein Meteorit), den Ismael direkt vom Erzengel Gabriel erhalten hat. Bereits vor dem Islam wurden an diesem Ort die Gottheiten der arabischen Nomaden und Händler verehrt. Mohammed weihte diesen Stein dann später Allah, dem einzigen Gott des Islam. Fünfmal am Tage wendet sich der gläubige Moslem zum Gebet in Richtung der K.

**Kabbalah (oder Cabbala, Qabalah)** ist eines der wichtigsten Gebiete der abendländischen Esoterik. Geschichte: Die K. entstand wahrscheinlich Mitte des 12. Jahrhunderts in Südfrankreich im Languedoc. Übersetzt heißt K. soviel wie „Überlieferung/Tradition". Die K. ist zuerst einmal ein Zweig der jüdischen Mystik, der, als er zu Beginn des 13. Jahrhunderts nach Spanien kam, sich dort zur vollen Blüte entwickelte. Die Region Frankreichs, in der sich die K. entwickelte, war gleichzeitig das Gebiet, in dem jene asketischen und gnostischen Sekten wie → Katharer, → Albigenser und Waldenser weit verbreitet waren. Es spricht manches dafür, daß Teile der Albigenserlehre auch die jüdischen Mystiker dieses Landstriches beeinflußt haben. Um 1180 entstand das für die K. des 13. Jahrhunderts grundlegende Buch, das „Sepher (Buch) Bahir (hell, klar)". Im eigentlichen Sinne stellt die K. also eine Textsammlung dar, die auf die jüdische → Gnosis zurückgeht (2. und 3. Jahrhundert n. Chr.). Diese ursprünglichen Texte gelten als verschollen. Andererseits tauchen im kabbalistischen Schriftentum auch Texte auf, die typisch für die Geisteshaltung des 12. Jahrhunderts sind. So ist bereits im Bahir von der Idee des Golems und der Seelenwanderung oder Reinkarnation die Rede. Das Kernstück der K. ist das Buch „Zohar" (Lichtglanz), das von dem legendären Autor Simon bar Jochaj aus dem 2. Jahrhundert n. Chr. stammen soll. In Wirklichkeit ist es nachgewiesenerweise zum größten Teil von Simon Ben Schemtob de Leon (gest. 1305) aus Guadalajara und ist zwischen 1275 und 1290 in Spanien erschienen (die erste gedruckte Fassung wurde 1538 in Cremona veröffentlicht). Eines der wichtigsten Themen des Zohar ist die Lehre von der Unmöglichkeit, Gott erkennen zu können. Menschen wurden nach dem Vorbild der Sephiroth geschaffen. Durch rechte Gebetshaltung und Lebensweise kann der Mensch mittels der Sephiroth Kontakt zu Gott aufnehmen. Ein weiteres wichtiges Buch der K. ist das „Sepher Jezira" (Buch der Schöpfung). Autor dieses Buches soll Abraham sein, den Fakten nach entstand es aber zwischen dem 3. und 6. Jahrhundert n. Chr. In ihm wird geschildert, wie die Welt aus der Verbindung der 10 Sephiroth und der 22 Buchstaben des hebräischen Alphabets entstand. Eine magische Form des hebräischen Alphabets ist die Himmelsschrift (siehe Abbildung). Eine wichtige Person ist Abraham Abulafia (1240–1292) aus Saragossa. Er wurde einer breiteren Leserschaft durch den Roman „Das Foucaultsche Pendel“ von Umberto Eco (1988) bekannt. Abulafia war ein Visionär und Mystiker, der sich vor allem mit der Sprachmystik befaßte. Die Schrift ist für Abulafia das Ausgangsmaterial der Schöpfung. Durch Offenbarung und Prophetie gelangt das Wort Gottes auf eine neue Art und Weise in die menschliche Sprache. So kann man durch die Sprache zu einer tiefen Erkenntnis der Dinge kommen. Nach der Vertreibung der Juden aus Spanien im Jahre 1492 verbreitete sich die K. im Volk, das vor allem auf einen neuen Messias wartete und durch kabbalistische Spekulationen näheren Aufschluß über dessen Kommen und Person zu erhalten suchte. Das Zentrum der kabbalistischen Bewegung verlagerte sich in das heutige Israel, nach Safed in Obergaliläa. Der wichtigste Autor dieser Zeit ist Isaak Luria (1534–1572). Im 15. Jahrhundert zeigten zum ersten Mal

**Himmelsschrift: magische Form des hebräischen Alphabets (s. S. 165)**

christliche Gelehrte Interesse an der K. Zu nennen sind hier Giovanni Pico Graf von → Mirandola (1463–1494), Johannes Reuchlin (1455–1522), Jan Baptist von Helmot (1577–1644) und Christian Knorr von Rosenroth (1636–1689). 1677 erschien von Rosenroths „Kabbala Denudata“ (Offenbarte Kabbala). Dieses Buch enthält Teile des Zohar und einen Text von Isaak Luria in lateinischer Übersetzung. So war es einer breiteren Leserschaft von Gojim (Nichtjuden) möglich, kabbalistische Texte zu lesen. Neben der K. als ein Ausdruck jüdischer Mystik gab es auch schon recht früh eine sogenannte praktische K., die sich mit dem beschäftigte, was man gemeinhin als Magie bezeichnet. Hier findet man Anweisungen zum Herstellen von Talismanen und Amuletten oder zum Beschwören von Engeln, Dämonen und anderen Geistern. Wohl der bekannteste dieser Texte ist der Shemhamphorash, was übersetzt so viel wie „Der Text ist gut ausgesprochen" bedeutet. Er beinhaltet eine Methode, wie man aus drei Versen des 2. Buches Moses (Kap. 14, Verse 19-21) die Namen von 72 Genien (Geistern) bildet und wie man diese beschwören kann. Es gibt noch eine Reihe anderer Zauberbücher des Mittelalters und der Renaissance, die kabbalistische oder wenigstens kabbalistisch angehauchte Methoden zum Zwecke der Geisterbeschwörung verwenden, wie zum Beispiel der „Clavicula Salominis" (Schlüssel Salomons), ein Text, der wahrscheinlich seinen Ursprung im 15. Jahrhundert hat (→ Claviculum).

In diesem Zusammenhang ist auch der Golem zu erwähnen, der ein bekanntes Beispiel angewandter kabbalistischer Magie ist. Der Legende nach ist der Golem ein künstlich aus Lehm geschaffener Mensch, der mittels eines Pergamentstreifens, auf dem einer der Namen Gottes steht, zum Leben erweckt wird, entfernt man diesen Pergamentstreifen, erstarrt die Figur wieder. In Zeiten der Not kommt der Golem den Juden zu Hilfe. Die Figur des Golem beschäftigte viele Schriftsteller und Dichter, unter anderen auch J. W. von Goethe, E. T. A. Hoffmann und Gustav Meyrink.

Neben dem großen Einfluß, den die K. auf die europäische Geistesgeschichte hatte, ist sie für das, was man als europäische oder westliche Magie bezeichnet, kaum hoch genug anzusetzen. Ob man Renaissancemagiere wie Heinrich Cornelius → Agrippa von Nettesheim oder → Paracelsus nimmt oder sich mit → Alchemie, den Bewegungen der → Rosenkreutzer und Freimaurer (→ Freimaurerei) beschäftigt, immer spielt die K. eine große Rolle. Selbst zahlreiche Autoren, die für die Wiederbelebung der Magie in unserer Zeit mitverantwortlich sind, wie Eliphas → Levi, Samuel Liddle Mac Gregor → Mathers, Dion → Fortune oder Aleister → Crowley, schöpfen aus dem schier unerschöpflichen Fundus der K.

Kabbalistische Grundbegriffe:
1. *Das hebräische Alphabet:* Es besteht aus 22 Buchstaben, die alle Konsonanten (Mitlaute) sind. Auch Buchstaben, die im Deutschen als Vokale (Selbstlaute) vorkommen, z. B. Aleph oder Iod, sind Mitlaute. Selbstlaute werden durch sogenannte diakritische Zeichen unter oder neben den Buchstaben dargestellt, es sind also Lese- und Aussprechhilfen. Da das Alte Testament in Hebräisch abgefaßt ist, galt und gilt es noch heute gläubigen Juden als eine direkte Offenbarung Gottes, jeder Buchstabe ist heilig und verfügt auch über bestimmte religiöse, moralische und magische Qualitäten. Das Hebräische verfügt über keine eigenen Zahlzeichen, jeder Buchstabe ist auch gleich ein Zahlzeichen. Das heißt, daß jedes Wort einen bestimmten Zahlenwert hat.

2. *Gematria:* Eine Lehre der Kabbalah ist es, daß Worte, die den gleichen Zahlenwert haben, zusammengehören und Teilaspekte der gleichen Sache sind oder sie zumindest näher erklären. Beispiel: Die hebräischen Worte Achad (Einheit) und Ahabah (Liebe) haben beide den Zahlen-

א ב ג ד ה ו ז ח ט י כ

ל מ נ ס ע פ צ ק ר ש ת

**Hebräisches Alphabet**

wert 13. Daraus ergeben sich für den Kabbalisten folgende Überlegungen: Die Quersumme aus 13 (1+3) ist 4. Vier ist ein Hinweis auf den vierbuchstabigen, allerheiligsten Gottesnamen Jehovah (oder Jahwe). Der Zahlenwert von Jehovah ist 26 (= 2x13). Aus diesen Berechnungen schlossen die Kabbalisten nun: Gott (Jehovah) ist Liebe (Ahabah), geoffenbart in der Einheit (Achad). Diese Methode der Berechnung wird Gematria genannt. Sie wird auf Gottesnamen, Engelsnamen,

Geister- oder Dämonennamen, biblische und Eigennamen angewandt. So werden Namen, Ideen und Begriffe verknüpft, die dem ersten Anschein nach nichts miteinander zu tun haben. Gematria ist auch eine wichtige Methode, um Texte aus der Thora (Die Fünf Bücher Moses) zu erklären. Für die praktische Magie hat die Gematria ebenfalls grundlegende Bedeutung, da diese Methode dem Magier helfen kann, zu einem tieferen und genaueren Verständnis der Gottheit oder des Geistes zu gelangen, den er beschwören möchte.

3. *Notarikon:* Hierbei werden die Buchstaben eines Wortes zu Anfangsbuchstaben neuer, die das Ausgangswort erklären. Papus gibt in seinem Buch über die K. folgendes Beispiel: David schreibt in seinem Testament: „Er hat mich verflucht mit harten Flüchen." Nimrezet (Flüche) beinhaltet die Anfangsbuchstaben all der Vorwürfe, die gegenüber David gemacht wurden, als da sind
Noeph: Ehebrecher;
Moabi: Moabiter;
Rozeach: Mörder;
Thoeb: Grausamer.

4. *Temura:* bezeichnet die Vertauschung der Buchstaben. So wird im Buch Exodus (2. Buch Moses) geschildert, daß Gott seinen Engel (hebr.: maleachi) senden wird. Durch Temura, der Umstellung der Buchstaben, erhält man den Namen des Engels (maleachi) – Michael. Diese kabbalistischen Berechnungen wurden oft nicht ernst genommen. Trotzdem sind sie bis in unsere Zeit hinein ein wichtiger Teil der Lehren und Überlegungen vieler Esoteriker. So sind beispielsweise die Tagebücher Aleister → Crowleys voll mit kabbalistischen Berechnungen.

5. *Sephiroth und der Baum des Lebens:* Neben den eigentlichen Buchstaben sind auch die Buchstaben für die Zahlwerte 1 bis 10 von grundlegender Bedeutung für die K. Sie symbolisieren das Ausströmen der göttlichen Energie in die Schöpfung und stellen gleichzeitig die Namen, Eigenschaften und Kräfte Gottes dar. Diese zehn Zahlen (oder eigentlich: Buchstaben, die die Funktion von Zahlen übernehmen) werden Sephiroth genannt (Einzahl Sephirah), ein Wort, das von saphar – zählen abgeleitet

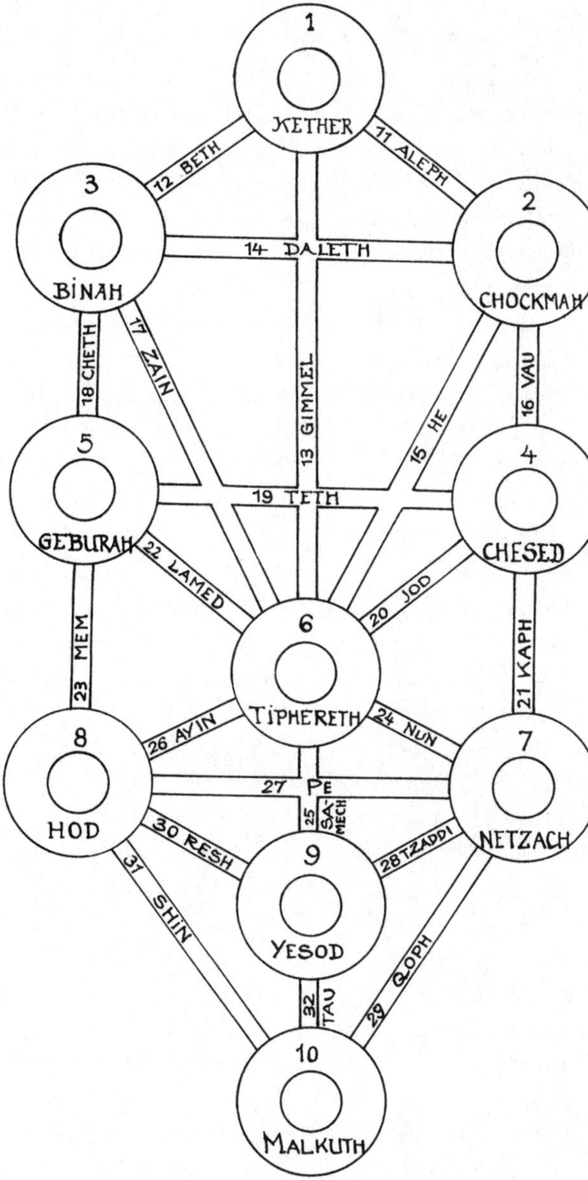


**Der Baum des Lebens nach Vorstellung der Kabbalah**

wird. Zuerst gibt es En Sof (andere Schreibweise → Ain Soph), was das Unendliche, Grenzenlose bezeichnet. Das ist Gott, aber die Menschen können ihn nicht erkennen, da er weit jenseits ihrer Vorstellungskraft ist. Aleister Crowley setzte En Sof mit der Zahl 0 in Verbindung. Aus dieser 0 heraus entsteht die erste Zahl, die 1, die erste Sephirah Kether – Krone. Dann folgen die übrigen neun Zahlen oder Sephiroth, die der Reihe nach folgendermaßen heißen:
2 Chokmah – Weisheit, 3 Binah – Verstehen, 4 Chesed (oder Gedulah) – Mitleid (Herrlichkeit), 5 Geburah (oder Dim) – Stärke (Gerechtigkeit), 6 Tiphareth – Schönheit, 7 Netzach – Sieg, 8 Hod – Glanz, 9 Yesod – Fundament, 10 Malkuth – Königreich.
Jede dieser Sephirah ist auch gemäß der kabbalistischen Überlieferung eine Welt für sich. Zu jeder einzelnen Sephirah gibt es viele Zuordnungen von Engeln, Planeten, Elementen.
Die heutzutage am weitesten verbreitete Zuordnung ist folgende: Kether (1) – Primum Mobile (die erste Bewegung), Chokmah (2) – die Fixsterne, Binah (3) – Saturn, Chesed (4) – Jupiter, Geburah (5) – Mars, Tiphareth (6) – Sonne, Netzach (7) – Venus, Hod (8) – Merkur, Yesod (9) – Mond, Malkuth (10) – Erde.
Die zehn Sephiroth werden nun durch zweiundzwanzig Pfade oder Kanäle verbunden. Jeder dieser Pfade ist einem der 22 Buchstaben des hebräischen Alphabets zugeordnet. Als Bild dargestellt wird dies der Sephirothbaum oder der (kabbalistische) Baum des Lebens genannt. Es ist das wichtigste und mannigfaltigste Symbol der K., welches auch das „mystische Antlitz Gottes" oder „Körper des Weltalls" heißt. Der Baum wird in drei Säulen unterteilt, die rechte wird Säule der Gnade, die linke Säule der Strenge und die mittlere Säule des Ausgleichs genannt. Die oberen drei Sephiroth (Kether, Chokmah, Binah) befinden sich jenseits der Vorstellung der Menschen. Sie sind bereits so nahe bei Gott, daß sie sich der Mensch nicht mehr vorstellen kann. Neben der senkrechten Unterteilung des Baumes gibt es auch eine vertikale: vier Ebenen oder Welten. Die ersten drei entsprechen Aziluth, der Lichtwelt, der Urheimat des Menschen. Der Mensch strebt danach, wieder in

diese Welt einzugehen, sie ist das Paradies, aus dem der Mensch vertrieben wurde. Die Sephiroth vier bis sechs stellen die Thronwelt Briah dar. Nummer sieben bis neun sind Yetzirah, die Welt und der Wohnort der Engel, während Malkuth Assiah der geistigen Idee der Welt, wie die Menschen sie kennen, entspricht. Jede einzelne dieser vier Welten ist auch einem Buchstaben des heiligen, unaussprechlichen Namens Gottes (Jehovah oder Jahwe) zugeordnet. Jedem Buchstaben wiederum ist eines der philosophisch-magischen Elemente zugeordnet. Iod = Feuer, He = Wasser, Vau = Luft, End-He = Erde, daraus ergibt sich: Aziluth – Feuer, Briah – Wasser, Yetzirah – Luft, Assiah – Erde. Das Symbol des Lebensbaumes hatte einen großen Einfluß auf die Philosophie Europas. Hier sei nur der Philosoph Gottfried Wilhelm Leibniz (1646–1716) genannt. Seine Monadentheorie – die Theorie von der Ausbreitung des Einflusses Gottes in der Schöpfung, die mittels kleiner „Teile" (Monaden) geschieht, weist deutlich kabbalistische Hintergründe auf. Vorrangig hat der Baum des Lebens aber eine enorme Bedeutung für die → Esoterik. So sind etwa die Gradsysteme vieler Freimaurer- und Rosenkreutzerorden nach dem Baum des Lebens gestaltet. Die mystische Pilgerschaft des Menschen beginnt in Malkuth und endet, nachdem er die übrigen Sephiroth durchschritten hat, in Kether. Auch für das, was man praktische Magie nennt, ist der Lebensbaum von unschätzbarem Wert. Jede Sephirah stellt eine ganze Welt für sich dar. Alles was mit dem Planeten, dem sie zugeordnet ist, zusammenhängt, wie Gottesnamen,Götter, Engel, Farben, Gerüche, Pflanzen, Mineralien, aber auch moralische Ideen oder religiöse Vorstellungen etc. ist der jeweiligen Sephirah zugeteilt. Dies geschieht mittels des sogenannten Korrespondenzsystems (→ Entsprechungen). Jeder Sephirah entspricht ein Planet, dem ist ein Name Gottes zugeordnet. Dann kommen die entsprechenden Engel, Farben etc. hinzu. Will ein Magier z. B. in geistigen Kontakt mit dem Mond und seinen Kräften treten, so kann er sich mittels dieses Systems kundig machen, was alles zum Bereich des Mondes gehört und er demnach für sein Ritual braucht. Crowley bezeichnet in seinem Standardwerk „Buch 4 – Magick", den Lebensbaum als einen Aktenschrank, in dessen einzelne Ordner sich alle Erscheinungen des Universums einfügen lassen, um so dem praktizierenden Magier zur Verfügung zu stehen.

Literaturhinweise: Papus, Die Kabbalah, Heidelberg 1962; Mathers, S. L., The Kabbalah Unveiled, New York 1968; Scholem, Gerschom, Zur Kabbala und ihrer Symbolik, Frankfurt 1973; ders., Von der Mystischen Gestalt der Gottheit, Frankfurt 1977; Fortune, Don, Die mystische Kabbala, Freiburg 1987; Crowley, Aleister, The Qabalah of Aleister Crowley, New York 1973.

**Kabiren** Gottheiten, die wahrscheinlich phönizischen Ursprungs sind. Ihre Kultstätten waren auf den Mittelmeerinseln Samothrake und Lemnos. Sie wurden von Seefahrern verehrt, die sie um Schutz anflehten.

**Kahuna** Esoterische Modeerscheinung, die aus Hawaii stammt. Die Heilmethoden des K. arbeiten häufig mit sogenannten übersinnlichen Kräften. Ihre Wurzeln liegen in der traditionellen Religion und Heilkunde der Polynesier.

**Kali** heißt eine der Erscheinungsformen der Gemahlin des indischen Gottes → Shiva. Im Ganzen ist sie die Muttergottheit und symbolisiert die Schöpferkraft. Der K. genannte Aspekt ihres Wesens ist jedoch ein anderer: Hier ist sie die große Zerstörerin, die Krankheiten und Seuchen bringt. Diese dunkle Seite der Göttin zeigt sich auch in ihrem furchteinflößenden Aussehen. Ihre Haut ist schwarz (K. heißt schwarz), ihr Gesicht wirkt oft so, als ob sie in Raserei sei, und sie trägt eine Halskette, die aus menschlichen Schädeln besteht. Die Verehrung K.'s ist vor allem in den unteren Kasten der indischen Gesellschaft und bei den Kastenlosen (Parias) sehr weit verbreitet.

**Kali-Yuga** bedeutet so viel wie „schwarzes Zeitalter". Nach der Lehre der Veden (alte Schriften, die die Grundlage der indischen Religion und Philosophie bilden) heißt so das Zeitalter, in dem wir leben. Nach indischer Zählung ist es das vierte, und manchmal wird es auch „eisernes Zeitalter" genannt. Im ganzen soll es eine Länge von 432 000 Jahren haben; seinen Anfang bildete der

Tod → Krishnas, der im Jahre 3120 v. Chr. gewesen sein soll.

**Kama** stammt aus der indischen Sprache Pali und bedeutet Liebe, Wollust, Sinnlichkeit. K. hat aber häufig einen negativen Beigeschmack – vor allem im Buddhismus (→ Buddha) –, und seine Bedeutung ist dann der des Wortes Sünde recht ähnlich.

**Kamaloka** heißt in Indien der Ort, zu dem die Menschen nach ihrem Tode gelangen. Hier beginnt sich ihr Selbst allmählich aufzulösen. Das K. ist eine Mischung aus griechischem → Hades und christlichem Fegefeuer.

**Kamarupa** Indische Bezeichnung für den geistigen Körper oder die Seele, die nach dem Tode weiterbesteht. Die Tatsache, daß der K. weiterexistiert, ist nicht unbedingt positiv zu verstehen; sie deutet nämlich darauf hin, daß der Mensch mit all seinen Sinnen und Begierden zu sehr an der materiellen Welt gehangen hat.

**Kamasutra** Indisches Buch über die Kunst der Liebe, geschrieben im 4. Jahrhundert n. Chr. Autor war ein gewisser Vatsyayanama, den man auch unter dem Namen Mallanga kennt. Das K. ist zum einen ein Buch, das Eheleute bei der Hochzeit bekamen, mit Informationen über die Sexualität und die Liebeskunst, zum anderen schildert es, wie man um eine Frau wirbt. Nach Europa kamen die erste Ausgaben des K. durch englische Kolonialbeamte, die ein großes Interesse an Pornographie hatten und für die Indien ein reicher Fundort hierfür war. Deswegen galt das K. im Westen lange Jahre zu Unrecht als ein recht anrüchiges Werk.

**Kandidat,** abgeleitet vom lateinischen Wort für weiß „candidus“. Wer im alten Rom in eines der → Mysterien eingeweiht wurde, wurde in eine weiße Robe gekleidet. Später meinte der Begriff die Neu-Anwärter, die sich in einen Freimaurer- oder Rosenkreutzerorden einweihen lassen wollten.

**Kardec, Allan** (1804–1869), Pseudonym des französischen Professors Hippolyte Léon Denizard Rivail. Von Beruf war K. Pädagoge, darüber hinaus verfaßte er auch mehrere Schulbücher.

Als Mitte des 19. Jahrhunderts das Interesse an → Spiritismus zunahm, begann sich auch K. damit zu beschäftigen. Sein Pseudonym soll der Name eines bretonischen Bauern sein, der K. in einem seiner früheren Leben – er glaubte an die Wiedergeburt – gewesen sein will. K. schrieb eine Reihe von Büchern, wobei ihm u. a. Sokrates, Augustinus, Martin Luther oder Napoleon die Feder geführt haben sollen. Es ist schon ein wenig verwunderlich, daß sich die Lehren und Bücher K.'s heute gerade in Brasilien äußerst großer Beliebtheit erfreuen. Dort entstand ein regelrechter Kult, der „Kardecismo", der eine sehr große Anhängerschaft hat.

**Kardinale Zeichen** In der → Astrologie die → Tierkreiszeichen Widder, Krebs, Waage und Steinbock. Es sind die Zeichen, mit denen die vier Jahreszeiten beginnen.

**Kardinaltugenden** Tugenden, die in der jeweiligen Kultur die wichtigsten sind. Sie unterscheiden sich je nach Zeit, Gesellschaft und Religion. Die christlichen Kardinaltugenden sind der Glaube, die Liebe, die Hoffnung.

**Karezza** Sexualpraktik, die von Thomas Lake Harris (1823–1906) nach tantrischen Yogapraktiken (→ Tantra) entwickelt wurde und bei der es trotz ausgeprägter sexueller Stimulation nicht zum Samenerguß kommen darf. Der Samen und die damit verbundene Energie sollen im Körper „umgeleitet" werden und so übersinnliche Kräfte erzeugen, die sich dann für Magie o. ä. nutzen lassen.

**Karma** In der Philosophie und Religion Chinas und Indiens der Name für die Vorstellung, daß jedes Handeln eine Wirkung hat. K. leitet sich von einem Wort der indischen Sprache Sanṣkrit ab und heißt „Werk". In weltlicher Hinsicht bedeutet es, daß alle Handlungen eines Menschen in der Vergangenheit unausweichlich seine Zukunft bestimmen. Auch bei seinem Tod geht die Wirkung seiner Taten nicht verloren, sondern bestimmt das weitere Schicksal der Seele mit. Daraus darf man allerdings nicht schließen, daß ein Mensch, der im Elend geboren wird, wegen schlechter Taten in einem vorherigen Leben selbst an seiner Lage schuld wäre. Weit öfter sind es hohe Seelen, die sich entschlossen haben, das Elend der Welt auf sich zu nehmen, um an seiner Überwindung zu arbeiten. Deshalb verdienen sie Achtung und Unterstützung.

K. ist sicherlich einer der wichtigsten, wenn nicht der wichtigste Begriff fast aller Religionen des indischen Subkontinents. Im Laufe der Jahrtausende hat sich seine Bedeutung gewandelt, er hat aber immer noch etwas mit dem Ursprungswort für „Arbeit" und „Werk" zu tun. Etwas eingeschränkter ist nun jedoch ausschließlich die „religiöse und rituelle Arbeit" gemeint. In der Frühzeit meinte man im → Hinduismus mit K. einfach das Opfer, das den Göttern dargebracht wurde. Im Laufe der Zeit bekam dieses Wort, vor allem im Buddhismus, zunehmend eine moralische Bedeutung. Man bezeichnete damit die Handlungen eines Menschen, gute wie schlechte, und die Auswirkungen, die sie auf sein gegenwärtiges und zukünftiges Leben haben. Der Begriff K. wurde unauflöslich mit der Idee der Wiedergeburt verknüpft sowie mit der Vorstellung, daß man im jetzigen Leben das sät, was man im zukünftigen Leben erntet. Das Gesetz des K. ist dafür verantwortlich, daß der Mensch wiedergeboren wird. Weder im Hinduismus noch im Buddhismus gibt es die Ausdrücke „gutes K." oder „schlechtes K.". Dies ist eine Erfindung der westlichen Esoteriker. Gedacht ist das K. vielmehr als neutraler Begriff, als eine Art Naturgesetz (viele Hindus und Buddhisten sehen es auch als ein solches), und Naturgesetze haben keine moralischen Qualitäten. Die Aufgabe des Menschen ist es demnach nicht, „gutes K." zu sammeln und „böses K." zu meiden, sondern gar kein K. „anzusammeln", um so aus dem Zyklus der Wiedergeburten auszubrechen. Neuere indische Philosophen und Autoritäten der hinduistischen und buddhistischen Religion deuten K. auch oft folgendermaßen: Für sie stellt es die Fähigkeit des Menschen dar, Eigenverantwortung für sein Leben und seine Taten zu übernehmen. Das Ziel soll es deshalb sein, keine Verantwortung mehr auf Gott oder Teufel abzuwälzen, sondern sein eigenes Schicksal zu beherrschen und zu lenken.

**Karma-Yoga** bezeichnet das Handeln eines Menschen, das frei von jeder Absicht ist. Der Mensch tut etwas, ohne Belohnung in diesem oder einem nächsten Leben zu erwarten, er handelt einfach seiner wahren, inneren Natur nach. K.-Y. ist der Weg, der den Menschen aus dem Zyklus der Wiedergeburten befreit.

**Karpokratiker** Name einer gnostischen Sekte (→ Gnosis), die von Karpokrates im 2. Jahrhundert gegründet wurde. Alles, was man über die K. weiß, stammt aus der Schrift „Entlarvung und Widerlegung der falschen Gnosis" des Kirchenlehrers Irenaeus (140–202). Laut Irenaeus haben die K. gelehrt, daß der Mensch sündigen soll. Dadurch würde er von seinem irdischen Leben erlöst.

**Kartenlegen** bezeichnet ein Verfahren, mit dem man durch das Auslegen von Karten (Spielkarten, → Tarot etc.) etwas über die Zukunft erfahren kann. Es gibt unzählige Systeme, nach denen die Karten gelegt werden. Nachfolgend zwei Beispiele für Legesysteme:

I. Das Kreuz

| | | |
|---|---|---|
| | 3 | |
| 1 | | 2 |
| | 4 | |

Die erste Karte (1) gibt an, worum es geht; die zweite Karte (2) sagt, was man nicht tun soll; die dritte Karte (3) gibt an, was man tun soll, und die vierte Karte (4) zeigt an, wohin es führt, wenn man den Rat der dritten Karte befolgt.

II. Die Beziehung

| | | |
|---|---|---|
| 7 | | 2 |
| 6 | 1 | 3 |
| 5 | | 4 |

1 ist der Signifikator, die Karte, die das Thema zeigt, das für die Beziehung bestimmend ist; 7 und 2 zeigen, was jeder der Partner denkt und wie er/sie die Beziehung einschätzt; 6 und 3 zeigen, was jeder in der Beziehung fühlt, wünscht und denkt; 5 und 4 geben Hinweise auf die nach außen gerichtete Haltung eines Partners, unabhängig von Gedanken und Gefühlen.

**Kartomantie** → Kartenlegen.

**Kaste** Einteilung, nach der die indisch-hinduistische Gesellschaft gegliedert ist. Das Kastensystem ist ein Teil der hinduistischen Religion. Es gibt vier K.: Brahmanen (Priester), Kashatriyas (Krieger), Vaishyas (Händler etc. und Grundbesitzer), Shudras (Sklaven und Arbeiter). Die Parias gehören keiner K. an. Die Mitglieder der ersten drei K. sind nach der hinduistischen Lehre wiedergeboren worden, die anderen nicht. Obwohl der große indische Staatsmann Mahatma Gandhi das Kastensystem offiziell abgeschafft hat, besteht es trotzdem in Indien noch weiter.

**Katharer,** griechisch für „die Reinen". Unter dem Namen K. faßt man verschiedene christliche Sekten, so z. B. → Albigenser, → Bogumilen oder Waldenser zusammen. Sie lebten etwa vom 10. bis zum 15. Jahrhundert, vor allem im Süden Frankreichs. Das Katharertum vertrat einen strengen → Dualismus. Die materielle Welt wird in ihm als negativ gesehen, Erlösung könne nur dadurch erfolgen, daß sich die Seele vom Körper befreie. Die K. war gegen Ehe und Sex und ernährten sich rein vegetarisch. Sie verabscheuten einen Großteil der christlichen Lehren und fast alle Sakramente, da sie zu sehr an die materielle Welt gebunden seien. Sie selbst hatten nur ein einziges Sakrament, das Consolamentum (die Taufe der Seele). Nur die Vollkommenen ihrer Gemeinschaft (Perfecti) erhielten dies. Danach mußten sie ihr weiteres Leben nach einem strengen Sitten- und Moralkodex ausrichten. Die Mehrheit waren die Gläubigen (Credentes), deren Moralvorschriften weniger streng waren. Die katholische Kirche verurteilte die K. schließlich als Ketzer und ließ sie gnadenlos und blutig verfolgen.

**Kelche** Eine der vier Farben im → Tarot. Die Kelche sind dem → Wasser zugeordnet. Sie sind wie die → Scheiben weiblich.

**Kelley, Edward** (1555–1595), Assistent John → Dees, bei dessen Arbeit mit dem henochischen System (→ Henochisch) der Magie. Zudem war K. auch Alchemist (→ Alchemie). Einigen Quellen nach war K. ein Verbrecher, der mehrere Jahre im Gefängnis gewesen sein soll. Die Quellen berichten nämlich davon, daß ihm ein Ohr gefehlt habe, und so wurden zu damaliger Zeit Diebe etc. gekennzeichnet.

**Kelten** Name für ursprünglich in Süd- und Westdeutschland wohnende indogermanische Stämme. Im Laufe von rund 500 Jahren besiedelten und eroberten sie ein Gebiet, das sich von Irland im Westen bis in die Türkei im Osten ausdehnte. Die von Norden kommenden Germanen und die von Süden voranrückenden Römer vernichteten ihr Reich letztendlich. Die meisten schriftlichen Dokumente über die Kultur und Religion der K. stammen aus Irland, wo sie im 12. Jahrhundert unter christlicher Aufsicht niedergeschrieben wurden. Die keltische Gesellschaft war in drei Gruppen unterteilt: der König, die Krieger und die Viehzüchter. Die religiöse Hierarchie war ebenfalls dreigeteilt (→ Drei). Es gab die → Druiden, die die Priester und Verwalter waren, die Vatis oder Filidh, die das Amt des Zauberers und Wahrsagers innehatten, und die Barden, die für die mündliche Überlieferung der Literatur und Poesie zuständig waren. Es ist sehr schwer, Aussagen über die keltischen Götter und Göttinnen zu machen, da es einige Hunderte von ihnen gab, wovon die meisten aber nur lokale Bedeutung hatten. Während der Zeit der Römer wurden viele keltische Gottheiten mit den römischen gleichgesetzt, z. B. Lug mit Merkur. Die meisten Informationen über die keltische Religion und Mythologie findet man in zwei irischen Texten, im Leabhar Gahbala (Buch der Invasionen) und im Dinnshenchas (Geschichte der heiligen Orte). Die bekanntesten keltischen Götter sind der Gott des Himmels Tanaros, der Gott des Krieges Esus, der Staatsgott Teutates, der Gott des Lichtes Belenos, Lug, der Gott der Magie, und Epona, die Göttin der Pferde. Bekannte Gestalten der europäischen Mythologie und Folklore wie Elfen, Feen und Zwerge haben auch ihren Ursprung bei den K. Ausgrabungen haben den Nachweis erbracht, daß die K. noch bis in die Zeit der Römer ihren Göttern Menschenopfer darbrachten. Die keltischen Bewohner des heutigen Frankreich wurden auch Gallier genannt.

**Keltisches Kreuz** Eins der bekanntesten Systeme, nach denen Tarotkarten ausgelegt werden können (→ Kartenlegen, → Tarot). Bei diesem Legesystem wird zuerst ein „Signifikator" ausgewählt, der den/die Fragesteller/in darstellt. Hierbei nimmt man z. B. eine Karte aus dem Tarotspiel, die dem Sternzeichen des/der Betreffenden entspricht. Das Auswählen des Signifikators erfordert Erfahrung, Geschick und Intuition.

Die erste Karte (1), die dann gezogen wird, legt man über den Signifikator. Sie gibt Auskunft über den Haupteinfluß, der im Augenblick vorherrschend ist, oder eine Person, die im Augenblick sehr wichtig für den/die Fragesteller/in ist.
Die zweite Karte (2) wird nun horizontal über die erste gelegt. Sie steht für die im Augenblick wirkenden Hindernisse; falls dies eine sehr gute Karte ist, stellt sie einen fördernden Einfluß dar.

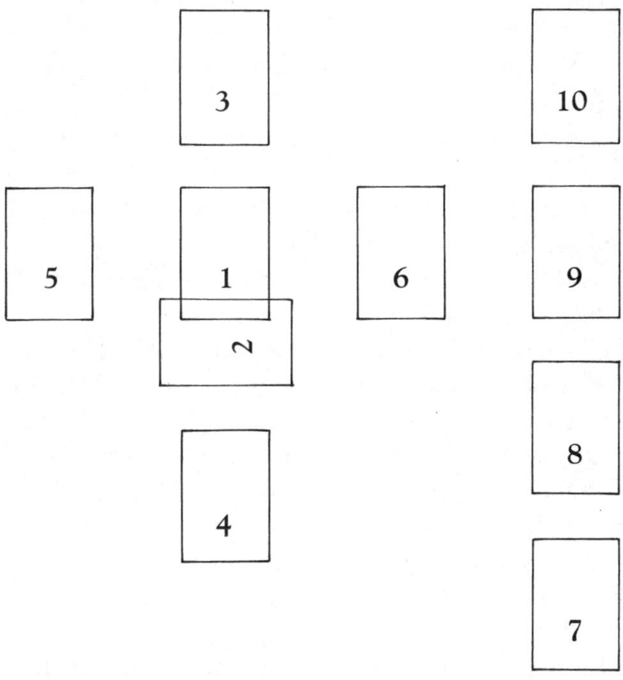


**Das Tarot-Legesystem Keltisches Kreuz**

Die dritte Karte (3) wird oberhalb des Signifikators gelegt. Sie zeigt an, was im Augenblick möglich ist, was die Wunsch- oder Idealvorstellung des/der Fragestellers/in bzw. des Gegenstandes der Kartenbefragung ist. Die vierte Karte (4) wird unterhalb des Signifikators gelegt. Sie weist auf den Bereich des Unbewußten hin und deutet an, auf welchem Gebiet und mit welchem Problem man sich bewußt auseinandersetzen muß. Die fünfte Karte (5) wird links vom Signifikator ausgelegt. Sie gibt Auskunft darüber, was in der Vergangenheit geschehen ist und wie es eventuell zu dem Problem gekommen ist. Die sechste Karte (6) wird rechts vom Signifikator gelegt. Sie informiert über das, was in der Zukunft geschehen wird, wohin sich der/die Fragesteller/in und das Problem entwickeln werden. Mit der sechsten Karte ist das Bilden des Kreuzes abgeschlossen. Die Karten 7, 8, 9 und 10 werden nun nacheinander von unten nach oben in einer Reihe rechts neben dem Signifikator ausgelegt. Die siebte Karte (7) zeigt an, wie die Haltung und die Einstellung gegenüber der Fragestellung ist; sie ist also eine Ergänzung zu den Karten (1) und (2). Die achte Karte (8) bezeichnet den Einfluß, den das soziale Umfeld (Familie, Freunde etc.) und die Lebenssituation im allgemeinen auf den/die Fragesteller/in haben. Die neunte Karte (9) gibt Auskunft über die Hoffnungen und Befürchtungen. Die zehnte Karte (10) weist auf die Zukunft hin, auf das, was geschehen wird, ist also eine Ergänzung zu (6). Die Deutung bezieht sich nun auf einen wesentlich längeren Zeitraum und kann auch einen Endpunkt angeben, auf den sich der Gegenstand der Befragung hin entwickelt.

**Kether** → Kabbalah.

**Ketzerei** Lehre, die einer geltenden, von der Mehrheit vertretenen Doktrin widerspricht oder deutliche Unterschiede zu ihr aufweist. Als Ketzer hat man z. B. die → Katharer bezeichnet. Das Wort Ketzer leitet sich auch von ihrem Namen her.

**Khepera** (auch Kephrah) ist nach der altägyptischen Religion

**Der Mistkäfer (Skarabäus), Symbol des ägyptischen Sonnengottes**

ein Aspekt oder eine Form des Sonnengottes. K., der die Gestalt eines Skarabäus (Mistkäfer) hat, kommt mit der Sonne an die Oberfläche, wo er sich dann Nut, der Göttin des Himmels, übergibt.

**Khunrath, Heinrich**
(1555–1601), berühmter deutscher Alchemist (→ Alchemie). Sein bekanntestes Buch ist das „Amphitheatrum Sapientiae Aeternae" (Amphitheater der ewigen Weisheit), 1609 posthum erschienen.

**Kilner, Dr. Walter J.**
(1847–1920), Mediziner. Die menschliche → Aura interessierte K. besonders, deshalb konstruierte er den Kilner-Schirm, mit dessen Hilfe sie angeblich sichtbar werden sollte. Der Schirm, durch den die Testpersonen betrachtet werden sollten, bestand aus zwei Scheiben Glas, zwischen denen sich in Alkohol gelöstes Dicyamid-Blau befand.

**Kirche des Satans** Berüchtigte Organisation des → Satanismus, die in der Walpurgisnacht (1. 5.) 1966 von dem ehemaligen Raubtierdompteur und Polizeifotografen Anton La Vey in San Francisco gegründet wurde. Einzelne Gruppen der Kirche nennen sich Grottos. Im ganzen gibt es fünf Grade: 1. Grad Lehrling/Satanist, 2. Grad Zauberer oder Hexe, 3. Grad Hexenmeister oder Hexenmeisterin, 4. Grad (böser) Zauberer oder (böse) Zauberin, 5. Grad Magus. Hauptgegenstand der Kirche sind Rituale (z. B. die → Schwarze Messe), die aber vornehmlich dazu dienen, freie und zügellose Sexualität auszuleben. In dem Spielfilm „Rosemary's Baby" (1968) von Roman Polanski spielte La Vey den Teufel. Die amerikanische Schauspielerin Jayne Mansfield war mehrere Jahre Mitglied der Kirche des Satans. 1974 spaltete sich der

→ Tempel des Set von der Kirche ab.

**Kircher, Athanasius** (1601–1680), Mitglied des Jesuitenordens und Professor für Mathematik an der Universität Rom. K. betrieb archäologische Studien, schrieb Arbeiten über Musiktheorie und erfand die Laterna Magica (einen frühen Projektionsapparat für Bilder). Er versuchte auch, die ägyptischen Buchstaben (Hieroglyphen) zu entziffern. Außerdem beschäftigte sich K. mit → Alchemie und → Magie und war ein Schüler des Cornelius → Agrippa.

**Kirlian-Fotografie** Technik, mit der es angeblich möglich sein soll, die → Aura eines Menschen sichtbar zu machen. Seit Ende des 18. Jahrhunderts kennt man bereits die Technik der Elektrofotografie; in den vierziger Jahren wurde sie vom russischen Elektroingenieur Semjon Kirlian erheblich weiter verbessert. Bei der K.-F. wird ein Gegenstand, der fotografiert werden soll, direkt auf einen unbelichteten Film gelegt. Dieser Film liegt auf einer Elektrode, die mit einer dünnen Schicht eines nicht leitenden Materials (Glas oder Kunststoff) überzogen ist. Wenn nun die Elektrode unter Spannung gesetzt wird, gibt es eine Entladung zwischen der Elektrode und dem Gegenstand. Diese Entladung ist für das Auge nicht wahrnehmbar, kann aber auf dem Film aufgezeichnet werden. Auf dem Foto sieht es dann so aus, als ob der Gegenstand von einer Aura umgeben wäre. Wenn man die K.-F. mit lebenden Objekten durchführt, ist diese „Aura" besonders hell und strahlend. Deswegen vertreten einige Forscher auf dem Gebiet der Parapsychologie die Ansicht, daß man mit Hilfe der K.-F. übersinnliche Energien sichtbar machen könnte, obwohl die fotografierte „Aura" in Wirklichkeit mit der Feuchtigkeit zusammenhängt, welche die Entladung verstärkt. K.-F. muß also als ein physikalisches Phänomen angesehen werden, das keine okkulte oder übersinnliche Ursache hat. Trotzdem wollen noch eine Reihe sogenannter alternativer Heiler mit Hilfe der K.-F. alle möglichen Krankheiten, bis hin zum Krebs, diagnostizieren.

Literaturhinweis: „Image Modulation in Corona Discharge Photography, Science, Oktober 1976.

**Knigge, Adolf Franz Friedrich Ludwig Freiherr von** (1752–1796) Zu seiner Zeit ein vielgelesener Autor. 1780 wurde er in den → Illuminatenorden eingeweiht, an dessen Struktur und Aufbau er einen sehr großen Anteil hatte. Vom Jahre 1784 an wollte er mit all diesen Aktivitäten nichts mehr zu tun haben. Berühmt wurde K. vor allem durch sein Benimmbuch „Über den Umgang mit Menschen".

**Knorr von Rosenroth, Christian** (1636–1689), deutscher Freiherr, der sehr früh ein Interesse für jüdische Mystik entwickelte. Mit Hilfe eines jüdischen Rabbis übersetzte er Teile der kabbalistischen Schrift „Sohar" (→ Kabbalah) ins Lateinische, die dann 1677 unter dem Titel „Kabbala Denudata" (enthüllte/geoffenbarte Kabbala) erschienen. Auf diese Art und Weise wurden diese Texte einem größeren, nichtjüdischen Publikum bekannt.

**Koan** Begriff aus dem japanischen Zen-Buddhismus (übersetzt bedeutet er „eine öffentliche Angelegenheit"). Der Schüler erhält von seinem Lehrer einen K., über den er meditieren muß. Da der K. – eine Art widersprüchlicher Geschichte oder Frage – vom Standpunkt der Logik weder zu verstehen noch zu deuten ist, soll er dem Schüler dabei helfen, seinen Verstand und seine Rationalität zu überwinden, um so zur Erleuchtung (Satori) zu kommen. In der Zen-Literatur kennt man weit über 1 700 K.s.

**Königliche Kunst** Andere Bezeichnung für → Freimaurerei.

**Kollektives Unbewußtes** → Jung, C. G.

**Konfuzianismus** Lehre des → Konfuzius, nach der die Familie die Grundlage der Gesellschaft und des Staates ist. Der K. war von 206 v. Chr. bis 1912 Staatsdoktrin und beeinflußt die Gesellschaften Asiens noch heute. Konfuzius verstand seine Lehre als praktisch moralische Philosophie, die vor allem die Verankerung des einzelnen, der Familie und des Staates in der Moral und damit der Menschlichkeit zum Anliegen hat. Der wichtigste Begriff aus seiner Philosophie ist das chinesische Wort Li. Erfahrene Kenner der chinesischen Sprache sagen, daß eine Übersetzung dieses Wortes eigentlich nicht möglich ist. Jede Übersetzung ist daher nur eine Annäherung. Die gängigen Übersetzungen sind Tugend und Sittlichkeit. Für Konfuzius gibt es fünf Tugenden: Sittlichkeit, Weisheit, gegenseitige Liebe, Rechtschaffenheit, Ehrfurcht. Sehr wichtig war es ihm außerdem, die jahrtausendealten chinesischen Traditionen zu wahren und die drei „unumstößlichen Beziehungen" aufrechtzuerhalten: Die Unterordnung des Volkes unter den Staat, des Sohnes unter den Vater, der Frau unter den Mann.

**Konfuzius** ist die lateinische Form der chinesischen Worte „Kung Tse" oder „Kung Tzu", die im Deutschen „Meister Kung" bedeuten. K. kam aus dem Kleinadel und lebte in China von 552 bis 479 v. Chr., es gibt auch andere Lebensdaten, die sich jeweils um einige Jahre unterscheiden. Er gilt als einer der bedeutendsten Philosophen Chinas. Die von ihm geschaffene Lehre ist der → Konfuzianismus. K. hatte hohe Ämter in Staat und Verwaltung inne, gab diese aber auf und wurde zu einer Art Wanderphilosoph.

**Konjunktion** Wichtiger astrologischer → Aspekt. In K. stehen → Planeten, wenn sie nur wenige Grade voneinander entfernt sind.

**Kontemplation** Innenschau, innere Selbstbetrachtung. K. wird heute oft mit dem Begriff → Meditation gleichgesetzt.

**Kopten** Seit dem 16. Jahrhundert Bezeichnung für ägyptische Christen. Die K. entwickelten eine eigene Kultur und Sprache. Viele wichtige Dokumente, die Informationen über die altägyptischen und frühchristlichen Kulturen und Religionen enthalten, kennt man erst aus ihren koptischen Übersetzungen. In Koptisch sind auch viele der frühen Texte über → Alchemie abgefaßt.

**Koran** Name des heiligen Buchs des → Islam. Das Wort leitet sich von dem arabischen Wort für Lesung ab. Mohammed, der Gründer des Islam, soll den K. direkt durch den Erzengel Gabriel diktiert bekommen haben. Gegliedert ist er in 114 Kapitel (Suren). Er enthält die grundlegenden Lehren und Anweisungen, die für einen gläubigen Moslem bindend sind.

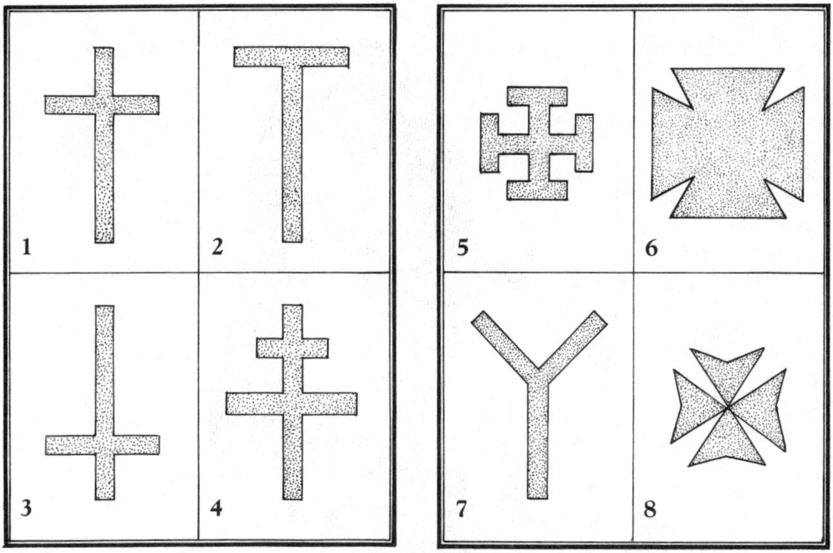


**Kreuzformen: Römisches Kreuz (1), Galgenkreuz (2), St. Peterskreuz (3), Lothringer Kreuz (4), Teutonisches Kreuz (5), Templer Kreuz (6), Ypsilon Kreuz (7), Malteser Kreuz (8)**

**Kosmobiologie** Astrologische Schule, die sich mit den Auswirkungen der → Planeten, vor allem des → Mondes auf Pflanzen, Tiere und den menschlichen Körper beschäftigt. Sie berechnet z. B. günstige Aussaatzeiten für den Landwirt. Der biologisch-dynamische Landbau richtet seine Arbeitsweise nach solchen Berechnungen.

**Kosmogonie,** griechisch, bezeichnet die Schöpfung der Welt und die herrschenden Gesetze.

**Kreuz** Eines der ältesten Symbole der Menschheit, das man schon auf steinzeitlichen Bildern sieht. Seit etwa dem 5. Jahrhundert n. Chr. ist das K. das Symbol des Christentums und ersetzt in dieser Funktion den Fisch (→ Ischtys).

**Krishna** Der populärste Gott des → Hinduismus. Man sieht ihn oft in Begleitung seiner blauhäutigen Gefährtinnen. Er ist die Hauptperson vieler Sagen und Legenden. Im → Bhagavad-

**Krishna, hinduistischer Gott**

gita wird er als eine Wiedergeburt → Vishnus geschildert, der mit dem Kriegshelden Arjuna, seinem Freund und Schüler, lange Gespräche auf dem Schlachtfeld Kurukshetra führt. Er lehrt ihn, daß Gottesverehrung (Bhakti) der wichtigste der drei Wege zur Befreiung aus der Kette der Wiedergeburt ist. Wissen und Handeln, ohne an dem Handeln zu haften, sind die anderen zwei.

**Krishnamurti, Jiddu**
(1895–1986), Pseudonym des Inders Juddu Nariahna. K. war ein indischer Mystiker und Philosoph mit vielen Anhängern in Europa und den USA. Sein Vater war der Schreiber der damaligen Vorsitzenden der Theosophischen Gesellschaft (→ Theosophie) Annie → Besant. Besant und Charles Leadbeater, der damals auch eine leitende Funktion in der Theosophischen Gesellschaft hatte, erklärten im Jahre 1910, daß K., so nannten sie den vierzehnjährigen Jungen, eine Wiedergeburt Maitreyas, eine Art Buddha, der neue Lehrer der Welt, schlicht ein neuer Messias sei. Damit die Person und der Plan, den sie damit beabsichtigten, bekannt wurde, gründeten sie den „Orden des Sterns im Osten". Viele Mitglieder der Theosophischen Gesellschaft akzeptierten das nicht und traten aus, unter ihnen war fast die gesamte deutsche Sektion unter der Leitung Rudolf → Steiners. Dies war somit der Anfang der Anthroposophischen Gesellschaft (→ Anthroposophie). 1929 löste K. den Orden auf und brach mit der Theosophischen Gesellschaft. Er begann, Vorträge zu halten und Bücher zu schreiben. So wurde er zu einem allseits geachteten Philosophen, der dem Westen die indische Philosophie des → Yoga und seine eigenen Ideen vermittelte. Er gründete die Krishnamurti Foundation, die in Ojai, Kalifornien beheimatet ist. Eine kleine Auswahl seiner vielen Bücher: Leben (1977), Einbruch in die Freiheit (1973), Gespräche über das Sein (1977).

**Kristallkugel,** ca. fünf bis zehn Zentimeter große Kugel aus Glas oder Bergkristall. Sie wird von einem Medium benutzt, das in ihr Visionen und Erkenntnisse über zukünftige Dinge sieht. K.n werden auch dazu benutzt, die Konzentrations- und Visualisationsfähigkeit zu unterstützen.

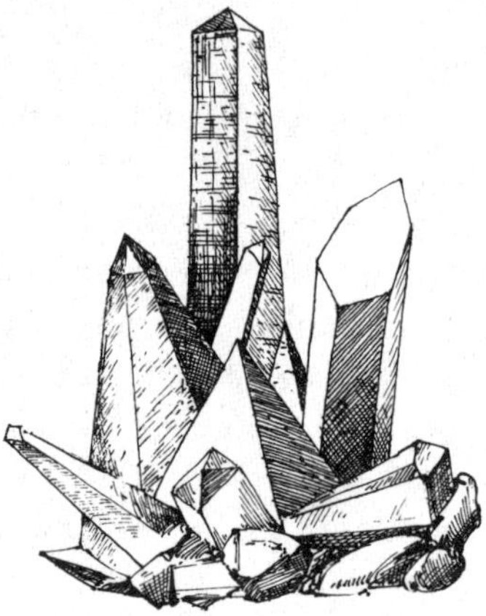

**Bergkristall**

**Kronos** In der griechischen Mythologie der jüngste der zwölf Söhne von Himmel (Uranos) und Erde (Gaia). Diese Söhne sind auch unter dem Namen Titanen bekannt. K. tötete seinen Vater und heiratete seine Schwester Rhea. Immer wenn Rhea ihm ein Kind gebar, fraß er dies. Nur als das sechste Kind, Zeus, geboren wurde, gab ihm Rhea einen in Windeln gewickelten Stein, den er dann fraß. Zeus wurde in aller Heimlichkeit aufgezogen. Als er erwachsen war, kehrte er zu seinem Vater zurück und zwang ihn dazu, alle seine Kinder wieder auszuspucken. Unter Führung des Zeus vereinigten sich die Geschwister zum zehnjährigen Kampf gegen die von K. geführten Titanen. Die Kinder des K. siegten und schickten ihren Vater ins Exil. Später verschmolz K. mit dem römischen Gott Saturn, der anfänglich ein Gott des Ackerbaus war.

**Kuh** Heiliges Tier der ägyptischen Göttin → Hathor. Die griechische Göttin → Athene wurde auch häufig „die Kuhäugige" genannt, ein Hinweis darauf, daß ihr das Tier ebenfalls geweiht war. Rudolf → Steiner, der Gründer der Anthroposophischen Gesellschaft (→ Anthroposophie), behauptete, daß die K. eine ganz besondere → Aura habe, die darauf hindeute, daß sie eine wichtige Funktion für das Gleichgewicht in der Natur habe.

**Kult,** lateinisch für „Pflege, Bearbeitung, Anbau, Bildung, Erziehung und Verehrung". K. bezeichnet die Verehrung von Göttern durch ein von mehreren Menschen ausgeübtes Ritual, sei es nun eine Andacht, ein Tanz, ein gemeinsames Mahl oder eine Opferhandlung.

**Kundalini,** Sanskritwort für „Schlange". Im esoterischen Zusammenhang bezeichnet es die geistige, seelische und auch kosmische Energie, die im Muladhara → Chakra ruht. Es gibt verschiedene Techniken, um diese Art von „Schlange“ zu wecken, damit sie sich die Wirbelsäule hinaufwindet.

**Kybele** Name der großen Muttergottheit, die in Kleinasien als Fruchtbarkeitsgöttin verehrt wurde. Sie hatte einen jungen Geliebten namens Attis, der sich vor seinem Tod aus Liebe zu ihr kastrierte. Der Kult der K. wird als sehr rauschhaft geschildert und das Zufügen von körperlichen Schmerzen hat bei ihm eine große Rolle gespielt. Die Verehrung der Göttin war in Rom sehr beliebt und hatte ihren Höhepunkt im vierten nachchristlichen Jahrhundert. Das Frühlingsfest, das ihr und Attis zu Ehren in Rom gefeiert wurde, war eine rauschende Feier, die die Wiederauferstehung des Attis zum Thema hatte.

# L

**Labyrinth** Irrgarten, der schon in steinzeitlichen Höhlenmalereien dargestellt wurde. Nach der griechischen Sage ging Theseus in ein L. unter dem Palast des Königs von Kreta, um den Minotaurus zu töten, ein Wesen mit Stierkopf und menschlichem Körper. Ariadne, Tochter des Königs Minos und Schwester des Minotaurus, gab Theseus ein Wollknäuel, mit dessen Hilfe er den Rückweg aus dem L. fand. Zum einen steht das L. für die erschaffene Welt, in der sich der Geist verlaufen hat. Der Weg heraus steht für den Weg der Erkenntnis. Es hat aber auch eine esoterische Bedeutung: Nachdem der Mann (Theseus) das Ungeheuer, die gewalttätigen Begierden, besiegt hat, kann er sich mit Hilfe der Frau (durch Ariadnes roten Faden) aus seiner Unwissenheit befreien. Das erinnert an Vorstellungen der → Tantra, nach denen Sexualität göttlich und ihre bewußte Anwendung ein Weg zur Erkenntnis ist.

**Labyrinth**

**Lama** (tibetisch „der Obere"), Bezeichnung der Mönche tibetisch-buddhistischer Orden. In den Anfangszeiten des Buddhismus (→ Buddha) war L. ein Titel, der den Äbten und Lehrern der Mönche zustand. Das weltliche und politische Oberhaupt der tibetischen Buddhisten ist der „Dalai Lama" (eine annähernde Übersetzung ins Deutsche lautet „Ozean der Weisheit"). Nach der Annektion Tibets durch die Volksrepublik China residiert der

Dalai Lama im indischen Exil in Ladakh.

**Lanz von Liebenfels, Adolf Josef** (1874–1954), war zuerst Mitglied des Mönchordens der Zisterzienser, trat aber aus und gründete den „Ordo Novis Templi" (Orden des Neuen Tempels). Dieser Orden war sehr völkisch und antisemitisch gesinnt und unterstützte schon recht früh die Nationalsozialistische Bewegung Hitlers. L. war sicherlich einer der ideologischen Köpfe der nationalsozialistischen Esoterik.

**Lao Tse,** auch unter den Schreibweisen Lao Tzu, Laozi etc. Nach den heute geltenden Regeln für das Übertragen chinesischer Namen in das Deutsche ist am ehesten Laozi die richtige Schreibweise. L. T. ist einer der wichtigsten Weisheitslehrer und Philosophen Chinas. Seine genaue Lebenszeit ist ungewiß, er lebte im 6. Jahrhundert v. Chr. und war ein Zeitgenosse des Konfuzius. Über die Person des L. T. ist auch nicht viel bekannt, so daß manche Sinologen (Chinakundler) annehmen, daß es eine reale Person namens L. T. nie gegeben hat und daß das berühmte Buch „Tao Te King" (richtige neuere Schreibweise ist Daodejing) – das Buch vom Tao und vom Te – nicht von ihm stammt, sondern eine Sammlung chinesischer Weisheitssprüche ist, die unter diesem Namen veröffentlicht wurden. L. T., was übersetzt „Alter Meister" heißen soll und somit ein Ehrentitel und kein Familienname ist, war – wenn es ihn gegeben hat – wahrscheinlich Archivar am Hofe der Chou in China. Nach dem Niedergang dieser Familie verließ er deren Hof und zog nach Westen in das Land Ch'in. Dabei mußte er einen hohen Gebirgspaß überschreiten. Auf Bitte des Paßwächters schrieb er dort das „Tao Te King", ein Buch, welches im Chinesischen mehr als fünftausend Worte umfaßt und in zwei Teile unterteilt ist. Nachdem er dies abgeschlossen hatte, begab er sich in das Land Ch'in, wo sich seine Spur verliert. Im „Tao Te King" werden die Grundlagen der Philosophie und der späteren Religion des → Taoismus ausführlich dargelegt.

**Lapis Philosophorum,** lateinisch für „Stein der Philosophen". Der Begriff stammt aus der → Alchemie und bezeichnet den Übergang von Niederem (Materie, Selbst) zu den höheren Aspekten des Gegenstandes.

**Lavater, Johann Kaspar** (1741–1801), schweizerischer Pfarrer und Schriftsteller. Bekannt wurde er durch sein Buch „Physiognomische Fragmente zur Menschenkenntnis und Menschenliebe" (1778). In diesem Buch versucht L. nachzuweisen, daß vom Aussehen eines Menschen, vor allem von der Form seines Gesichts, Rückschlüsse auf dessen Wesen und Charakter zu ziehen sei (Physiognomik). Auf seine Zeitgenossen hatte dieses Buch, an dem auch Johann Wolfgang von Goethe mitarbeitete, einen sehr großen Einfluß.

**Laya** Ausdruck aus dem indischen Sanskrit, der übersetzt „Auflösung" bedeutet. Hiermit wird der Punkt bezeichnet, an dem sich der geoffenbarte Teil des Universums mit dem nichtgeoffenbarten Teil trifft. An diesem Ort herrscht absolutes Gleichgewicht und vollkommene Ruhe.

**Leadbeater, Charles Webster** (1847–1934), war zuerst Priester der Anglikanischen Kirche in England, verließ diese aber später und schloß sich der Theosophischen Gesellschaft (→ Theosophie) an, die er dann später gemeinsam mit Annie → Besant leitete. L. war auch einer der Hauptinitiatoren der Vorgänge um → Krishnamurti. In einigen seiner Bücher behauptet L. u. a., daß Jesus und Christus nicht ein und dieselbe Person waren, sondern zwei völlig getrennte Menschen. Das berühmteste Buch L.'s ist seine Abhandlung über die → Chakra. L. mußte sich mehrmals gegen den Vorwurf des sexuellen Kindesmißbrauchs und der Homosexualität zur Wehr setzen. Auch die Art und Weise, wie er Krishnamurti erzog, gab teilweise Anlaß zu diesem Verdacht.

**Leary, Timothy** (1920–1996), amerikanischer Psychologe. Bekannt wurde L. durch die Experimente, die er mit halluzinogenen Drogen, vor allem → LSD, in den sechziger Jahren unternahm. Dies brachte L. in Konflikt mit der amerikanischen Gesellschaft und den Gesetzen gegen Drogenmißbrauch. Er wurde wegen Drogenbesitz zu zehn Jahren Gefängnis verurteilt, floh aber aus dem Zuchthaus und hielt sich dann mehrere Jahre in Algier und der Schweiz auf. In den achtziger Jahren wurde er begnadigt und konnte in die USA zurückkehren. L. vertrat die Ansicht, daß die Erfahrungen, die man unter dem Einfluß von LSD mache, die gleichen seien, die religiöse Mystiker zu allen Zeiten gemacht hätten. Folglich gab er dem LSD den Rang eines Sakraments, das zu Bewußtseinsveränderung führe. In den letzten Jahren seines Lebens beschäftigte sich L. kaum noch mit Drogen, sondern mit der von ihm geschaffenen Exopsychologie und mit der Möglichkeit, Bewußtseinsveränderungen mit Hilfe von Computern zu erzeugen.

**Lebensbaum** → Kabbalah

**Lebenselixier** In der → Alchemie bezeichnet man damit einen Teil des → Steins der Weisen oder eine Substanz, die zu seiner Herstellung notwendig ist. Das L. soll ewiges Leben ermöglichen oder den Menschen nach Einnahme des Elixiers wenigstens verjüngen.

**Leberschau** Eine Wahrsagemethode, die bei vielen Völkern und Kulturen eine sehr große Rolle spielte. Die Leber eines geopferten Tieres wurde von einem hierfür ausgebildeten Priester herausgenommen. Nach der Form und dem Aussehen des Organs wurden dann Prognosen für die Zukunft gestellt.

**Lectorium Rosicrucianum,** lateinisch, bedeutet ungefähr so viel wie „Rosenkreutzerische Vorlesungen" (→ Rosenkreutzer). Gegründet wurde diese Organisation von dem 1968 verstorbenen Niederländer H. Heene, der aber vor allem unter seinem Pseudonym Jan van Rijkenborgh bekannt wurde. Anfang der fünfziger Jahre traten niederländische Mitglieder der von Max → Heindel gegründeten Rosenkreutzergemeinschaft aus dieser aus und unterstützten Rijkenborgh bei der Neugründung des L. R. Die Lehren der neuen Organisation stammen ausschließlich von Rijkenborgh. Mitglieder des L. R. müssen sich danach einer strengen Disziplin unterwerfen, sie dürfen weder Kaffee oder Tee noch Alkohol trinken. Auch Tabak, Fernsehen und Radio sind verboten, und als Lektüre sind ausschließlich die Bücher Rijkenborghs erlaubt. Das L. R. ist heute in Deutschland sehr aktiv und hat in mehreren Städten Gruppen, die regelmäßig kostenlose Vortragsabende anbieten, um dadurch neue Mitglieder zu werben. Inhaltlich sind die Lehren des L. R. die übliche Mischung aus → Theosophie, einer besonderen Art der Interpretation des Christentums, und den üblichen, den Rosenkreutzern zugeschriebenen Lehren, die vor allem im 19. Jahrhundert geschaffen wurden.

**Leere** In vielen religiösen Systemen die höchste und letztendlichste Instanz und Realität. Aus ihr kommen alle Dinge, und zu ihr kehren alle Dinge zurück. Die Leere verfügt über das Potential zur Schöpfung, d. h., schon der Plan der gesamten Schöpfung enthalten (→ Chaos). Ziel des Buddhismus (→ Buddha) ist es, daß die Gläubigen letztendlich wieder in die Leere eingehen. Dort erst wird der Zyklus der Wiedergeburten unterbrochen.

**Lehrling** der erste Grad der → Freimaurerei.

**Lekve, Friedrich** (1904–1956), nach dem Tod → Crowleys der Großmeister des → Ordo Templi Orientis (OTO). Eine Zeitlang war er Oberbürgermeister von Hildesheim.

**Leland, Charles Godfrey** (1824–1903), amerikanischer Forscher, der auf dem Gebiet der → Hexerei arbeitete. L. behauptete, in Italien mit einem Hexenkult in Kontakt gekommen zu sein, der dort schon seit der Zeit des antiken Rom bestanden haben soll. Die Mitglieder dieses Kultes hätten immer denselben bestimmten Familien angehört, so daß die Lehren nur innerhalb eines kleinen Kreises von Eingeweihten weitergegeben worden seien. Der Hexenkult, den L. in Italien kennengelernt haben will, verehrte angeblich die römische Göttin Aradia, eine Tochter der → Diana. L.'s Buch „Aradia – The Gospel of the Witches" (Aradia – das Evangelium der Hexen) ist eines der Standardwerke des neueren Hexentums (→ Wicca).

**Lemegeton** Ein Zauberbuch, das angeblich aus dem Mittelalter stammen soll. Es spricht aber einiges dafür, daß dieses Buch erst zu einem wesentlich späteren Zeitpunkt verfaßt wurde (im 17. Jahrhundert). Der Inhalt des L. gilt als schwarzmagisch (→ Schwarze Magie), da es Anweisungen zur Beschwörung böser Dämonen sowie Zaubersprüche beinhalten soll, die zur Kategorie des Schadenszaubers zählen.

**Lemuren** Im alten Rom der Name für die Totengötter. Später wurden so die Geister der Toten bezeichnet, die auf Grund ihres üblen Lebens auf der Erde spuken und den Lebenden Böses wollen.

**Lemuria** Name des angeblich untergegangenen Kontinents aus der frühen Erdgeschichte, den Geologen im Indischen Ozean vermuteten. Diese Theorie wurde inzwischen als falsch erkannt und aufgegeben. Manche Esoteriker aber, vor allem die Theosophen (→ Theosophie) hatten sich die Vorstellung nachhaltig zu eigen gemacht und glaubten nun an einen neuen untergegangenen Kontinent wie → Atlantis, der natürlich auch angeblich von einer hochzivilisierten Rasse bewohnt gewesen sein soll und wie Atlantis in einer Sintflut unterging. Laut den Lehren der Theosophie ging L. 24 000 Jahre vor Atlantis unter.

**Leo** Lateinischer Name des fünften → Tierkreiszeichens Löwe.

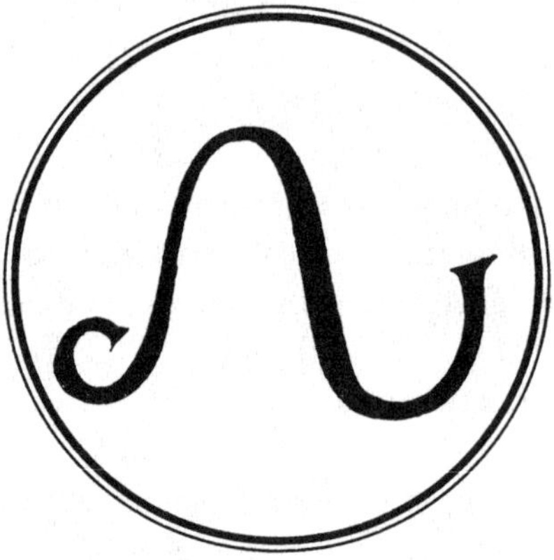

**Astrologisches Zeichen für das Sternzeichen Löwe**

**Leo, Alan** (1860–1917), bekannter englischer Astrologe. Er war Mitglied der Theosophischen Gesellschaft (→ Theosophie) und Gründer der Astrologischen Loge der Theosophischen Gesellschaft. Seine „Astrologischen Lehrbücher" (mehrere Auflagen) und das Buch „Esoterische Astrologie" (1927, Neuauflage 1978) gelten als Klassiker auf diesem Gebiet.

**León, Moses ben Schem Tov de** Spanisch-jüdischer Kabbalist des 13. Jahrhunderts, Autor des Sohar (→ Kabbalah).

**Levi, Eliphas** (1810–1875), eigentlich Alphonse-Louis Constant. Sein Pseudonym ist die hebräische Übersetzung seines Namens. Eigentlich wollte L. katholischer Priester werden und begann auch die Ausbildung. Doch wegen seiner unkonventionellen Ansichten, Verstöße gegen das Gebot des Zölibats, also der Verpflichtung zur Ehelosigkeit bei Priestern, wurde er von der Kirche vom Priesteramt ausgeschlossen. Trotzdem hörte er nie auf, sich als Priester zu verstehen. Er widmete sich der → Esoterik und schrieb zahllose Bücher zu diesem Thema. Er verfügte über gründliche Kenntnisse der jahrtausendealten Tradition und hatte das Talent, in seinen Büchern auch schwierige Themen relativ leicht verständlich darzustellen. Auch bemühte er sich, Ordnung in die vielen, teils widersprüchlichen esoterischen Schulen zu bringen. So erlangte er große Berühmtheit und wurde einer der Vordenker des modernen → Okkultismus. Er führte übrigens das Wort Okkultismus in den allgemeinen Sprachgebrauch ein. L. teilt das Schicksal vieler moderner Esoteriker und Magier: Zahllose teils verleumderische Lügen wurden über ihn verbreitet, selbst Biographien sind kaum verläßlich. L. hatte Beziehungen zu sehr vielen esoterischen, rosenkreutzerischen (→ Rosenkreutzer) und freimaurerischen (→ Freimaurerei) Organisationen seiner Zeit. In einigen war er auch Mitglied. So hatte er Kontakte zu H. P. → Blavatsky und zur SRIA, einer Vorläuferorganisation des → Hermetischen Ordens der Goldenen Morgendämmerung. Den größten Einfluß auf dem Gebiet der → Magie hatte wohl sein Buch „Dogma et Ritual de la Haute Magie" (Dogma und Ritual der Hohen Magie), das in Deutschland zuerst 1927 unter dem Titel „Transzendentale Magie" erschien. 1975 wurde eine Neuauflage publiziert. Dieses Buch ist in zwei Bände unterteilt – Dogma und Ritual. Jeder Band enthält 22 Kapitel, von denen jedes einem hebräischen Buchstaben zugeordnet ist. L. unternahm auf diese Weise den Versuch, die 22 Trümpfe des → Tarot den 22 Buchstaben des hebräischen

Alphabets zuzuordnen. Gemeinsam mit → Bulwer-Lytton beschwor L. in seinen Werken den Geist des → Apollonius von Tyana. Der englische Magier Aleister → Crowley behauptete, eine Wiedergeburt L.'s zu sein. So übersetzte er eines seiner Bücher („Der Schlüssel zu den Großen Mysterien") als eine Gradarbeit für die Goldene Morgendämmerung aus dem Französischen ins Englische. L. hat etwa zweihundert weitere Bücher über Esoterik und Magie geschrieben, von denen die allermeisten aber in Vergessenheit geraten sind. Die wichtigsten Bücher, die auch auf deutsch erhältlich sind: Geschichte der Magie, Der Schlüssel zu den großen Mysterien, Transzendentale Magie.

**Leviathan** (hebräisch), ein Seeungeheuer (riesige Seeschlange, Urdrache oder Krokodil), das an mehreren Stellen im Alten Testament erwähnt wird (z. B. in den Psalmen).

**Levitation,** abgeleitet vom lateinischen Wort für Leichtigkeit (levitas), bezeichnet die angebliche Fähigkeit, selbst zu schweben oder Dinge schweben lassen zu können. Manchen Magiern, Zauberern und Heiligen wird diese Kunst zugeschrieben, auch die indischen → Fakire sollen sie beherrschen. In Indien bezeichnet man diese Fähigkeit als Siddhi. Bei ernsthaft Suchenden gilt sie dort als eine Art Nebenprodukt, das auf dem Wege zur Vervollkommnung erreicht wird, dem aber nicht viel Beachtung beizumessen sei. Vor einigen Jahren machten die Anhänger des indischen Lehrers → Maharishi Mahesh Yogi von sich reden, als sie Kurse anboten, in denen man für den Betrag von ungefähr 10 000 DM das Fliegen erlernen können sollte. Tatsächlich entpuppte sich aber der Lernerfolg als die gymnastische Fertigkeit, im Schneidersitz hüpfen zu können.

**Lewis, Harvey Spencer** (1883–1936), Gründer und Leiter des → AMORC.

**Ley-Linien** Der Brite Alfred Watkins glaubte sie in den zwanziger Jahren entdeckt zu haben. Die L. sollen unsichtbare Linien sein, die alte Kultstätten miteinander verbinden, z. B. in England → Stonehenge mit der Abtei → Glastonbury. Die L. haben angeblich eine übernatürliche Kraft und Energie, die von Menschen mit besonderer Begabung wahrgenommen werden kann. Einige Ufoforscher behaupten, daß diese L. Orientierungspunkte für UFOs sind (→ Feng Shui).

**Libation** Anderes Wort für Trankopfer. Es werden einige Tropfen eines Getränkes ausgegossen und dabei wird eine Weiheformel für den betreffenden Gott oder die betreffende Göttin gesprochen.

**Libra** Lateinischer Name des siebten → Tierkreiszeichens Waage.

**Licht** spielt in fast allen Religionen und Kulten eine große Rolle. Oft wird es mit Gott oder der Erleuchtung gleichgesetzt oder als die Quelle der Weisheit und Liebe angesehen. Im Totenbuch der tibetischen Buddhisten wird der Verstorbene, wenn er sich im Zustand zwischen Leben und Wiedergeburt befindet, aufgefordert, das „weiße Licht" zu suchen und sich durch nichts davon ablenken zu lassen. Wenn er es gefunden hat, ist er vom Zyklus der Wiedergeburt erlöst.

**Astrologisches Zeichen für das Sternzeichen Waage**

**Lichtkörper** → Astralkörper

**Lila,** Sanskritwort, bezeichnet das Spiel des Lebens, welches der indische Gott → Shiva spielt. Die Welt, die die Menschen kennen, entsteht durch das Spiel und den Tanz Shivas.

**Lilith** Im alten Testament ein weiblicher Nachtdämon, der Menschen überfällt und vor allem neugeborenen Kindern gefährlich wird. L. symbolisiert die dunkle, unheimliche Seite der Frau. Nach einer alten Überlieferung, auf die auch Goethe im Faust zurückgriff, war sie die erste Frau Adams. Da sie aber beim Beischlaf nicht unten liegen wollte und auch sonst recht selbstbewußt war, wurde sie verstoßen. Gott schuf dann aus Adams Rippe eine folgsame Frau, die sich unterordnete – Eva. Es geht die Sage, daß das nachfolgende Menschengeschlecht aber in Wahrheit von L. abstamme.

**Lingam** Indischer Name für ein Symbol des Phallus. Häufig ist es eine Säule oder ein kegelförmiger Stein. Sehr oft ist das L. → Shiva geweiht.

**Linga Sharia** Wort aus der indischen Sprache Sanskrit, bezeichnet den → Astralkörper.

**Loch-Ness-Ungeheuer** Nessie, so heißt das angebliche Seeungeheuer, soll im schottischen Loch Ness (Loch = schottisch für See) leben. Für seine Existenz gibt es aber keine stichhaltigen Beweise. Einige Esoteriker behaupten, daß das Seeungeheuer eine Folge des → Abramelinrituals sei, welches Aleister → Crowley im Jahr 1900 in seinem Landhaus am Loch Ness durchführte. Andere Meinungen gehen dahin, daß es ein Werbegag der örtlichen Whiskybrennereien und Tourismusbüros ist.

**Ein Lingam in einem Gefäß**

**Loge,** Wort unbekannten Ursprungs, bezeichnet einerseits den Versammlungsort der Freimaurer (→ Freimaurerei), andererseits ist es auch der Name für eine lokale Mitgliedergruppe der Freimaurer.

**Logos,** griechisch „Wort, Gedanke, Vernunft, Sinn“. In der Philosophie des Griechen Heraklit ist der L. die Ordnung und das Gesetz, nach dem die Welt funktioniert. Später nannte man einen Gedanken Gottes L. oder sah ihn als ein Ausströmen der Kraft Gottes. Im Evangelium des Apostels Johannes, welches mit den Worten beginnt „Am Anfang war das Wort („Logos“ im griechischen Original)“, ist der L.

die in Jesus menschgewordene göttliche Kraft.

**Loki** Eine Gestalt aus den nordeuropäischen Mythen, die sowohl Unheil als auch Hilfe bringen kann. Er ist der Gott des Feuers, und er ermordete den Licht- und Sonnengott Balder mit einem Mistelzweig. Dafür muß er bis zur „Götterdämmerung" (dem Ende der Welt) büßen. L. ist der Vater der Todesgöttin Hel, der Midgardschlange und des Fenriswolfes (→ Fenrir).

**Lorber, Jakob** (1800–1864), österreichischer Musiklehrer. Um 1840 begann er, eine Stimme zu hören, nach deren Diktat er eine große Anzahl von mystischen Offenbarungstexten schrieb. Allein sein „Evangelium Johannis" umfaßt zehn Bände. Auch heute hat L. noch eine recht große Anhängerschaft.

**Lotus** In Ägypten, Indien und vielen anderen Ländern eine heilige Blume. Abends schließen sich seine Blüten, am Morgen gehen sie wieder auf. Deswegen war schon in Ägypten der L. ein Symbol der Sonne, des Sonnengottes → Horus und auch der

**Lotusblüte**

Wiedergeburt. In Indien wird der L. sowohl mit dem Gott → Brahma wie auch mit → Buddha in Verbindung gebracht. Die heiligste Meditationsformel (→ Meditation) der Buddhisten „Om Man Padme Hum" läßt sich als „O Du Juwel in der Lotusblüte" übersetzen.

**Lotussitz** Spezielle Meditations- und Sitzhaltung aus dem → Hatha Yoga.

**Lovecraft, Howard Philip** (1890–1937), amerikanischer Autor von Horrorgeschichten und Romanen. Seine Bücher sind vielgelesen und erfreuen sich einer großen Anhängerschaft. Er schuf einen ganzen

Kosmos von Göttern und bösen Wesen, die die Erde schon seit Urzeiten bewohnt haben sollen, die aber verbannt wurden und nun darauf warten, wieder an die Oberfläche zu kommen. Am bekanntesten ist sein „Cthulhumythos". In seinen Büchern taucht auch häufig ein sagenumwobenes Zauberbuch auf, das „Necronomicon", mit dessen Hilfe es möglich sein soll, die alten Götter zu beschwören. Dieses Buch ist eine reine Erfindung L.'s, auf dem esoterischen Buchmarkt gibt es aber trotzdem mehrere Ausgaben davon. Die Bücher L.'s sind voller offenem und verstecktem Rassismus. Die Anhänger der von ihm geschilderten bösen Kulte sind meist Farbige oder Angehörige südländischer Völker.

**LSD** Abkürzung für Lysersäurediäthylamid. Der chemische Stoff wurde 1938 von dem schweizerischen Wissenschaftler Albert Hoffmann aus Mutterkornextrakt synthetisiert. Wie → Meskalin und → Peyotl kann er zu Visionen und tieferen Einsichten in die eigene Seele führen, wenn er verantwortungsbewußt und kontrolliert verwendet wird. Bei den Prophezeiungen von → Delphi wurde die Priesterin (Phytia) nach neueren Erkenntnissen durch natürliches LSD in einen der Trance ähnlichen Zustand versetzt. In der Medizin galt LSD als erfolgversprechendes Medikament z. B. in der Krebstherapie. Zum Bedauern vieler Wissenschaftler stuften Politiker den Stoff jedoch als Rauschgift ein und verboten ihn. Nachfolgend wurde LSD für den kriminellen Schwarzmarkt interessant und verkam zur gefährlichen Partydroge für Jugendliche. Die vielzitierte Geschichte, daß es Todesfälle gegeben habe, weil Leute unter LSD-Einfluß glaubten, fliegen zu können, und sich deshalb aus dem Fenster stürzten, ist eine Erfindung der Filmindustrie. Da LSD aber in seltenen Fällen latente Geisteskrankheiten zum Ausbruch bringen kann, gehört es nicht in die Hände von Laien.

**Lucifer** → Luzifer

**Luft** Eins der vier Elemente. In der Esoterik hat die L. eine Beziehung zum Verstand, ist beweglich und anpassungsfähig und verbindet alles mit allem. Ihre Elementargeister sind die Sylphen. In der → Astrologie sind ihr die

→ Tierkreiszeichen Zwilling, Waage und Wassermann zugeordnet.

**Lullus, Raimundus** (1235–1315), spanischer Mystiker und Alchemist (→ Alchemie), eigentlich Ramón Lull. Nachdem er einige tiefe mystische Erlebnisse hatte, die ihn zu einem überzeugten Christen gemacht hatten, reiste L. mehrmals in islamische Länder, um die Moslem zu bekehren. Angeblich soll L. auch in der Lage gewesen sein, Gold herzustellen.

**Luna** Römische Mondgöttin, auch lateinischer Name des → Mondes.

**Luria, Isaak** (1534–1572), jüdischer Kabbalist (→ Kabbalah).

**Luzides Träumen** → Träumen, luzides

**Luzifer** (lateinisch „Lichtbringer"). Eigentlich der Name der Venus als Morgenstern. Durch eine recht freie Deutung des Bibelverses „Wie bist du vom Himmel gefallen, du schöner Morgenstern" (Luk. 10, 18), die sich eigentlich auf den König von Babylon bezieht, wurde er im frühen Mittelalter zu einem Fürsten der Hölle. Zur gleichen Zeit wurde in der jüdischen Mystik spekuliert, er sei ursprünglich einer der höchsten Engel gewesen (sein hebräischer Name lautet „Helel ben Schachar" = Sohn der Morgenröte), der aber gegen Gott rebellierte und dann aus dem Himmel verstoßen wurde. Zuvor hatte sogar ein Papst den Namen Phosphorus getragen (die griechische Übersetzung von Lichtbringer). Bei christlichen Dämonengläubigen gilt er als oberster Richter der Hölle. Für Esoteriker wie Eliphas → Levi ist er der Engel der Erneuerung und Erleuchtung. Auch in der → Theosophie hat L. eine positive Bedeutung. Dort ist er der Engel, der den Menschen das Licht der Erkenntnis und Vernunft gebracht hat und symbolisiert den rebellischen Geist, der sich gegen jede Art von Unterdrückung zur Wehr setzt.

**Lykanthrophie** (griechisch) bezeichnet die Fähigkeit eines Menschen, sich in einen Wolf zu verwandeln. Viele Hexen sollen über diese Fähigkeit verfügt haben (→ Hexerei). Der Begriff des

→ Werwolfs hängt mit L. eng zusammen. → Vampire sollen ebenfalls in der Lage sein, sich in Wölfe zu verwandeln. Der amerikanische Okkultist und Magier Michael Bertiaux bietet in seinem „Monastery of the Seven Rays“ (Kloster der Sieben Strahlen) für alle Interessierten einen Kursus in L. an.

# M

**Maat** Ägyptische Göttin der Gerechtigkeit und Wahrheit. Es gibt oft Statuen von ihr, die sie in sitzender Position zeigen. Auf ihrem Kopf trägt sie eine Krone aus Straußenfedern. Wenn beim Totengericht das Herz des Verstorbenen gewogen wird, um festzustellen, ob er ein gutes und den Göttern gefälliges Leben geführt hat, ist M. das Gewicht auf der rechten Seite. Nach der Lehre der Äonen (→ Äon) oder Weltzeitalter (→ Platonisches Jahr) ist das nächste Äon, welches auf das des Horus folgen soll (→ Crowley), das Äon der M. Der ehemalige Crowleyschüler → Jones verkündete, daß das Zeitalter der M. bereits in den vierziger Jahren begonnen habe. Die Amerikanerin Maggie Crosby (magischer Name „Soror Nema") „empfing" in den siebziger Jahren einen mystischen Offenbarungstext, der ebenfalls den Beginn des Zeitalters der M. proklamierte.

**Männliche Planeten** Als männlich und aktiv gelten Sonne, Mars, Jupiter, Saturn und Uranus. Merkur ist androgyn (gleichzeitig männlich und weiblich). Im → Aspekt mit einem anderen → Planeten nimmt er dessen Geschlecht an.

**Männliche Zeichen** → Tierkreiszeichen

**Magie** In der klassischen Esoterik die Kunst, mit Ritualen Geister zu beschwören und sich fügsam zu machen. In weniger bildhafter Sprache bedeutet M. jeden Akt des Willens, der in der äußeren Wirklichkeit eine Veränderung hervorruft.

**Magier** Bezeichnung für jemanden, der Übernatürliches bewirken kann. In der Esoterik ist es jemand, der Geistern befehlen kann. Geister können auch die Dämonen des eigenen Unbewußten sein. Der Name selbst geht auf einen antiken medischen

Priesterstamm zurück, der sich Magier nannte.

**Magische Quadrate** Zahlen, die in einem Quadrat so angeordnet sind, daß ihre Summe in den waagerechten, senkrechten und diagonalen Reihen stets gleich ist. Die m. Q. spielen eine große Rolle bei der → Beschwörung von Planetengeistern. Die Summe aller Zahlen im m. Q. der Sonne beträgt übrigens → 666. Als das Christentum sich im römischen Reich ausbreitete, war sein größter Konkurrent der Mithraskult (→ Mithra), in dem die Sonne verehrt wurde und der auch die Religion des römischen Kaisertums war. Hinter der in der Offenbarung vorgenommenen Zuordnung der Zahl 666 zum Teufel stand also der Versuch, die andere damals große Religion verächtlich zu machen.

| | | | | | |
|---|---|---|---|---|---|
| 6 | 32 | 3 | 34 | 35 | 1 |
| 7 | 11 | 27 | 28 | 8 | 30 |
| 19 | 14 | 16 | 15 | 23 | 14 |
| 18 | 20 | 22 | 21 | 17 | 13 |
| 25 | 29 | 10 | 9 | 26 | 12 |
| 36 | 5 | 33 | 4 | 2 | 31 |

**Das Magische Quadrat der Sonne**

**Maharishi Mahesh Yogi** Indischer Yogalehrer (Guru), gründete 1959 die Internationale Meditationsgesellschaft, in der die von ihm entwickelte transzendentale → Meditation gelehrt wird. Wesentlich für seine Lehre ist die Vorstellung, daß ein kleiner Prozentsatz von Menschen, die transzendental meditieren, ausreicht, um in einer Stadt oder einem Land die Lebensumstände zu verbessern. Die heilsame Ausstrahlung der Meditierenden soll Gewalt verhindern und für ein harmonisches Miteinander sorgen. Während des Bosnienkrieges boten seine Anhänger an, durch einige Tausend sogenannte Yogische Flieger (→ Levitation) das Morden zu beenden. Da sie keine Mittel für diesen Einsatz hatten, konnte ihre Behauptung nicht bewiesen werden.

**Makrokosmos** → Mikrokosmos

**Mandala** Sanskritwort für Kreis, bezeichnet ein Bild, das als Meditationshilfe gebraucht wird.

M.s können unterschiedlich aussehen, manche sind auch quadratisch. Sie stellen den Aufbau des Universums dar und weisen fast immer eine Symmetrie auf, die auf der Zahl → Vier beruht.

**Manichäer,** im dritten Jahrhundert v. Chr. gründete der persische Priester Mani (217–277) die nach ihm benannte parsische (→ Zarathustra) Sekte, die den Gnostikern (→ Gnosis) zugerechnet wird. In ihr ist Ahura Masda nicht mehr alleiniger Schöpfer der Welt. Diese entsteht nach Manis Lehre aus dem ewigen Kampf und Wechselspiel zwischen Ahura Masda und dem bösen Geist Angra Manju und endlich der Vermischung von Licht und Materie. Damit nähert sich Mani an asiatische Vorstellungen wie im → Taoismus an und bereitet moderne esoterische Vorstellungen vor. → Dualismus. Die M. waren eingeteilt in Auserwählte, die völlig asketisch lebten, da nur eine solche Lebensweise Erlösung der irdischen Seele versprach, und Laien, die nur „hörten".

**Mantik** (von griechisch mantis = der Seher) bezeichnet alle Arten der Kunst der Weissagung. Grundsätzlich unterscheidet man seit der Antike die natürliche und die erlernte M. Natürliche M. braucht keine äußeren Hilfsmittel und wird von den dazu fähigen Menschen als Gabe, manchmal auch Fluch empfunden. Ahnungen, Wahrträume und das Zweite Gesicht gehören hierzu. Sie sind fast gar nicht zu kontrollieren, sondern überkommen die Seher, ob er will oder nicht. Erlernte M. benutzt dagegen verschiedene Hilfsmittel, um die Zukunft zu erkennen. Der Umgang mit diesen Mitteln kann von begabten Menschen erlernt werden. Nach dem magischen Grundsatz „Alles ist mit allem verbunden" läßt

**Mandala, Kreisbild als Meditationshilfe**

sich aus jedem zufälligen Geschehen eine M. entwickeln. Früher lasen die Seher aus der Bewegung des Windes und der Wolken (Aeromantik), aus den Innereien verschiedener Tiere (Hepatomantik), dem Flug von Vögeln (Augurium). Noch heute weit verbreitet sind die Handlesekunst (→ Chiromantie), die → Traumdeutung (Oneiromantik) oder die Kunst, aus Spiel- oder Tarotkarten (→ Tarot) zu lesen (Kartomantik). Aber auch aus Teeblättern, Kaffeesatz, dem Fall von Würfeln, Münzen, Schafgarbenstengeln (→ I-Ging) oder aus der Anzahl willkürlich mit einem Stift in den Sand gemachter Punkte (→ Geomantie) wird gelesen. Die Kunst der M. oder Weissagung reicht bis in die früheste Zeit der Menschheit zurück. Bei allen bekannten Völkern wurde sie zu allen Zeiten auf die eine oder andere Art gepflegt.

**Mantras,** Wort aus dem Sanskrit. M. bezeichnen ursprünglich die Verse der heiligen Bücher Indiens (Veden), die als Beschwörungsformeln benutzt wurden. Es herrscht jedoch auch in anderen Kulturen der Glaube, daß die Kenntnis und das Aussprechen des wahren Namens eines Menschen, Gottes oder auch Dinges Macht über sie verleihe.

**Mantra, Vers aus dem heiligen Buch Indiens**

Auch das Aussprechen von Versen heiliger Bücher gilt überall als magisch wirksam, christliche Esoteriker z. B. benutzen zu diesem Zweck oft die Psalmen. Im Laufe der Zeit hat es sich deshalb eingebürgert, nicht nur die indischen Verse, sondern alle Silben, Worte und Verse als M. zu bezeichnen, die in diesem Sinne gebraucht werden. Das wohl bekannteste M. ist die indische Silbe Om. Esoteriker ziehen die Schreibweise in drei Buchstaben vor: Aum (→ Drei).

**Mars** Name des römischen Kriegsgottes und des ihm zugeordneten → Planeten. In der → Astrologie steht er für jede Art von Energie und Durchsetzungsfähigkeit. Am Himmel ist er als heller rötlicher Planet zu sehen. Seit Jahrtausenden ist ihm deshalb die Farbe Rot zugeordnet, sein → Metall ist das Eisen. Es hat sich herausgestellt, daß Färbung des M. von großen Mengen Eisenrost herrührt. Er beherrscht die → Tierkreiszeichen Widder und Skorpion.

**Zeichen für den Planeten Mars**

**Mathers, Samuel Liddle MacGregor** (1854–1918), bedeutender englischer Magier und Esoteriker. Eine Zeitlang stand er dem → Hermetischen Orden der Goldenen Morgendämmerung vor. Er übersetzte wichtige mittelalterliche magische und kabbalistische Schriften ins Englische.

**MC** Abkürzung für Medium Coeli oder → Himmelsmitte.

**Meditation** Das Wort stammt vom lateinischen meditatio, Nachdenken, Versenkung. Man bezeichnet unterschiedliche Übungen damit. Nicht bei allen sitzt man bewegungslos in immer der gleichen Haltung. Das japanische Teezeremoniell z. B. beinhaltet die Zubereitung und das Trinken von Tee, und doch ist es eine M. Fast alle M. zielen darauf ab, den Fluß der Gedanken zu be-

Sitzende Meditationshaltung

Zeichen und Stab des Merkur

herrschen, um ihn zur Ruhe kommen zu lassen. Gelassenheit, innere Ruhe und Einsicht können durch M. erlangt werden.

**Medium** Mensch, der fähig ist, in Trance zu versinken und Kontakt mit Geistern oder Verstorbenen zu schaffen. Ein M. behauptet, die Verbindung mit Hilfe eines persönlichen geistigen Führers herzustellen. Merkwürdigerweise richten sich diese Führer nach der Mode. Eine Zeitlang waren fast alle verstorbene indianische Häuptlinge, dann gab es viele altägyptische Prinzessinnen. In der Regel spricht der beschworene Verstorbene aus dem Mund des M. Manchmal schreibt das M. die Botschaften oder malt sie, gelegentlich kann es die Geister auch mit Hilfe von → Ektoplasma sichtbar erscheinen lassen.

**Meister Eckhart** → Eckhart

**Merkur** (Gott) römischer Götterbote und Gott der Händler, Diebe und Reisenden. Sein griechisches Pendant ist der Götterbote → Hermes. Der Merkurstab (siehe Abb. auf Seite 209) ist das Zeichen des Merkur.

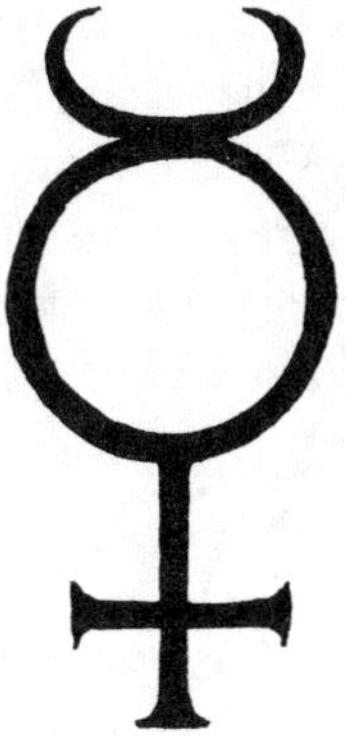

**Zeichen für den Planeten Merkur**

**Merkur** (Planet) gibt im → Horoskop Hinweis auf geistige und sprachliche Fertigkeiten. Er beherrscht die → Tierkreiszeichen Zwilling und Jungfrau.

**Meskalin** → Peyotl

**Mesmer, Dr. med. Franz Anton** (1734–1815), Arzt in der Tradition der Esoterik. Nach seiner Vorstellung war das ganze Weltall von einer Lebenskraft durchdrungen, ähnlich dem chinesischen → Ch'i. Ist der Fluß dieser Energie im Körper gestört, wird der Mensch krank. Der Arzt heilt, indem er diese Energie, die M. auch tierischen Magnetismus nannte, dem Kranken von außen zuführt. Bei dieser Prozedur fällt der Patient in eine → Trance, die heute → Hypnose genannt wird. M. wurde seinerzeit wegen seiner Methode stark angefeindet. Die Technik der Hypnose hat aber mittlerweile Einzug in die Schulmedizin gefunden.

**Metall** Jedem → Planeten und jedem → Tierkreiszeichen entspricht ein Metall. Es wird benutzt, um den jeweiligen Einfluß zu beschwören oder zu verstärken. Will man z. B. mehr Energie, trägt man Eisen, das M. des Gottes Mars, sowie rote → Farben, da ihm rot zugeordnet ist. Es gelten folgende Zuordnungen für die Planeten:

| | |
|---|---|
| Sonne | – Gold, |
| Mond | – Silber, |
| Merkur | – Quecksilber, |
| Venus | – Kupfer, |
| Mars | – Eisen, |
| Jupiter | – Zinn, |
| Saturn | – Blei. |

Diese Zuordnung ist seit altersher unverändert. Bei den Tierkreiszeichen gibt es keine allgemein anerkannte Entsprechung.

**Metopososkopie** Deutung der Stirnfalten. Ähnlich wie beim Handlesen (→ Chiromantie) wurden im 17. Jahrhundert auch den Falten auf der Stirn bestimmte Bedeutungen zugeschrieben, und sie wurden gleichfalls Planeten zugeordnet. Aus dem Vorhandensein der Linien und ihrer Ausformung glaubte man, den Charakter und das Schicksal eines Menschen zu erkennen.

**Mikrokosmos** bedeutet so viel wie „kleiner Kosmos". Der Begriff ist seit dem römischen Philosophen Boethius (ca. 480–524) überliefert, der behauptet, daß der Mensch ein in sich geschlossenes System (Kosmos) sei, das im Kleinen den Makrokosmos der großen Welt widerspiegele. Diese Vorstellung findet sich auch in der → Astrologie und damit in allen esoterischen Wissenschaften wieder: Der Mensch wird als ein Abbild des Geschehens am Himmel gesehen.

**Min** Einer der Fruchtbarkeitsgötter Ägyptens. Er wird immer mit einem riesigen, erigierten Phallus dargestellt. Aus diesem Grund identifizierten die Griechen ihn mit ihrem Gott → Pan.

**Minerva** Römische Göttin der Weisheit und des Handwerks. Sie war die Tochter des Riesen Pallas, den sie später tötete. Einige magische Orden, z. B. der → Ordo Templi Orientis und der → Illuminaten-Orden nennen heute noch den Anfangsgrad ihres Systems zu Ehren der Göttin Minerval. Später setzten die Römer M. mit der griechischen Göttin → Athene gleich.

**Mirandola, Giovanni Pico Graf von** (1463–1494), christlicher Magier und Kabbalist. In einer Zeit des Kirchendogmas hielt er persönliche Erfahrung für wichtig und die Magie für die edelste der Naturwissenschaften. Großen Mut und Menschlichkeit bewies er, als er die ganze Kirche herausforderte und ihr beweisen wollte, daß sich auch im jüdischen Glauben der Geist Gottes manifestiere.

**Mistel** Die Mistel ist eine sogenannte Schmarotzerpflanze, da sie nicht in der Erde wurzelt, sondern auf Bäumen wächst und ihre Lebenskraft von ihnen bezieht. Vermutlich wegen dieser in unseren Breiten ungewöhnlichen Lebensweise wurde sie von den keltischen → Druiden für Zauber- und Heiltränke geschätzt. Da sie auf Eichen selten anzutreffen ist, galt diese Form angeblich als be-

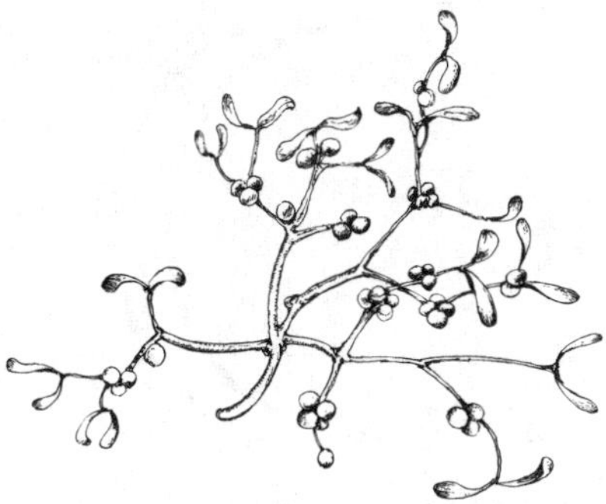

**Mistelzweig**

sonders wirksam. In angelsächsischen Ländern bildet diese immergrüne Pflanze den Weihnachtsschmuck. Unter einem Mistelzweig darf in dieser Zeit jeder geküßt werden. In der germanischen Mythologie hat die M. keine so freundliche Bedeutung: Mit einem Pfeil, der aus einem M.zweig geschnitzt war, erschoß → Loki den Sonnengott Balder. In der antroposophischen Medizin (→ Antroposophie) schließlich wird sie bei einigen Krebsarten als Heilmittel angewendet.

**Mithra** Uralter iranischer Gott, der im römischen Reich viele Anhänger fand, sowohl am Kaiserhof wie auch bei den Soldaten und dem einfachen Volk. Erst seit Kaiser Constantin d. G. (†337 n. Chr.), der sich auf dem Totenbett zur Sicherheit taufen ließ, begann der Kaiserhof, die neue christliche Religion zu fördern. 391 n. Chr. wurden der Mithraskult und andere Religionen schließlich ganz verboten. – Der Überlieferung nach ist M. ein Sonnengott, der jungfräulich geboren wurde, starb und wieder auferstand. Sein Geburtstag wurde jährlich am 24. Dezember gefeiert. Erst als sein Leben und seine beliebten Feiertage auf Jesus übertragen wurden, konnte sich die christliche Religion endgültig durchsetzen. So wurde der angebliche Geburtstag von Jesus vom 6. Januar auf den 24. 12., den Geburtstag M.s verlegt. Bei manchen heutigen Esoterikern ist M. wieder zu Ansehen gekommen. Die Organisation des antiken Kults weist darüber hinaus auch viele Ähnlichkeiten mit der → Freimaurerei auf.

**Molay, Jakob Bernhard von** (ca. 1243–1314), burgundischer Adliger und letzter Großmeister der → Tempelritter. Nachdem er von Papst Klemens V. verraten worden war, nahm ihn am 13. 10. 1307 der französische König Philipp der Schöne gefangen, der weder die Macht noch den

Reichtum des Ordens dulden wollte. Nach jahrelanger Gefangenschaft und Folter wurde er am 18. 3. 1314 wegen Teufelsanbetung lebendig verbrannt. Für viele Esoteriker ist M.s Todestag Anlaß, sich auf ihren Widerstand gegen Intoleranz und Aberglauben zu besinnen. Auf dieses Datum führt die Legende auch die Gründung der → Freimaurerei zurück, die angeblich von den Überlebenden der Tempelritter vorgenommen wurde.

**Monatssteine** Eigentlich sind die Steine den einzelnen → Tierkreiszeichen zugeordnet, die keineswegs immer am Monatsersten beginnen, sondern vielmehr Anteil an zwei Kalendermonaten haben. Zur Vereinfachung und ohne Rücksicht auf die Ursprünge werden sie von einigen Pseudoesoterikern aber einfach den Kalendermonaten zugeordnet.

**Mond** Begleiter der Erde. Wegen seiner wechselnden Erscheinungsform steht er schon seit den frühesten Tagen der Menschheit neben der Sonne im Mittelpunkt des Interesses. Während die Sonne die Tage einteilte, konnte man mit Hilfe des M.s größere

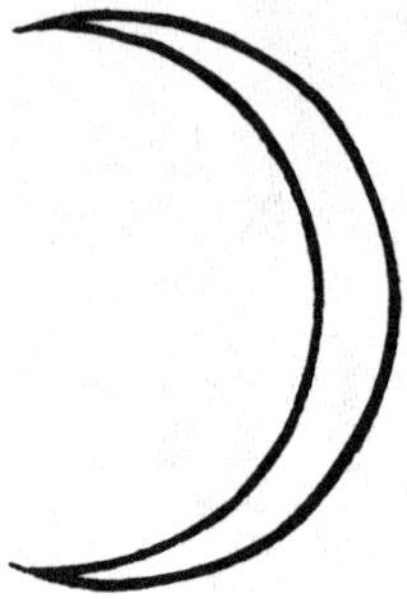

**Zeichen für den Mond**

Zeiträume bestimmen, denn jede der deutlich erkennbaren Phasen dauert sieben Tage. Dies ist ein weiterer Grund für die hohe Wertschätzung, die der Zahl → Sieben entgegengebracht wird. Wegen seiner Fähigkeit zur Veränderung und seiner Herrschaft über die Nacht wird er mit der → Zauberei und → Hexerei in Verbindung gebracht. Generell steht er für die weibliche Seite in jedem Menschen. So ist er in allen Sprachen außer der deutschen weiblichen Geschlechts. In der → Astrologie gibt er Auskunft über die Gefühle und darüber, wie man sich anderen gegenüber darstellt. Er beherrscht das → Tierkreiszeichen Krebs.

**Mondknoten** Am nördlichen M. oder Drachenkopf steigt die Mondbahn von Süden über die

→ Ekliptik, am südlichen M. oder Drachenschwanz sinkt die Mondbahn von Norden unter die Ekliptik. Nur an diesen Stellen können Mond- oder Sonnenfinsternisse auftreten. Da man früher annahm, bei Finsternissen würde ein Drache Sonne oder Mond verschlingen, taufte man die Punkte Drachenkopf bzw. -schwanz. Der aufsteigende M. soll Hinweise auf die zentralen Aufgaben in einem Leben geben, der absteigende auf die Fähigkeiten, die man von Geburt an mitbringt.

**Mozart, Wolfgang Amadeus** (1756–1791), war – neben Haydn – einer der prominentesten Mitglieder des Freimaurerbundes (→ Freimaurerei). Er schrieb eine große Zahl von Werken, die für den Gebrauch in den → Logen bestimmt waren. Auch seine berühmte Oper „Die Zauberflöte" (1791) verarbeitet freimaurerisches Gedankengut.

**Mudra** Sanskritwort für Zeichen, Siegel. Im → Yoga sind damit Fingerstellungen gemeint, in denen Buchstaben dargestellt werden. Sie beeinflussen den Energiekreislauf im Körper. Auch in

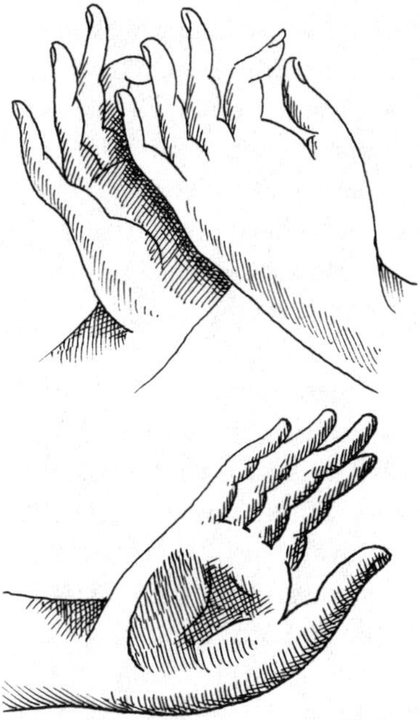

**Dharmakaya Mudra (oben) und Abbaya Mudra (unten), zwei mystische Zeichen**

magischen → Ritualen werden sie benutzt.

**Mundanastrologie** beschäftigt sich auf astrologischer Grundlage mit der Politik und dem Schicksal von Staaten und anderen großen menschlichen Gemeinschaften. Für den Zeitpunkt der Gründung etwa eines Staates wird ein → Horoskop berechnet. Wie bei einem einzelnen Menschen wird daraus Schicksal und Charakter dieses Staates gedeutet. Außerdem werden Ländern und Landschaften → Tierkreiszeichen zugeordnet, wenn auch der Wert der M. etwas zweifelhaft gemacht wird durch die Tatsache, daß es zahlreiche verschiedene Zuordnungen gibt.

**Mut** Ägyptische Göttin, Frau des → Amun und Mutter des → Chons. Als Kopfschmuck trägt sie den Körper eines → Geiers. In der Spätzeit wurde sie zu einer der ersten Gottheiten, sie wurde zur Mutter der Sonne.

**Mysterien,** abgeleitet von der griechischen Bezeichnung für Geheimnis. In der Antike verstand man darunter religiöse Zeremonien, an denen man nur nach besonderen Vorbereitungen und Prüfungen teilnehmen konnte. Es war streng verboten, über die Abläufe dieser Zeremonien zu sprechen. Das Geheimnis wurde so gut bewahrt, daß man bis heute nicht genau weiß, was im Geheimen geschah. Allerdings gelang es modernen Historikern und Pharmakologen nachzuweisen, daß bei den berühmten M. von Eleusis den Besuchern ein natürliches → LSD verabreicht wurde (Wasson/Ruck/Hofmann, Der Weg nach Eleusis, 1978). Nach allen erhaltenen Zeugnissen muß die Erfahrung der M. Ehrfurcht gebietend gewesen sein. Der griechische Dichter Sophokles schrieb: „Dreifach glücklich sind jene unter den Sterblichen, die, nachdem sie diese Riten gesehen, zum Hades schreiten; ihnen allein ist dort wahres Leben vergönnt. Für die übrigen ist da alles schlimm." Bei den M. des → Dionysos wurde in frühester Zeit Haschisch (→ Hanf) benutzt.

**Mystik,** abgeleitet vom griechischen myein = die Augen schließen. Der Mystiker bemüht sich, durch Versenkung und → Meditation die göttliche Natur seiner selbst und der Welt direkt zu erfahren. Die M. ist gleichsam die passive, hinnehmende Seite der → Esoterik, während die → Magie ihre aktive, handelnde darstellt.

**Mythologie** Lehre von den Mythen, also den Geschichten über das Wirken der Götter. Mythen sind für den Esoteriker Bilder aus dem Unbewußten.

# N

**Nativität** Andere Bezeichnung für → Geburtshoroskop.

**Nekromantie** Von griechisch nekros = tot und manteia = Weissagung. Auch in der Antike bemühte man sich gelegentlich, Tote zu beschwören, um die Zukunft zu erfahren. Der älteste Hinweis darauf findet sich schon in Homers Odyssee.

**Nephthys** Ägyptische Göttin, Schwester der → Isis, die eine wichtige Rolle bei der Wiedererweckung des ermordeten Gottes → Osiris spielt. In einigen Texten wird sie auch als Ehefrau des → Seth und als Mutter des → Anubis bezeichnet.

**Neosatanismus** Da nur ein verschwindend geringer Teil der Esoteriker an den christlichen → Satan glaubt, ihn bestenfalls als eine mythologische Gestalt unter Tausenden von anderen betrachtet, prägte F.-W. → Haack den in seinem Verständnis abwertend gemeinten Begriff Neosatanisten.

**Neptun** (Gott), römischer Gott des Meeres, dem griechischen Poseidon gleichgestellt.

**Neptun** (Planet) wurde 1846 von dem deutschen Astronomen Galle entdeckt, nachdem seine Existenz von Adams und Le Verrier vorherberechnet worden war (nach Störungen der Uranusbahn). Er ist einer der → Transsaturniker. In der → Astrologie ist er als Mitherrscher des Jupiter dem → Tierkreiszeichen Fische zugeordnet. Er steht für die Seele, für Eingebung und → Mystik, kann aber auch Illusionen und Irrtümer hervorrufen. N. hat eine Beziehung zu Giften, zu Flüssigkeiten und zum Nebel.

**Neumond** Mondphase, in der sich der Mond genau zwischen Sonne und Erde schiebt. Daß er dabei für die Betrachter auf der Erde etwa drei Tage lang völlig unsichtbar wird, war den Menschen früher unheimlich. So sahen sie in → Hekate, die u. a. Göttin des Neumonds ist, darüber hinaus auch die Herrin der Zauberer, Giftmischer und überhaupt allen nächtlichen Unwesens. Andererseits galt Hekate jedoch auch wieder als menschenfreundlich – vor allem Frauen gegenüber.

**Neun** In der Mythologie der Ägypter spielte die Neun eine herausragende Rolle. So gab es die Neunheit der Götter. Diese waren:
→ Amun, der Urgott
→ Schu, der Gott der Luft
→ Tefnut, die Göttin des Wassers und der Feuchtigkeit
→ Geb, der Gott der Erde
→ Nut, die Göttin des Himmels

**Nostradamus**

→ Isis
→ Osiris
→ Nephthys
→ Seth

**Neuplatonismus** Richtung der Philosophie, die durch Plotin und Ammonios Sakkas begründet wurde und vom 3. bis 6. Jahrhundert verbreitet war. Sie war der Versuch, Philosophie mit christlichem Denken zu versöhnen. 529 verbot Kaiser Justinian die Schule. Für die Esoterik wurde das neuplatonische Denken wichtig, als Mystiker (→ Mystik) der Renaissance es wiederentdeckten.

**Nirwana** bedeutet „Erlöschen der Gier, Erlöschen des Hasses und Versiegen der Verblendung". Nach Buddha ist es das höchste Ziel der Philosophie.

**Nostradamus** (1503–1566), berühmter französischer Arzt und Prophet jüdischer Abstammung. Durch seine Fürsorge für Pestkranke und die Erfolge seiner Behandlungen erwarb er sich einen bedeutenden Ruf und erhielt Einladungen von Katharina von Medici und dem französischen König Karl XI. Im französischen Salon begann er 1547, seine weltbekannten Vorhersagen, die Centurien, aufzuschreiben, die 1555 erschienen. Es handelt sich um 100 Vierzeiler, die in verschlüsselter, rätselhafter Sprache Prophezeiungen enthalten. Im nachhinein erwiesen sich viele Verse als verblüffend genaue Vorhersagen. Bislang ist es aber noch niemandem gelungen, die übrigen Verse im voraus zu entschlüsseln, auch wenn viele es behauptet haben.

**Numerologie** Stark vereinfachte Form der → Kabbalah. Da die Buchstaben des bei uns gebräuchlichen lateinischen Alphabets nicht gleichzeitig Zahlen sind wie im Arabischen, Griechischen oder Hebräischen, wurden verschiedene Zuordnungen von Zahlen zu Buchstaben erfunden. Man zählt nun die Zahlenwerte der Buchstaben eines Namens zusammen, getrennt nach Vokalen und Konsonanten. Ist die Summe größer als Zehn, bildet man so lange die Quersumme, bis man eine einstellige Zahl erhält. Die gewonnenen Zahlen geben in Verbindung mit dem Geburtsdatum angeblich Hinweise auf Charakter und Schicksal.

**Nut** Ägyptische Göttin, Tochter → Schus und → Tefnuts. Sie ist die Gemahlin des → Geb, des Gottes der Erde. Auf Bildern wird sie als eine Frau dargestellt, deren Füße auf dem östlichen Horizont stehen, deren Körper sich über die Erde beugt und deren Hände den westlichen Horizont berühren. In dem „Buch des Gesetzes" des → Ordo Templi Orientis und in den Lehren → Crowleys spielt die Figur der N. (in der Schreibweise Nuit) eine außerordentlich wichtige Rolle.

# O

**Odin** (auch Wotan oder Wodan) In der nordeuropäischen Religion der oberste Gott und der Herr der Asen, des altnordischen Göttergeschlechts. Er residierte im Götterwohnsitz Walhall und feierte dort mit den gefallenen Helden und Kriegern ein endloses Gelage. Die Raben Hugin und Munin berichteten ihm ständig über alle Geschehnisse in der Welt. Sein Pferd war der achtbeinige Sleipnir. Um geheimes Wissen zu erhalten, hatte O. eins seiner Augen hergegeben. Bei der Götterdämmerung (Ragnarök), dem zukünftigen Untergang der Asen, wird ihn der Fenriswolf besiegen.

**Okkultismus** (von lateinisch occultus = verborgen), andere Bezeichnung für → Esoterik. Zum ersten Mal taucht das Wort im Titel des Buches „De occulta philosophia" von → Agrippa auf. Durch Eliphas → Levi wurde der Begriff O. in der esoterischen „Szene" weiter verbreitet.

**Om** Heilige Silbe aus dem → Sanskrit, das bekannteste → Mantra.

**Om-Zeichen: heilige Silbe**

**Orakel** Geschehen, das Hinweise auf die Zukunft offenbart (→ Mantik).

**Orden** In der → Freimaurerei meist gleichbedeutend mit Großloge, meint also den Zusammenschluß aller → Logen eines Landes.

**Ordo Templi Orientis** (O. T. O.) bedeutet übersetzt

„Orden des östlichen Tempels" oder „Orientalischer Tempelorden". Er wurde um die Jahrhundertwende von Karl Kellner, Franz → Hartmann und Henry (Joshua) Klein gegründet. Kellner war ein wohlhabender Wiener Großindustrieller, der Mitglied mehrerer Freimaurerorden (→ Freimaurerei) und mystischer Bruderschaften war. Henry Klein hatte, nachdem er eine halbe Million Reichsmark geerbt hatte, in Oberbayern eine Art frühe Landkommune mit dem Namen „Erdsegen" aufgemacht. Zur Zeit seiner Gründung sah sich der O. T. O. als eine Art „Academica Masonica" (Freimaurerische Akademie), deren erklärtes Ziel es war, die Struktur und die Lehren mehrerer Freimaurersysteme vor allem des → Memphis-Misraim Ritus und der → Hermetischen Bruderschaft von Luxor unter einem Dach zu vereinen. Kellner war in beide Orden eingeweiht. Zusätzlich zu den Lehren der Freimaurerei beanspruchte der O. T. O. auch noch, ein besonderes Geheimnis zu lehren. Hierbei handelte es sich um eine bestimmte Form des → Tantra, in die zwei Bengalen aus Lahore Kellner eingeweiht haben sollen. Es scheint so, als ob der O. T. O. in den ersten Jahren nur auf dem Papier bestanden hätte. Erst als Theodor → Reuß hinzukam, änderte sich das. Zu dieser Zeit wurden Mitglieder des Alten und Angenommenen Schottischen Ritus der Freimaurerei, auch unter der Abkürzung AASR bekannt, des wohl berühmtesten Hochgradsystems (→ Hochgrade), in die entsprechende Grade des O. T. O. eingeweiht. Interessenten, die nicht im AASR waren, erhielten vorher durch den O. T. O. die entsprechenden Grade dieses Ritus. Dies führte im Laufe der Zeit zu ernsthaften Schwierigkeiten mit dem AASR, der dem O. T. O. dieses Recht absprach. Deshalb beauftragte das Ordensoberhaupt Theodor Reuß – er war der Nachfolger des 1905 verstorbenen Karl Kellner – Aleister → Crowley, neue Einweihungsrituale vorzuschreiben, damit diese Probleme aus dem Weg geräumt würden. Crowley, der 1912 Oberhaupt der englischen Sektion des O. T. O. geworden war, tat dies. Als Reuß im Jahre 1922 einen Schlaganfall bekam, wurde Crowley zum Oberhaupt des O. T. O. gewählt. Unter seiner Leitung wurde „Das

Buch des Gesetzes" zu einem Hauptbestandteil der Lehren des O. T. O. Ein Teil der Mitglieder akzeptierte das nicht und verließ den Orden. Crowley war bis zu seinem Tode im Jahre 1947 Oberhaupt des O. T. O. Auf ihn folgte Karl → Germer, und nach dessen Tod im Jahre 1962 wurde die Lage bezüglich der Leitung des O. T. O. recht undurchsichtig. So gibt es den sogenannten Schweizer O. T. O., der lange Jahre unter der Leitung des vor einigen Jahren verstorbenen Hermann Josef Metzger stand. Metzger sah sich eher dem → Illuminatenorden verpflichtet und betrachtete den O. T. O. als eine Untergruppierung dieses Ordens. Metzger wurde nur von seinen eigenen Anhängern zum Ordensoberhaupt gewählt. In den sechziger Jahren trat der Engländer Kenneth → Grant mit der Behauptung an die Öffentlichkeit, daß er das Oberhaupt des O. T. O. sei, einen Anspruch den er aber nicht ausreichend belegen konnte. Ende der sechziger Jahre legte der Amerikaner Grady Louis McMurtry Briefe von Crowley vor, die ihn ermächtigten, in Zeiten der Not den O. T. O. zu leiten. Seiner Ansicht nach waren diese Zeiten angebrochen, da der Orden weniger als zehn Mitglieder weltweit hatte. Die von McMurtry (sein magischer Name lautete Hymenaeus Alpha) betriebene Reorganisation erwies sich als sehr erfolgreich und ist heute die mitgliederstärkste. McMurtry starb 1985, heute steht dieser O. T. O. unter der Führung eines Amerikaners, der den magischen Namen Hymenaeus Beta trägt.

Im weiteren Sinne hat der O. T. O. drei Grade: Mensch der Erde, Liebender und Einsiedler. Diese drei Grade sind jedoch in mehrere Zwischengrade unterteilt, so daß man oft von zehn Graden spricht (Null bis Neun). Darüber hinaus gibt es noch einen weiteren Grad (Zehn), aber der ist der Ehrentitel des Oberhauptes. Es existiert sogar noch der Grad Elf, aber dieser gehört nicht mehr zur eigentlichen Ordensstruktur. Strenggenommen besteht der O. T. O. nur aus den drei obersten Graden Sieben bis Neun (den Graden des Einsiedlers). Die offizielle Bezeichnung der anderen Grade (Null bis Sechs) lautet Mysteria Mystica Maxima (Höchst mystische Mysterien), trotzdem wird der Name

O. T. O. meist für den gesamten Orden gebraucht. Rudolf → Steiner, der Begründer der → Anthroposophie, war mehrere Jahre Mitglied des O. T. O. und leitete sogar eine Zeitlang die deutsche Sektion. Oft wird der O. T. O. auch mit dem → Satanismus in Beziehung gebracht, doch nach Ansicht vieler Kenner der esoterischen und magischen Szene stimmt dieser Vorwurf weder für die Vergangenheit noch für die Gegenwart. In der Zeit während des I. Weltkrieges und danach lauteten die Vorwürfe gegen den O. T. O., daß er ein Teil der Verschwörung des Weltjudentums sei. Die Nationalsozialisten verboten den O. T. O. im Jahre 1935, und die Mitglieder emigrierten oder kamen ins Gefängnis bzw. ins Konzentrationslager.

**Osiris** (übersetzt in etwa „Sitz des Auges"), ursprünglich ein ägyptischer Gott der Fruchtbarkeit und des Getreides. Er gilt als Erfinder des Biers. Wie → Dionysos, → Mithra und → Jesus starb er, wurde begraben und stand wieder auf von den Toten. Dies steht sicher im Zusammenhang mit den Erfahrungen des Ackerbaus, dessen Schutzpatron O. war: Die Ähren werden geschnitten, das Korn stirbt, die Saat kommt in die Erde, wird also begraben, die neue Saat keimt – die Idee der Auferstehung liegt hier sehr nahe. Ein anderer Korngott ist der babylonisch-sumerische Tammuz, der auch stirbt und nach drei Tagen (→ Drei) von seiner Gemahlin Inanna wieder zum Leben erweckt wird. Das entspricht dem Tod der Sonne am Abend, ihrem Lauf unter der Erde und ihrer Wiedergeburt am nächsten Morgen, aber auch ihrem Schwächerwerden im Herbst, ihrem Tod am kürzesten Tag des Jahres, dem 23. 12., und ihrer Wiedergeburt am 24. 12. So wurde O. auch mit der Sonne, vor allem der nächtlichen (d. h. die andere Seite der Erde beleuchtenden) gleichgesetzt. Damit wurde er als Sieger über den Tod auch der Herrscher in der Unterwelt. Seit dem Mittleren Reich (ab 2040 v. Chr.) wird in der Vorstellung der Ägypter jeder Verstorbene, der recht gelebt hat, recht gestorben ist und durch die Rituale des → Totenbuchs in das Jenseits geleitet wurde, zu O.
O. war der Sohn des → Geb und der → Nut, Zwillingsbruder des → Seth, Gatte der → Isis und Va-

ter des → Horus. Sein Bruder Seth war neidisch auf seinen Erfolg und seine Beliebtheit. Er tötete ihn und zerstückelte seine Leiche. Seine Gattin Isis und sein Sohn Horus suchten mit Hilfe der → Nephthys drei Tage die Leichenteile zusammen und belebten ihn wieder. Im Glauben der Ägypter wurde O. nun der Gott des Totenreichs und der Vorsitzende des Gerichtes, welches über das weitere Schicksal des Verstorbenen entschied. Vor allem in der Zeit der Spätantike verbreitete sich sein Kult über Ägypten hinaus im ganzen Mittelmeerraum. Da er darüber hinaus auch als Gott des Weins angesehen wurde, setzten ihn die Griechen später mit ihrem Gott → Dionysos gleich. Sehr bekannt ist die Darstellung der Geschichte des O. durch den griechischen Schriftsteller Plutarch (50–125).

**OTO oder O. T. O.** → Ordo Templi Orientis

**Ouija-Brett** Holzbrett, das im → Spiritismus zum Beschwören von Geistern Verstorbener benutzt wird. Es handelt sich um ein Brett unterschiedlicher Form, auf dem alle Buchstaben, die Ziffern 0 bis 9 und die Wörter Ja und Nein aufgemalt sind. Dazu gehört ein kleineres Brettchen auf Rollen mit einem Loch in der Mitte. Wie beim → Gläserrücken legen die Beteiligten jeder einen Finger auf das Rollbrettchen. Unbewußte Muskelbewegungen lassen es in Bewegung geraten, aus den Buchstaben und Zahlen, die im Loch auftauchen, wird die angebliche Botschaft aus dem Jenseits zusammengesetzt und entschlüsselt.

**Ouspensky, Peter Demianivitsch** (1878–1947), russischer Naturwissenschaftler, Anhänger → Gurdjieffs. O. verfaßte einige wichtige esoterische Bücher, deren zentralstes das „Tertium Organum“ ist.

# P

**Pan** Griechischer Hirtengott, dessen Herrschaftsbereich später auf die gesamte Natur ausgedehnt wurde. P. war wegen seiner Lüsternheit und seines nie zu stillenden sexuellen Verlangens berüchtigt. Dargestellt wurde er meist als eine Mischung aus Mensch und Ziegenbock. Dieses Aussehen beeinflußte später das Bild des christlichen Teufels (→ Satan). P. ist auch der Verursacher des „panischen" Schreckens. Falls per Zufall jemand den Gott in seiner Mittagsruhe störte, so erschreckte er diesen mit einem markerschütternden Schrei. In den Lehren der neuen Hexen (→ Hexerei) und Aleister → Crowleys hat P. eine herausragende Rolle erlangt. Er wird als Pangenitor (Alles-Erzeuger) und Panphage (Alles-Verschlinger, Zerstörer) bezeichnet.

**Pansophie** (auch Pansophia) Der Begriff geht auf den Mährischen Priester Jan Amos Comenius (1592–1670) zurück. In seinen Schriften versuchte Comenius, das ganze Wissen seiner Welt zu vereinigen (griechisch pan = alles, All, sophia = Weisheit). Auch regte er an, die Gebildeten der Welt sollten sich zu gemeinsamer Arbeit zusammenfinden. Er scheint den ersten → Rosenkreutzern nahegestanden zu haben. Die in seinen Büchern benutzten Bilder und Gleichnisse ähneln außerdem verblüffend denen der Freimaurer (→ Freimaurerei), die ihn auch wegen seines Humanismus mit sich in Verbindung bringen. Heinrich → Tränker gründete 1925 eine → Loge gleichen Namens, die sich schon im folgenden Jahr auflöste und in der → Fraternitas Saturni aufging.

**Papus** (1865–1916), eigentlich Dr. Gérard Encausse. Er war Mitbegründer der Theosophischen Gesellschaft (→ Theosophie) in Frankreich, Freimaurer, Mitglied des → O. T. O. und Verfasser vieler wichtiger esoterischer Bücher

(Die Kabbala; Die Grundlagen der okkulten Wissenschaft u. a.).

**Paracelsus** (1493–1541), eigentlich Philippus Theophrastus Bombastus von Hohenheim, berühmter Alchemist, Magier und Arzt. Für die Entwicklung der Magie wie der Naturwissenschaft war er wichtig, da er als einer der ersten der Ansicht war, daß nicht blindlings übernommene Lehren, sondern nur persönliche Erfahrungen den Menschen leiten dürfen.

**Parapsychologie,** abgeleitet von para- (griechisch neben) und psychologie (griechisch, Lehre von der Seele) bezeichnet die wissenschaftliche Erforschung der übersinnlichen Fähigkeiten, die manche Menschen angeblich durch das Studium der Esoterik erlangen und die manche auch von Natur aus besitzen sollen. Es handelt sich dabei vor allem um Hellsehen, Gedankenlesen und das Bewegen von Gegenständen ohne physikalische Hilfsmittel. Trotz jahrelanger Bemühungen ist es weder gelungen, die Existenz solcher Fähigkeiten zu beweisen, noch sie zu widerlegen (→ Zenerkarten).

**Parfüm** → Duftöle

**Pendel** Gewicht unterschiedlicher Form, das an einem Faden aufgehängt ist. Hält man es entspannt zwischen Daumen und Zeigefinger, können durch Schwingungen unbewußte Regungen sichtbar gemacht werden. In diesem Sinn wird es auch gelegentlich von Esoterikern benutzt. Beliebt ist z. B. das Vorhersagen des Geschlechts künftiger Kinder mit dem P.

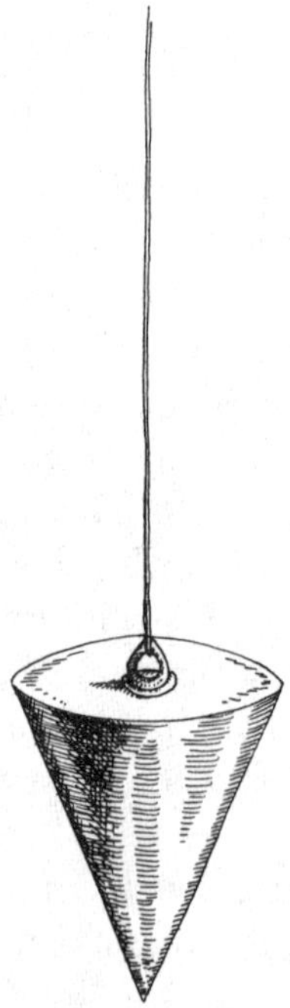

**Pendel**

**Pentagramm,** abgeleitet von griechisch penta = fünf und gramma = Buchstabe, bedeutet also eigentlich „fünf Buchstaben“. Gemeint ist aber das seit Jahrtausenden bekannte Fünfeck. Da es in vielfacher Weise den Goldenen Schnitt enthält, war es seit → Pythagoras bei den Wissenschaftlern, Philosophen und Magiern ein beliebtes Zeichen, das Harmonie und Gesundheit symbolisierte. Außerdem soll es angeblich Herrschaft über die Elemente verleihen (→ Pentagrammritual). Im Volksaberglauben gilt es paradoxerweise als Abwehrmittel gegen Hexen – eigentlich lieben diese ja das Zeichen. In diesem Zusammenhang wird es Drudenfuß genannt.

**Pentagrammritual** Seit dem → Hermetischen Orden der Goldenen Morgendämmerung praktizieren viele Magier das große oder kleine P. Es dient zum Beschwören oder Bannen der vier → Elemente. Das kleine Pentagrammritual:
Nach Osten gewandt sage „Atha“ (Dein ist) und berühre die Stirn mit dem Dolch,
„Malkuth“ (das Reich), berühre die Brust,
„ve Gebuhra“ (die Kraft), berühre die rechte Schulter,
„ve Gedulah“ (die Herrlichkeit), berühre die linke Schulter,
„le Olam. Amen.“ (in Ewigkeit. Amen.), falte die Hände vor der Brust.
Ziehe mit dem Dolch einen Kreis um Dich, dabei zeichne in alle Himmelsrichtungen ein Pentagramm, links unten beginnend und im Uhrzeigersinn. Im Osten sage dazu „Jehova“, im Süden „Adonai“, im Westen „Eheie“ und im Norden „Agla“ (die Worte sind hebräische Gottesnamen). Wieder nach Osten gewandt breite die Arme aus und sage: „Vor mir Raffael, hinter mir Gabriel, zu meiner Rechten Michael, zu meiner Linken Uriel. Denn um mich herum flammt das Pentagramm und in der Säule leuchtet der sechsstrahlige Stern.“ (Die letzten Namen sind die der → Erzengel der Elemente.) Zum Abschluß wiederholt man den Beginn bis Amen.

**Persephone** Griechische Göttin der Unterwelt. → Zeus war ihr Vater und → Demeter ihre Mutter. → Hades, der Gott der Unterwelt, entführte sie, mußte sie aber später nach Klagen der

Demeter für jeweils ein halbes Jahr wieder an die Erdoberfläche entlassen; die andere Hälfte des Jahres verbrachte sie in der Unterwelt. P. ist demnach eine Göttin des Frühlings und Sommers, denn mit ihrem Auftauchen beginnt die fruchtbare Jahreszeit. In den Eleusinischen Mysterien (→ Eleusis) kam P. eine herausragende Rolle zu.

**Peyotl** Kaktus mit dem botanische Namen Lophophora williamsii, der bei den Ureinwohnern Lateinamerikas als heilige Pflanze gilt. Er wird deshalb auch „Fleisch Gottes" genannt. In Scheiben geschnitten, wird er bei religiösen Zeremonien eingenommen und bewirkt Visionen. Besser bekannt ist der wirksamste Bestandteil der Pflanze mit dem Namen Meskalin. Die Wirkung gleicht der des → LSD. Es macht nicht süchtig, und körperliche Schäden treten auch nach langjährigem Gebrauch nicht auf. Allerdings gehört auch Meskalin wegen seiner starken psysischen Wirksamkeit auf keinen Fall in die Hände von Laien.

**Peyotl-Kaktus, „Fleisch Gottes"**

**Phönix** (ägyptischer Benu), ein heiliger Vogel der ägyptischen Mythologie. Der P. ist eigentlich ein Fischreiher, ein Vogel, der an den Ufern des Nils häufig anzutreffen ist. Schon sehr früh wurde er mit dem Sonnengott → Re in Verbindung gebracht. Er galt als das → Ba des Re. Die Verehrung des P. erfreute sich in Ägypten sehr großer Beliebtheit. Bei den Griechen wurde aus ihm dann ein mythischer Vogel, der immer 972 Menschenalter lang leben konnte, sich jedesmal kurz vor seinem Tod selbst verbrannte und aus seiner eigenen Asche wieder auferstand. Das Motiv der Selbstverbrennung wurde im Mittelalter mit → Jesus Tod und Auferstehung in Verbindung gebracht.

**Pisces** Lateinischer Name des zwölften → Tierkreiszeichens Fische.

**Planchette** Im → Spiritismus benutztes Gerät. Es besteht aus einem Brettchen mit einem Loch in der Mitte, durch das ein Stift gesteckt wird. Es ist auf Rollen gelagert und leicht beweglich. Das → Medium legt einen Finger auf die Planchette, die sich dann auf Grund unbewußter Muskelbewegungen in Bewegung setzt und wegen des Stifts eine Spur auf der Unterlage hinterläßt. Die P. wird zum automatischen Schreiben benutzt (→ Schreiben, automatisches).

**Planeten** Wichtiges Deutungselement der → Astrologie. In der Astronomie nennt man so die großen Körper, die selbständig um unsere Sonne kreisen. Man kennt heute acht oder neun P.: Merkur, Venus, Erde, Mars, Jupiter, Saturn, Uranus, Neptun und Pluto (nach neuester Ansicht scheint Pluto vielleicht doch nur so etwas wie ein großer Komet zu sein und kein Planet). Im Unterschied dazu zählt die Astrologie

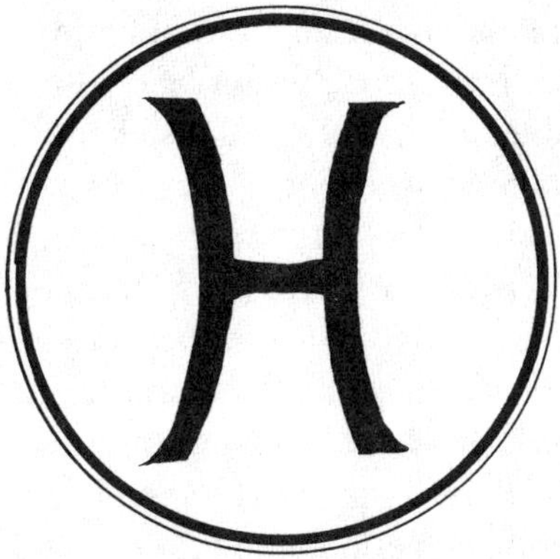

**Astrologisches Zeichen für das Sternzeichen Fische**

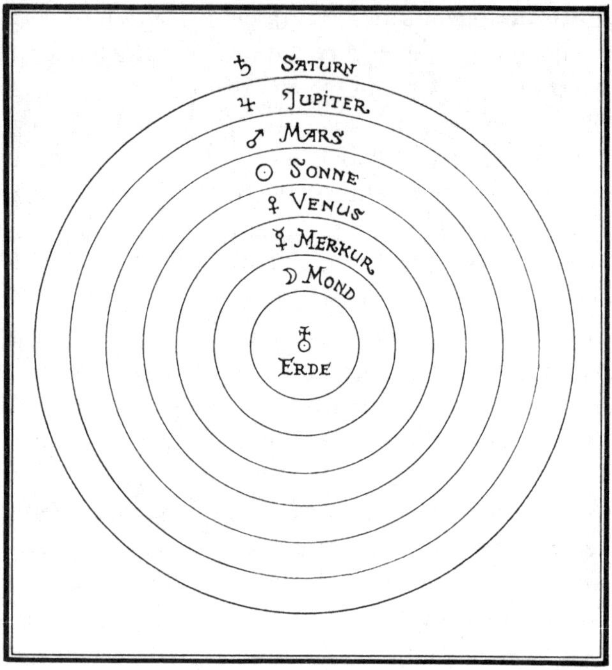


**System der Planeten mit der Erde im Mittelpunkt**

auch Sonne und Mond hinzu, betrachtet die → Erde aber nicht als Planeten, da sie nicht am Himmel zu beobachten ist. So kam die alte Astrologie auf sieben Planeten (→ Sieben): → Sonne, → Mond, → Merkur, → Venus, → Mars, → Jupiter, → Saturn. Nach ihrer Entdeckung wurden die sogenannten → Transsaturniker → Uranus, → Neptun und → Pluto in die astrologische Deutung aufgenommen.

**Platonisches Jahr** Astrologischer Zeitraum von ungefähr 25 850 Jahren. Dies ist der Zeitraum, den der Frühlingspunkt der Sonne braucht, um einmal rund um die → Ekliptik zu wandern. Dementsprechend braucht er ungefähr 2150 Jahre, um durch ein → Tierkreiszeichen zu wandern. Mit Eintritt in ein neues Zeichen beginnt ein neues Zeitalter. Im Moment leben wir im → Fischezeitalter, das vor 2000 Jahren begann. In etwa 150 Jahren beginnt das → Wassermannzeitalter.

**Pluto** (Gott) lateinischer Name des griechischen Gottes → Hades, Gott der Unterwelt, in welche die Menschen nach ihrem Tod hinabsteigen. Er galt als mitleidlos und wurde gefürchtet, denn er ließ zwar jeden in seinen Palast hinein, aber niemanden hinaus. Auf der anderen Seite kommt in der mythologischen Vorstellung der Antike jedoch auch das Leben aus der Unterwelt, denn man glaubte, daß die Pflanzen, die aus der Erde wachsen, aus P.'s Reich stammen. Verheiratet ist P. mit → Persephone, der Tochter der Getreidegöttin → Demeter.

**Pluto** (Planet) Äußerster Planet unseres Sonnensystems, der 1930 von C. Tombaugh am vorherberechneten Ort entdeckt wurde. Bahnstörungen von → Uranus und → Neptun hatten es erlaubt, seine Umlaufbahn zu berechnen. Astronomen neigen allerdings in der letzten Zeit dazu, ihn eher für einen großen Kometen als für einen Planeten zu halten. In der → Astrologie steht P. für übermenschliche Energien und gewaltsame Umbrüche. Er zeigt dem Menschen die äußersten Grenzen seiner Existenz. Unter anderem wird er mit der Atombombe in Verbindung gebracht. Von vielen Astrologen wird er zusammen mit Mars dem → Tierkreiszeichen Skorpion als Herrscher zugeordnet.

**Poltergeist** Ein vorwitziger bis boshafter Geist, dem es Freude macht, Menschen durch Klopfen oder andere Geräusche zu erschrecken. Gelegentlich sollen P. auch mit Gegenständen um sich werfen. Gesehen hat sie noch keiner.

**Priapus** In der Religion der Griechen der Schützer der Felder und Gärten vor Tieren, Vögel und Dieben. P. ist der Sohn der → Aphrodite und des → Dionysos und wurde als ein kleiner, häßlicher Mann dargestellt, der einen riesigen Phallus hat.

**Psi** Name eines griechischen Buchstabens, in der → Parapsychologie die Bezeichnung für die vermutete seelische Energie, die dem Hellsehen und ähnlichem zugrunde liegt.

**Psylocybe** Pilz, der bei den lateinamerikanischen Ureinwohnern göttliche Verehrung ge-

**Psylocybe-Pilz**

nießt. Er wird in gemeinschaftlichen Festen eingenommen, um göttliche Visionen zu erhalten. In den USA hat eine indianische, religiöse Gemeinschaft offiziell das Recht, den Pilz zu gebrauchen. Für alle anderen hat er als Rauschgift zu gelten. Wirksame Verwandte dieses Pilzes sind weltweit zu finden.

**Ptolemaios, Klaudios** (auch Claudius Ptolemäus, ca. 90–160 n. Chr.), Astronom und Astrologe in Alexandria/Ägypten. Nach seiner Vorstellung steht die Erde im Mittelpunkt des Universums, und alle Planeten und Sterne umkreisen sie. Obwohl sich diese Ansicht als falsch herausstellte, genießt seine wissenschaftliche Arbeit noch immer großes Ansehen. Er stellte den ersten erhaltenen Sternenkatalog zusammen und verfaßte viele andere wissenschaftliche Werke. Von ihm stammt auch das erste erhaltene Lehrbuch der → Astrologie, das auch Laien verständlich war, das → Tetrabiblos. Auf P. geht darüber hinaus die Ausarbeitung unserer heutigen astrologischen → Häuser zurück.

**Pythagoras von Samos** (580–500 v. Chr.), Mathematiker und Gründer einer der ersten ordensähnlichen Schulen, die der → Freimaurerei oder dem → O. T. O. vergleichbar wären. Die Mitglieder sollten die Harmonie der Welt durch Studium der Musik, Mathematik, Zahlenlehre und der anderen damals bekannten Wissenschaften erfahren. P. lehrte auch die Seelenwanderung. Manche Historiker vermuten deswegen, er habe Kontakt zu indischen Lehrern gehabt. Bekannt ist nur, daß er weit und viel gereist ist. Übrigens war er einer der ersten, von dem man weiß, daß er die Sonne und nicht die Erde im Mittelpunkt des Universums sah.

**Q** Abkürzung für Quintil, in der → Astrologie, besonders der Stellung der Planeten zueinander, ein → Aspekt von 72 Grad.

**Qliphot** Rückseite des Lebensbaums in der → Kabbalah. Hier wohnen die Schatten und bösen Geister.

# R

**R** Im → Horoskop wird die Rückläufigkeit eines Planeten mit einem großen R markiert. Diese (scheinbare) Rückläufigkeit entsteht, wenn die Erde in ihrem Jahreslauf einen Planeten überholt oder Merkur oder Venus ihre Reise zur Rückseite der Sonne antreten.

**Rabelais, François** (1495–1553), französischer Benediktiner, Arzt und Dichter, der den berühmten Romanzyklus „Gargantua und Pantagruel" schrieb (→ Abtei Thelema, → Thelema). Die Grundfragen des freimaurerischen Rituals gehen ebenfalls auf ihn zurück:
Woher kommst du?
Wohin gehst du?
Was bringst du?

**Radix-Horoskop** Aus dem Lateinischen stammende Bezeichnung für → Geburtshoroskop (radix = Wurzel).

**Räuchermittel** → Duftöle

**Re** (gelegentlich auch Ra), Name des ägyptischen Sonnengottes. Mit seiner Barke überquert er jeden Tag sein Reich, den Himmel. Begleitet wird er hierbei von seinem Ratgeber → Thot und von → Maat, der Göttin der kosmischen Gerechtigkeit und Ordnung. In den Anfängen war R. wahrscheinlich die Bezeichnung des Fixsterns Sonne. Später vereinigte er sich mit → Horus zu Harachte, dem Gott der Morgensonne.

**Regiomontanus** (eigentlich Johannes Müller, 1436–1476), deutscher Astronom, Astrologe und Mathematiker. Er verbesserte die Berechnung der astrologischen → Häuser. Sein System wird bis heute benutzt.

**Reiki** (Rei-Ki, ausgesprochen: ree-ki) bedeutet so viel wie „universelle Lebensenergie". R. ist eine in Japan entwickelte ganzheitliche Heilungs- und Entspannungsmethode (→ Ganzheitliche

Medizin). Es soll zusätzlich die Möglichkeit bieten, bewußte Selbstfindungsprozesse einzuleiten, sich also besser und tiefer kennenzulernen. Wie die meisten esoterischen Heilpraktiken ist R. an keine Religion gebunden. Jedem Patienten oder Praktizierenden steht es frei, die Philosophie der Heilmethode an seinen eigenen Glauben anzupassen. Die Übertragung von R., also die der heilenden Lebensenergie, geschieht entweder durch direktes Handauflegen oder durch „Fern-R.", je nach Situation und Möglichkeit.
Traditionell wird es in drei Graden praktiziert:
Der 1. Grad bietet die Möglichkeit, durch direktes Handauflegen Lebensenergie zu sich selbst oder zu einer anderen Person zu übertragen.
Der 2. Grad bietet die Möglichkeit, durch bestimmte „Schlüssel" Zeit und Raum zu überwinden und Zugang zur Seele herzustellen, um R. ohne direkten körperlichen Kontakt übertragen zu können.
Der 3. Grad (Meister-Grad) ermöglicht es den Eingeweihten, andere Menschen zum Kanal dieser Energie werden zu lassen, sie also zu Heilern auszubilden.
Der Schöpfer des R.-Systems war Mikao → Usui.

**Reinkarnation,** lateinisch Wiederfleischwerdung, Wiedergeburt der Seele. In allen asiatischen Religionen glaubt man, daß Gier und Unwissenheit dazu führen, daß man nach dem Tod immer wieder auf die Erde zurückkehren muß (→ Nirwana). In Europa finden sich solche Vorstellungen zum Beispiel bei den Pythagoräern (→ Pythagoras), bei den Christen der ersten drei Jahrhunderte und dann schließlich in der → Esoterik. Während aber asiatische Gläubige das Ende der Wiedergeburten anstreben, bemühen sich viele westliche Esoteriker um immer „bessere" Wiedergeburten. Ihrer Ansicht nach sei jede Reinkarnation die Chance zur seelischen Höherentwicklung.

**Reuß, Theodor** (1855–1923), bekannter Esoteriker, vor → Crowley der Leiter des O.T.O (→ Ordo Templi Orientis). In seiner Zeit wurde auch Rudolf → Steiner in den Orden aufgenommen.

**Ritual** Religiöse Handlung, die einen festgelegten Ablauf hat. Gesten, Worte, Gerüche, Farben, Worte, Bilder und Kleidung sind in jedem R. fein aufeinander abgestimmt, um die Teilnehmer in eine bestimmte seelische Haltung zu bringen. Mit Hilfe von R.en können sonst unzugängliche Bereiche des Unbewußten erreicht werden. Im weiteren Sinn ist jede wiederholte Handlung ein R.: die tägliche Zeitung zum Frühstück, der Griff zur Bierflasche nach Feierabend, das Ansehen immer derselben Fernsehsendungen, die Militärkapelle beim Staatsempfang, der Gang zur Wahlurne. R.e stabilisieren den einzelnen Menschen und die Gemeinschaft, ohne sie könnte niemand überleben. Andererseits schränken die alltäglichen R. auch ein und verengen die Weltsicht. Die R.e der Priester und → Magier sollen ein mächtiges Gegengewicht zu den alltäglichen herstellen und so den Menschen aus seiner Beschränkung befreien. Für die Wirksamkeit eines R.'s ist es nicht wichtig, daß die Teilnehmer alles verstehen, da die Wirkung über die Sinne und nicht über den Verstand geht. So konnte die katholische Kirche Jahrhunderte lang ihre Messen auf Latein abhalten, obwohl ihre Anhänger die Sprache nicht verstanden. Da → Magier es ablehnen, sich fremden Einflüssen auszusetzen, entwickelt jeder seine eigenen R.e.

**Rosenkreutz, Christian** Pseudonym des Verfassers dreier Schriften aus dem 17. Jahrhundert: Fama Fraternitatis (Der Ruf der Bruderschaft), Confessio Fraternitatis (Das Bekenntnis der Bruderschaft) und die Chymische Hochzeit Christiani Rosenkreutz. Autor war vermutlich der Protestant Valentin Andreae. In diesen magisch-alchemistischen Büchern wird eine geheime von R. gegründete Gesellschaft beschrieben, in der die besten Menschen für das Wohl der Menschheit arbeiten. R. sei danach 1378 geboren und im Alter von 106 Jahren 1484 gestorben. Die Bücher erregten großes Aufsehen, und viele wollten der Geheimgesellschaft beitreten. So kam es nachträglich zur Gründung der → Rosenkreutzer.

**Rosenkreutzer (Rosenkreuzer)** In den Büchern von Valentin → Andreae (→ Rosenkreutz) wird eine erfundene geheime Gesellschaft beschrieben, in der sich die besten Gelehrten, Weisen und Philosophen der Zeit versammeln. Auf dem Boden der Lehre Martin Luthers helfen sie der Menschheit mit ihrem Wissen über Alchemie und Magie. Die auf diese Bücher hin im 17. Jahrhundert gegründeten Ur-R. zogen tatsächlich einige Größen ihrer Zeit an. In vielen Städten Europas betrieben sie bis in das 18. Jahrhundert hinein Zirkel. In ihnen wurde vor allem die alchemistische Weltsicht von Paracelsus gepflegt. Sie entwickelten eine phantastische und

**Das Rosenkreuz, Zeichen der Ur-Rosenkreutzer**

sehr umfangreiche Bilderwelt, die sich nur Eingeweihten völlig erschließt. Eins ihrer wichtigsten bekannt gewordenen Mitglieder war der Brite Robert → Fludd (1574–1637). Er bemühte sich, die Hauptdisziplinen der Esoterik zu vereinheitlichen: → Astrologie, → Kabbalah, Medizin und → Magie.
Die heute anzutreffenden R. sind ganz unterschiedliche Gruppen, die fast alle im letzten, einige in diesem Jahrhundert gegründet wurden. Das einzige ihnen Gemeinsame ist, daß sie mit den ursprünglichen R. kaum mehr gemein haben als den Namen. Sie tragen ihn nur, um sich eine alte und ehrwürdige Tradition anzumaßen.

**Rosenkreuz** Kreuz, in dessen Schnittpunkt eine Rose angebracht ist. Das Zeichen der Ur-→ Rosenkreutzer ist in vielen esoterischen Schulen von großer Bedeutung. Durch Studium und Meditation soll jeder für sich selbst seine Bedeutung erkennen.

**Runen** Eigenes Alphabet der Germanen, die bei den Römern die Schrift kennengelernt hatten. Bei den verschiedenen germanischen Völkern wurden leicht unterschiedliche Formen benutzt. Im allgemeinen scheint man die R. vor allem zur Aufzeichnung von Zaubersprüchen benutzt zu haben. Dazu schnitt man sie häufig in Buchenstäbchen ein (daher der Name „Buchstaben"). Es sind nur sehr wenige Runeninschriften überliefert. Nahezu alles, was heute als Runenmagie verbreitet wird, stammt aus dem 19. Jahrhundert.

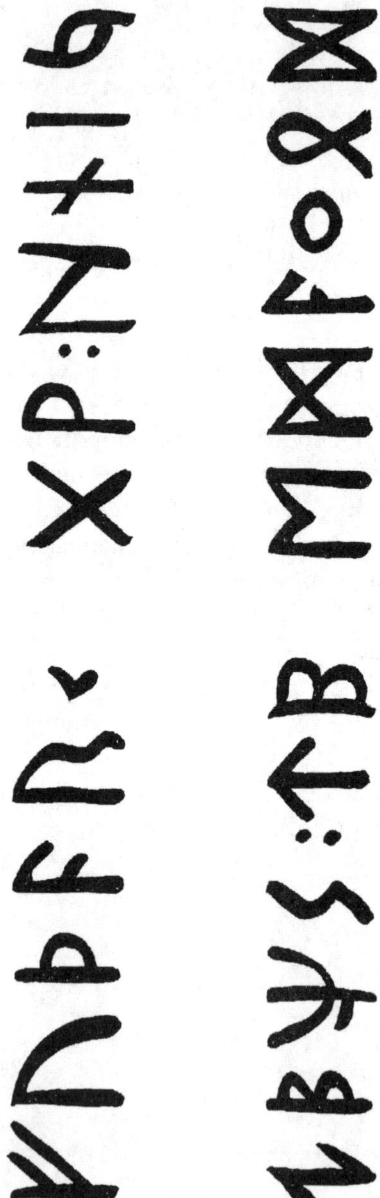

# S

**Sagittarius** Lateinischer Name des neunten → Tierkreiszeichens Schütze.

**Astrologisches Zeichen für das Sternzeichen Schütze**

**Salemhexen** Im Jahre 1662 fanden in dem Ort Salem in Massachusetts Hexenverfolgungen statt, in deren Verlauf 34 Menschen wegen Hexerei zum Tode am Galgen verurteilt wurden. Diese Hexenverfolgungen sind deswegen interessant, weil es in der neueren Hexenbewegung (→ Hexerei) häufig Hexen und Hexenmeister gab und gibt, die sich darauf berufen, Nachfahren der S. zu sein.

**Sanskrit** Alte Sprache der heiligen Bücher der Inder.

**Satan** (hebräisch „Gegner" oder „Feind") gilt als die Verkörperung des Bösen schlechthin. Das heutige Satansbild hat seine Ursprünge vor allem in der jüdischen und christlichen Religion. Im Buch „Hiob" im Alten Testament ist S. eine Art himmlischer Staatsanwalt, der dem Menschen seine Sünden vorhält. An anderen Stellen ist S. auch der Engel, der das Schwert des Todes führt. Im Neuen Testament erhält er die Beinamen „der Versucher, der Verleumder, der Feind, der Lügner und Engel des Höllenschlunds". Er versucht Jesus während seines vierzigtägigen Fastens in der Wüste und bietet ihm die Herrschaft über die Welt an, wenn dieser vor ihm auf die Knie falle und ihn verehre. In der

Bibel findet sich nichts darüber, wie S. entstand, er ist einfach ein Teil der Schöpfung. Genausowenig ist es ersichtlich, warum Gott S. schuf. Später erfolgte oft eine Gleichsetzung S.s mit dem „gefallenen Engel" → Luzifer, doch kann sich diese Geschichte nicht auf die Bibel berufen. Die Zeit des S.s auf der Erde ist begrenzt, denn der Messias wird ihn der Prophezeiung nach bei seiner Wiederkunft endgültig besiegen. In der „Offenbarung des Johannes" (Apokalypse), dem letzten Buch des Neuen Testaments, steht, daß Christus am Ende aller Tage die Herrschaft des S.s beenden wird.
Die Idee des → Dualismus, des Widerparts von bösem und gutem Gott, gab es außer im Juden- und Christentum auch in der Religion des → Zarathustra. Die Gestalt und die Idee des christlichen S.s erhielt außerdem auch schon viele Attribute vom ägyptischen Gott → Seth und dem griechischen Gott → Pan. In der → Gnosis wurde die Idee der Existenz des S.s weiter und detaillierter ausgearbeitet. Später wurde beispielsweise den → Tempelrittern vorgeworfen, daß sie S. in der Gestalt des → Baphomet verehrt hätten. Im 18. und 19. Jahrhundert erhielt S. so etwas wie eine philosophische Ausdeutung. Er stand für die Rebellion gegen staatliche und kirchliche Einflüsse in der Gesellschaft, die zunehmend als einschränkend empfunden wurden. So schrieb z. B. der russische Schriftsteller und Begründer des Anarchismus, Michael Bakunin (1814–1876), daß S. der Gott der Anarchisten sei, da er freie Rede und freies Denken symbolisiere. Diese Geisteshaltung hatte auch Auswirkungen auf die Literatur, Poesie und Musik. Es wurde etwas geschaffen, was man mit „Schwarzer Romantik" bezeichnet. Vertreter dieser Richtung sind z. B. die Dichter Charles Baudelaire (1821–1867) und Gerard de Nerval (1808–1855). Musikalisch zeigt sich dieser Einfluß etwa in Hector Berlioz' (1803–1869) „Phantastischer Symphonie", wo ein Satz musikalisch einen Hexensabbath mit dem Teufel schildert. In der heutigen Zeit setzen viele Anhänger der → Hexerei (oder auch → Wicca) den S. mit den schöpferischen Kräften der Natur, vor allem der Sexualität, gleich.

**Satanismus** Bezeichnung für die Verehrung des → Satans. Satanisten sehen ihn als den höchsten Gott und den Herrscher der Welt an, der seinen Anhängern Macht und Reichtum verleihen soll. Außerdem steht der S. für Freiheit von moralischen und ethischen Beschränkungen, die ausschließlich als Eingrenzungen empfunden werden. Satanisten lehnen sowohl Reue- als auch Schuldgefühle ab. Die Befreiung, die sie anstreben, bezieht sich auf die Sexualität, die sie in unserer christlichen Kultur als unterdrückt ansehen.

Heute gibt es einerseits den organisierten S., der sich in Gruppen wie der → Kirche des Satans und den → Tempel des Set zeigt. Außerdem gibt es noch eine weitere Form des S., die man als Teil der sogenannten Jugendkultur bezeichnen kann. Hierbei gehört in der Regel eine bestimmte Musikrichtung (z. B. Death Metal oder Gothic bzw. Gruftie Rockmusik) dazu. Die Jugendlichen kleiden sich vornehmlich in Schwarz und versuchen, sich ein morbides Aussehen zu geben. Die Jugendlichen wollen damit ihre eigene Identität finden und lehnen eben deshalb vieles aus der Welt der Erwachsenen ab, die sie gleichzeitig mit ihrem Verhalten provozieren wollen. Ein anderer Teil der Jugendlichen gerät, bedingt durch seine Lebens- und Arbeitsbedingungen an den S. Der S. oder das, was sie dafür halten, verspricht ihnen Macht und Abwechslung für ihren monotonen Alltag; sie feiern Parties auf Friedhöfen oder versuchen sich in selbstgeschaffenen Teufelsbeschwörungen und Ritualen. Bei der überwiegenden Mehrheit der Jugendlichen legt sich diese Satanismusphase nach ein paar Jahren; mit dem organisierten S. hat sie eher wenig zu tun.

Sicherlich dient der S. auch einigen psychisch gestörten Menschen dazu, ihre kriminellen und perversen Triebe auszuleben. Die Führungsakademie des amerikanischen FBI in Quantico hat eine Studie über sogenannte Kultverbrechen erarbeitet, die mit S. in Verbindung stehen sollen. Sie kommt darin zu dem Schluß, daß fast alle Anschuldigungen auf Verleumdungen beruhen, oder ganz einfach von Journalisten erfunden wurden. Erwähnenswert ist in diesem Zusammenhang auch, daß die Polizei der amerikanischen Stadt San Francisco

die Abteilung aufgelöst hat, die sich mit satanistischen Kultverbrechen beschäftigen sollte.
Ein anderes sicherlich nicht zu unterschätzendes Problem stellen jedoch die Jugendlichen dar, die über eine sehr instabile Psyche und Gefühlslage verfügen. Bei ihnen kann die Beschäftigung mit S. Ängste hervorrufen, bzw. auch eine bereits unterschwellig vorhandene Psychose offenbar machen, die sogar zu Selbstmordfantasien und Selbstmorden führen kann. Die Experten streiten darum, ob in diesen Fällen für den Ausbruch der Psychose die Beschäftigung mit dem S. wirklich ausschlaggebend war oder ob sie nicht in jedem Falle ausgebrochen wäre. Für den Jugendlichen mit dieser Problematik bringt dieser Streit jedoch nichts, er braucht die Hilfe von Psychotherapeuten und Psychiatern.

**Saturn** (Gott) Römischer Gott des Ackerbaus und der Bergleute. Mit seiner Gemahlin Ops, der Göttin von Aussaat und Ernte, hatte er einen Sohn, → Jupiter, der ihm schließlich die Herrschaft raubte. Die Periode seiner Herrschaft wird als goldenes Zeitalter bezeichnet, in dem alle Menschen friedlich und in Reichtum miteinander lebten. Im dankbaren Andenken an diese Zeit feierten die Römer jedes Jahr ein ausgelassenes Fest, die Saturnalien. Für die Festtage gab es keine Herren und Knechte. Unser Karneval geht auf dieses Fest zurück.

**Saturn** (Planet) galt in der → Astrologie eine Zeitlang als großer Übeltäter. Heute schätzt man ihn wieder als den → Planeten, der Erfahrung schenkt und Einsicht in den Lauf des Lebens gibt. Er zeigt aber auch Grenzen auf und konfrontiert mit dem Unausweichlichen. Die → Tierkreiszeichen → Steinbock und → Wassermann sind ihm zugeordnet.

**Zeichen für den Planeten Saturn**

**Schamanen** Geistige Führer und Heiler der nordasiatischen Stämme. Sie tragen die Verantwortung für die seelische und körperliche Verfassung der Stammesmitglieder. Bei Problemen kennen sie die → Rituale, mit denen Kontakt mit der Geisterwelt aufgenommen werden kann. Auf ihrer Geisterreise erfahren sie, wo die Harmonie gestört ist und wie Heilung erreicht werden kann. Ihre Praktiken und Aufgaben gleichen denen afrikanischer und indianischer Medizinmänner. Die Weltgesundheitsorganisation WHO hat schon vor Jahren anerkannt, daß die Heilrituale, an denen der ganze Stamm teilnimmt und bei denen auch Drogen eine große Rolle spielen, von gleicher Wirksamkeit wie die Schulmedizin sind. Mittlerweile machen überall auf der Welt Pharmakologen eine Bestandsaufnahme der verwendeten Drogen, um sie auch unserer Medizin zugänglich zu machen. Ein berühmtes Ergebnis dieser Forschung ist die Antibabypille. Niemand kann sich entschließen, Sch. zu werden, man muß von Geburt dazu bestimmt sein und vom alten Sch. und vom Stamm dazu bestimmt werden. Oft wählte man Menschen, die bei uns als psychisch krank gelten würden. Die Ausbildung ist umfangreich, beginnt als Kind und dauert 30 Jahre. Bei uns in letzter Zeit oft angebotene Kurse, die eine Ausbildung an einigen Wochenenden versprechen, mögen auf interessante Weise exotische Bedürfnisse befriedigen, haben aber nichts mit Schamanismus zu tun.

**Scheiben** Eine der vier Farben im → Tarot. Sie sind dem Element → Erde zugeordnet. Sie gelten wie die → Kelche als weibliche Symbole.

**Schlange** Gilt in fast allen Kulturen außer der christlichen und jüdischen als weises, göttliches Tier, da sie mit ihrem ganzen Körper ständig Mutter Erde berührt. Als Kundalinischlange (→ Kundalini), die sich um das Rückgrat schlingt, steht sie für die Lebensenergie. Die negative Bewertung der christlichen und jüdischen Religion entspringt der Verbindung der Sch. mit dem Weiblichen und der Sexualenergie. Bei Hexen und Magiern genießt sie bis heute hohes Ansehen. Bei den Chinesen ist die

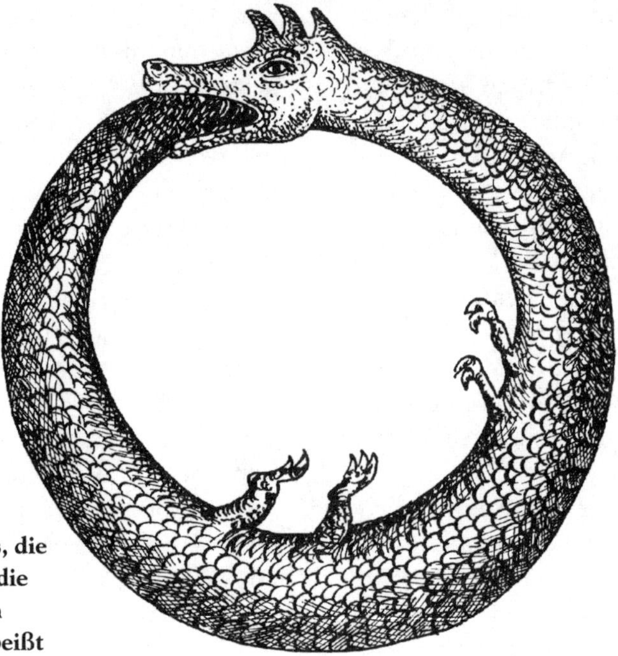

**Ouroboros, die Schlange, die sich in den Schwanz beißt**

Sch. das sechste Zeichen und verleiht besondere Weisheit. Ouroboros ist die Schlange, die sich in den Schwanz beißt. Sie steht für die Ewigkeit.

**Schneiderfranken, Joseph Anton** → Bo Yin Ra.

**Scholem, Gershom**
(1897–1923), in Israel lebender Philosoph, der wichtige Bücher zur → Kabbalah geschrieben hat (u. a.: Von der mystischen Gestalt der Gottheit; Zur Kabbalah und ihrer Symbolik). Seit Jahrhunderten war er der erste, der in unserer Zeit wieder eine Professur für jüdische → Mystik und Kabbalah an einer Universität innehatte.

**Schreiben, automatisches**
Schreiben eines Menschen, der sich in → Trance befindet. Manche vertreten die Ansicht, daß beim a. Sch. ein Geist (z. B. der eines Toten) dem Schreiber die Feder führt. Andere meinen, daß in der Trance der Schreiber Zu-

gang zu seinem Unterbewußtsein hat und die von ihm geschaffenen Texte dort ihren Ursprung haben.

**Schu** Ägyptischer Gott der Luft, außerdem Ehemann und Bruder der → Tefnut.

**Schwarze Magie** Begriff, der sich im Laufe der Zeit verändert hat. Ursprünglich unterschied man lange dahingehend, daß der weiße Magier den christlichen Gott und seine Engel anruft, der schwarze aber heidnische Götter, also Teufel und Dämonen. Das Ziel oder die bei der Operation gebrauchten Mittel waren dabei unwesentlich. So sind „weißmagische" → Rituale christlicher Mönche überliefert, bei denen das Blut frisch getöteter Juden gebraucht wurde. Ein jüdischer Magier hingegen, der mit kabbalistischen Mitteln (→ Kabbalah) seine Familie schützen wollte, war im Mittelalter selbstverständlich ein Schwarzmagier. Heute unterscheidet man die weiße von der schwarzen Magie vor allem durch die Mittel und Ziele. Achtung vor dem freien Willen des Mitmenschen und der Wunsch zu helfen zeichnen die weiße, Willen zur Macht ohne Rücksichtnahme die schwarze Magie aus.

**Schwarze Messe** Das Hauptritual des → Satanismus. Die sch. M. stellt eine Art Parodie auf eine römisch-katholische Messe dar. So wird das Kreuz auf den Kopf gestellt, die Gebete verändert (z. B. „Satan unser …" statt „Vater unser"), oder Gebete werden rückwärts gebetet, Hostien, die vornehmlich aus einer katholischen Messe stammen sollen, werden entweiht; es wird einfach alles geschmäht, was in der katholischen Messe heilig ist. Oft dient auch eine nackte Frau als Altar und nicht selten sollen sch. M.n in sexuellen Orgien enden. Es scheint so, daß die sch. M. oft nur ein Vorwand für letzteres ist. Die bekannteste Form der sch. M. dürfte heute die sein, die von der → Kirche des Satans praktiziert wird. In den Anfängen dessen, was man heute unter Satanismus versteht (im 19. Jahrhundert vor allem), wurde großer Wert darauf gelegt, daß die sch. M. von einem geweihten, katholischen Priester zelebriert wurde, der aber dem Christentum abgeschworen haben mußte. Von einem anderen gefeiert, habe sie keine Wirkung. In den siebziger und achtziger Jahren dieses Jahrhunderts haben die Künstler, die unter dem Namen „Wiener Aktionisten" bekannt geworden sind (Josef Dvorak, Werner Nitsch, Otto Mühl etc.), sogenannte Kunsthappenings veranstaltet, die oft von sch. M.n beeinflußt waren. Fälschlicherweise werden auch die Jesiden (oder Jezidis) oft als Satanisten oder Teufelsanbeter angesehen. In Wahrheit handelt es sich bei ihnen jedoch um einen kurdischen Volksstamm, der im Grenzgebiet der Türkei, des Irans, des Irak und Syriens lebt. Sie hängen einer Lehre an, die eine Mischung aus sogenanntem Heidentum, vorislamisch-arabischer, christlicher und islamischer Religion ist. Da ihre islamischen Nachbarn sie als „Teufelsanbeter" bezeichneten, gerieten sie bei einigen Uninformierten in den Ruf, Satanisten zu sein.

**Astrologisches Zeichen für das Sternzeichen Skorpion**

**Schwerter** Eine der vier Farben im → Tarot. Sch. sind der → Luft zugeordnet und wie die → Stäbe männlich. In manchen Theorien über das Tarot sind die → Elemente von Stäben und Sch. vertauscht.

**Scientology** Eine von Ron → Hubbard gegründete Gemeinschaft. Sie versteht sich selbst als Kirche, die wissenschaftliche Mittel (es handelt sich dabei letztlich um eine Art Lügendetektor) zur Entwicklung der eigenen Persönlichkeit bereitstellt. Da die Mitgliedschaft außerordentlich kostspielig ist, tauchte wohl zurecht der Verdacht auf, daß es sich mehr um einen Verein zur Beschaffung von Geld handelt.

**Scorpio** Lateinischer Name des achten → Tierkreiszeichens Skorpion.

**Seance** Spiritistische Sitzung. Eine Gruppe von Menschen versammelt sich in einem abgedunkelten Raum im Kreis um einen Tisch, faßt sich bei den Händen und versucht, mit ihrer Energie und Konzentration ein anwesendes → Medium zu unterstützen. Ziel einer S. ist es, einen Geist zu beschwören, um Informationen über das Jenseits oder sonstige Weisheiten zu erhalten. Die Ergebnisse aller Sitzungen, die bekannt wurden, sind von erstaunlicher Einfalt und geben nur oberflächliches esoterisches Alltagswissen wieder.

**Sechs** Mindestens seit → Pythagoras gilt die Zahl als günstig, da sie Vollkommenheit symbolisiert. In der Bibel schuf Gott die Welt an sechs Tagen, den Menschen am sechsten, am siebten ruhte er. Die Sage erzählt, daß König Salomo mit dem sechsstrahligen, aus zwei Dreiecken zusammengesetzten Stern (→ Hexagramm) Geister in Flaschen bannen konnte.

**6. und 7. Buch Mose** Zauberbuch, von dem seit dem Ende des 18. Jahrhunderts verschiedene Versionen erfunden wurden, oft von Buchhändlern, die sich ein gutes Geschäft versprachen. Sie enthalten Elemente bäuerlichen Aberglaubens, falsch verstandene Zaubersprüche und -heilmittel, zum Beispiel gegen Schluckauf und Alpträume. Natürlich fehlen auch nicht Anleitungen zum Finden eines Schatzes.

**666** Die Zahl des Teufels in der Offenbarung des Johannes (→ Magische Quadrate).

**Seele** Das Lebensprinzip oder der göttliche Funke, der nach esoterischer Sicht in allen Wesen, selbstverständlich auch in den Tieren vorhanden ist.

**Seelenwanderung** Nach esoterischer Vorstellung bewohnt die Seele ihren Körper nur auf Zeit. Wenn er stirbt, verläßt sie ihn und sucht sich einen neuen. Normalerweise sucht sie sich einen menschlichen oder auch tierischen Embryo ohne Seele und geht wieder auf die Reise durch ein neues Leben (nach dem Glauben der → Theosophie und → Anthroposophie kann eine menschliche Seele nur wieder einen menschlichen Körper aufsuchen). Der jüdischen Mystik nach kann es aber auch geschehen, daß eine Seele in einen schon bewohnten Körper eindringt und ein Dibbuk entsteht. So ein Mensch gilt dann als besessen.

**Sekten** Im Juden- und Christentum entstandene Bezeichnung mit abwertendem Beigeschmack. Kleine Gruppen werden so genannt, deren religiöse Anschauungen von der der Mehrheit abweichen. So waren die Christen in den ersten Jahrhunderten eine jüdische S. Als sie zahlreich geworden waren und die Gunst des römischen Kaiserhauses genossen, begannen sie ihrerseits, kleinere Gruppen, zunächst die gnostischen Kirchen (→ Gnosis), als S. zu verfolgen. Mit dem Begriff S. werden aber auch religiöse Gemeinschaften bezeichnet, die sich von der Umgebung abkapseln, ihren Mitgliedern absoluten Gehorsam abverlangen und das eigene Denken verbieten.

**Sensitive Punkte** Punkte auf der → Ekliptik, die durch verschiedene Berechnungen gefunden werden und an denen keine wirklichen → Planeten stehen. Beispiele sind der Glückspunkt und die → Mondknoten.

**Sepher Jetzirah,** hebräisch für „Buch der Schöpfung“, das älteste überlieferte Buch der → Kabbalah (unbestimmten Alters). Die Legende glaubt, es gehe auf die Zeit Moses zurück. Inhaltlich verweist es auf die ersten Jahrhunderte n. Chr. Das S. J. bildet eine der Grundlagen der Kabbalah. In ihm wird die mystische Bedeutung der 22 hebräischen Buchstaben erklärt.

**Sephirot** → Kabbalah.

**Seth** (1) Nach dem alten Testament der dritte Sohn von Adam und Eva. Ihm wird die Erfindung der → Astrologie zugesprochen.

**Seth** (2) Bruder des ägyptischen Gottes → Osiris. Er wird in verschiedenen Gestalten dargestellt, als Schwein, Esel, Nilpferd und Oryxantilope. S. ist der Gott der heißen Wüstenregionen Ägyptens. Da sein Bruder Osiris für Fruchtbarkeit steht, war er dementsprechend neidisch auf ihn und tötete ihn. Osiris' Sohn → Horus rächte seinen Vater und kastrierte S. Später erhielt S. viele Züge eines extrem bösen Gottes, der auch mit dem christlichen Teufel gleichgesetzt wurde.

In der Frühzeit der ägyptischen Religion stand er im Bug der Sonnenbarke und bekämpfte die Schlange → Apophis mit seinem Dreizack.

**Sexualmagie** → Tantra

**Shamballa** Mystischer Ort der indischen Sagenwelt, angeblich Sitz der geheimen Meister. Man-

**Indische Gottheit Shiva**

che westlichen Okkultisten, vor allem Theosophen (→ Theosophie) glauben, daß er wirklich irgendwo in der Wüste Gobi existiert. So wurden sogar Expeditionen unternommen, um das sagenhafte S. zu suchen (→ Blavatzky, → Bailey, → Geheime Obere). Ein Beweis für seine Existenz konnte aber nicht geführt werden.

**Shiva** (Sanskrit: der Freundliche, Gütige), gehört mit → Brahma und → Vishnu zur höchsten indischen Götter-Dreiheit. Er wird oft in sexueller Vereinigung mit seiner Frau Shakti (Sanskrit: Macht, Kraft) dargestellt. Als Shiva-Nataradja ist er der tanzende Herr des Universums, als Mahadeva der Gott des → Yoga. Grundsätzlich ist er der Gott der Zerstörung und Auflösung. Der beliebteste der indischen Götter wird von seinen Anhängern durch das Rauchen von Haschisch (→ Hanf) verehrt.

**Sibylle** Name der weisen und wahrsagenden Frauen des Altertums. Die berühmteste unter ihnen war die S. von Cumae. Ihre Weissagungen wurden aufgeschrieben und in Rom aufbewahrt. In Zeiten der Not befragte sie sogar der Senat um Rat. Ihre Bücher sind bis heute in Bruchstücken erhalten. Allerdings wurden sie von den frühen Christen verfälscht, die hofften, auf diese Weise politischen Einfluß zu erlangen.

**Sieben** steht in der Mythologie für Vollendung und Weisheit, aber auch neutral für eine volle Anzahl. In ihr vereinigt sich der Geist mit der Materie (3+4). Die Woche hat sieben Tage, sieben Planeten – den Wochentagen zugeordnet – waren den Alten bekannt. Jede Mondphase dauert sieben Tage, und genauso lange brauchte der Gott des alten Testaments zur Erschaffung der Welt. Auch in Sagen und Märchen ist die Sieben häufig anzutreffen: die sieben Schwaben, Schwäne, Zwerge etc.

**Siegel Salomos** → Hexagramm, in Indien das Zeichen des Gottes Vishnu.

**Sigillenmagie** → Spare, Austin Osman

**Smaragdene Tafel** → Tabula smaragdina

**Solarhoroskop** Für den Moment, in dem die Sonne im → Tierkreis genau dieselbe Stellung wieder erreicht, die sie im Moment der Geburt hatte, wird für das Geburtstagskind ein neues → Horoskop berechnet, und zwar für den Ort, an dem der Geburtstag verbracht wird. Aus dem Vergleich mit dem → Geburtshoroskop entnimmt der Astrologe Hinweise auf seelische und äußere Entwicklungen im kommenden Lebensjahr.

**Sonne** Der Stern, um den die Erde und die anderen → Planeten unseres Systems kreisen. Die S. ist einer von etwa 100 Milliarden Sternen, die unsere Milchstraße formen, die wiederum nur eine von ungefähr 100 Milliarden Galaxien ist. Sie ist ein absolut durchschnittlicher Stern am Rande eines abgelegenen äußeren Spiralarms unserer Milchstraße. Für das Leben auf der Erde ist sie aber von zentraler Bedeutung. Alle Kraft und Energie kommt letztlich von ihr. Auch gliedert sie unser Leben durch Auf- und Untergang in Tage und durch ihren scheinbaren Lauf am Himmel in Jahre. Schon früh erkannten die Menschen ihre

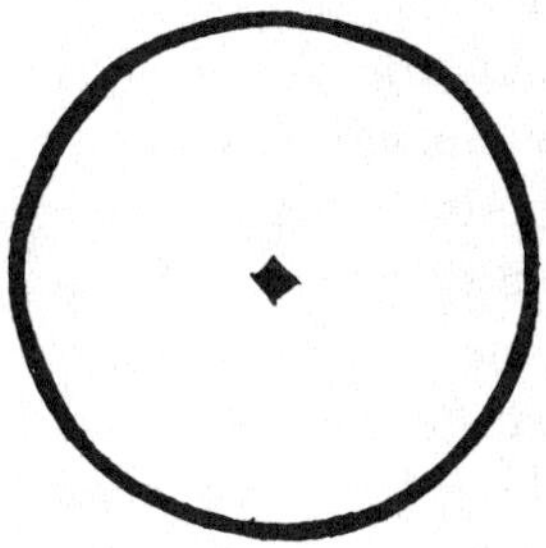

**Zeichen für die Sonne**

wichtige Bedeutung und brachten ihr göttliche Verehrung entgegen. In der → Astrologie steht die S. für Lebenskraft, Willen und das männliche Prinzip. Sie beherrscht das → Tierkreiszeichen Löwe.

**Spare, Austin Osman** (1886–1956), englischer Maler, Zeichner, Grafiker und Schriftsteller. S. hatte bereits in seiner Kindheit mit dem Zeichnen und Malen begonnen, und er erhielt schon als Sechzehnjähriger eine Auszeichnung des Royal College of Art (Königliches Kollegium der Kunst). 1904 erschien sein erstes Buch „Earth Inferno" (Inferno Erde). Bis zum Jahre 1927 erschien dann noch eine Reihe anderer Bücher, wobei „The Book of Pleasure" (Das Buch der Freude), „The Focus of Life" (Der

Brennpunkt des Lebens) und „The Anathema of Zos“ (Das Anathema von Zos) zu seinen wichtigsten zählen. Während des I. Weltkrieges wurde der zur Armee eingezogene S. offizieller Kriegsmaler. So befinden sich einige der Bilder aus dieser Zeit heute im Imperial War Museum (Imperiales Kriegsmuseum) in London. Bereits recht früh hatte S. begonnen, sich mit Magie zu beschäftigen. So behauptete er, bereits als siebenjähriger Junge von einer Mrs. Patterson in die → Hexerei eingeführt worden zu sein. Mrs. Patterson war eine Wahrsagerin, die S. erzählt haben soll, daß sie von den sogenannten → Salem Hexen abstamme. 1910 wurde er Mitglied in → Crowleys → A.·. A.·. und 1911 im → Ordo Templi Orientis. Im A.·. A.·. lautete sein magischer Name Yihoveaum. S. schuf auch einige Bilder, die in der von Crowley publizierten Buchreihe „The Equinox“ veröffentlicht wurden. Die Verbindung mit Crowley dauerte aber nicht lange, und bald trennten sich ihre Wege. Die letzten Jahre seines Lebens verbrachte S. in selbstgewählter Einsamkeit und Armut in London. Er verdiente sein Geld teilweise dadurch, daß er die Gäste in Londoner Kneipen porträtierte. Die Bedeutung S.’s für die Magie zeichnet sich eigentlich erst seit den achtziger Jahren ab. Dies ist vor allem ein Verdienst Kenneth → Grants, der S.’s Nachlaßverwalter war, und des → IOT, der für sich in Anspruch nimmt, der magische Erbe S.’s zu sein. Die Faszination, die vom Werk S.’s ausgeht, liegt zum großen Teil in seinem künstlerischen Schaffen und zum anderen Teil in den von ihm entwickelten Theorien. S.’s Magie enthält so gut wie keine religiösen oder mystischen Ideologien, was ihn für viele nur an Magie interessierte Menschen am Ende des 20. Jahrhunderts attraktiv macht. Für S. hat das magische Handeln Vorrang, alles andere ist nebensächlich (magischer Pragmatismus). Glaube und Verlangen sind zwei Hauptbegriffe aus seinen Lehren. Verlangen ist für ihn die Kraft, die allen Wünschen und Aktivitäten zugrundeliegt. Dieses Verlangen, das im eigentlichen Sinne ohne Inhalt ist, möchte sich ausdrücken und schafft deshalb Bilder von Wünschen und Wirklichkeiten. Die Inhalte dieser Bilder nennt S. Glauben. Aus dieser Zweiteilung entsteht die Welt. Glaube und Verlangen treffen sich nach S. in einem Punkt, den er „Kia" nennt. Kia ist das Selbst, welches noch keine Form hat. Es ist der innerste Punkt, von dem die Lebenskraft ausgeht. Kia kann weder direkt verstanden noch wahrgenommen werden, da es der Ausgangspunkt aller empfindenden und reflektierenden Vorgänge ist. Dem Kia entgegengesetzt ist das „Zos". Dies ist das Ich, welches sich verwirklicht hat. Es stellt alle Erfahrungen dar und beinhaltet sogar auch die, die die Menschen in ihrer Entwicklung vom Einzeller hin bis zum Menschen gemacht haben. Zos ist die Ursache des Seins und gleichzeitig alles Existierende. Da S. an die Wiedergeburt glaubte, vertrat er die Ansicht, daß es möglich sei, daß der Mensch alle Zustände seiner vorherigen Existenz erfahren könne, er also sein Kia in einem Gesamtzusammenhang erleben könne. Dazu entwickelte er Techniken, die es möglich machen sollen, daß man sogenannte Atavismen erfährt, d. h. daß der Mensch erlebt, wie er z. B. als Einzeller, Reptil oder Tier empfunden hat. Dies soll jeden einzelnen zu einem tieferen Verständnis seiner selbst führen. Für S. war eine praktische Konsequenz seiner Erfahrungen mit Tieratavismen u. a. die, daß er zu einem strikten Vegetarier wurde. Im ganzen ist S.'s „Zos Kia Kult" nicht gerade leicht zu verstehen, sondern erfordert eine intensive Einarbeitung. Hätte er nur dieses komplizierte theoretische Gebäude geschaffen, dann könnte man seine zunehmende Popularität kaum erklären. Bekannt wurde er darüber hinaus aber vor allem durch die von ihm geschaffene „Sigillenmagie". Bei dieser Art von Magie wird folgendermaßen vorgegangen: Man überlegt sich einen Wunsch und schreibt diesen in einem Satz nieder. Dann streicht man alle Buchstaben, die doppelt sind, heraus und macht aus den verbliebenen eine „Sigille", d. h., man arrangiert die Buchstaben zu einem möglichst einfachen geometrischen Muster. Anschließend sollte man sich bemühen, die eigentliche Bedeutung der Sigille zu vergessen. Einige Zeit später soll man sich dann in einen Zustand völliger körperlicher und geistiger Erschöpfung begeben – S. empfiehlt hierzu u. a. die „Todesposition", d. h., man nimmt eine körperlich sehr unbequeme Haltung ein, in der man bis zur Erschöpfung verharrt. Wenn man dann zusammenbricht, körperlich und geistig erschöpft ist, „der Geist leer ist", dann soll man sich erneut auf die Sigille konzentrieren und sie sich vor sein inneres Auge rufen. Dadurch soll der durch die Sigille ausgedrückte Wunsch ins Unterbewußtsein gelangen und von dort aus an seiner Verwirklichung arbeiten. „Kunst ist die Wahrheit, durch die wir unseren Glauben verwirklichen. Kunst widerspricht der Wissenschaft. Der, der die Zeit überschreitet, entflieht der Notwendigkeit. Umarme die Wirklichkeit mit Imagination. Die Lebenskraft ist nicht blind, wir sind es." Dies sind nur einige wenige, zentrale Zitate aus S.'s Schriften. Eine Gesamtausgabe seiner Werke ist unter dem Titel „Austin Osman Spare – Gesammelte Werke", erschienen 1990 in Wien, erhältlich.

**Sphinx** Mythische Gestalt des alten Ägypten in Form des Abbildes eines Löwen mit dem Kopf des Pharao. Bekannt ist der S., der den König Chephren darstellt und sich bei den Pyramiden von Gizeh befindet.

**Spiritismus** Glaube, daß die Geister verstorbener Menschen weiter auf der Erde oder in ihrer Nähe umherwandern und Kontakt mit den Lebenden suchen. Mit der Hilfe von Medien (→ Medium) will man mit ihnen Verbindung aufnehmen können (→ Seance). Diese Vorstellung entstand zumindest im letzten Jahrhundert in Amerika und verbreitete sich als Freizeitvergnügen und zum Gelderwerb schnell durch alle Salons. Für manche war es aber auch ein ernsthafter Versuch, aus eigener Anschauung etwas über das Schicksal des Menschen nach dem Tode zu erfahren.

**spiritistische Sitzung** → Seance

**Stäbe** Eine der vier Farben im → Tarot. Sie sind Zeichen des → Feuers und wie die → Schwerter männlich. In manchen Theorien über das Tarot sind die → Elemente von S. und Schwertern vertauscht.

**Stechapfel** Eine der wenigen berauschenden Pflanzen unserer

Breiten. Wegen seiner gefährlichen Nebenwirkungen wurde der St. nicht zur Unterhaltung genossen, fand aber Anwendung in verschiedenen Rezepten für Hexensalben (→ Hexerei). Daneben wurden bis vor kurzem seine getrockneten Blätter als Lungenheilmittel bei Asthma gebraucht.

**Stechapfel**

**Stein der Weisen** Ziel und krönender Abschluß aller alchemistischen Operationen (→ Alchemie). Er soll Unsterblichkeit verleihen und unedle Metalle in Gold verwandeln können.

**Steiner, Dr. phil. Rudolf** (1861–1925), Philosoph und Schriftsteller, promovierte über Fragen der Erkenntnistheorie. Danach beschäftigte er sich ausgiebig mit den Freimaurern (→ Freimaurerei), Illuminaten (→ Illuminatenorden) und → Rosenkreutzer Johann Wolfgang von Goethe. Seit 1897 stand er in Kontakt mit der Theosophischen Gesellschaft (→ Theosophie). Schon bald wurde er einer ihrer führenden Köpfe in Deutschland. 1906 wurde er Großmeister des → Ordo Templi Orientis (O. T. O.). 1913 überwarf er sich mit der Theosophie, da er, wie viele andere deutsche Theosophen, nicht bereit war, → Krishnamurti als neuen Messias anzuerkennen. Statt dessen gründete er die → Anthroposophische Gesellschaft. Es geht das Gerücht, daß die Gründung auf einen Auftrag des O.T.O zurückgeht. In seinen vielen Vorträgen und Büchern bemühte sich St., die Lehren der Esoterik auf die verschiedensten Bereiche des alltäglichen Lebens anzuwenden. Große Bedeutung haben seine Vorstellungen zur Erziehung erlangt, da die Waldorfschulen und -kindergärten auf ihn zurückgehen. Fast noch größer ist seine Wirkung auf die Medizin: Die meisten Menschen kennen mittlerweile Medikamente, die nach seinen Rezepturen hergestellt wurden. Es gibt in Herdecke auch ein staatlich anerkanntes anthroposophisches Krankenhaus.

**Rudolf Steiner**

**Sternbilder** Seit grauer Vorzeit hat der Sternenhimmel die Phantasie der Menschen angeregt. Das Bedürfnis nach Ordnung ließ sie im Gewimmel der Sterne Bilder erkennen wie den großen und kleinen Wagen, den Orion und andere. Noch heute verwenden Astronomen S. zur Einteilung des Himmels. Sie dürfen auf keinen Fall mit den → Tierkreiszeichen verwechselt werden.

**Sternzeichen** Das → Tierkreiszeichen, in dem im Moment der Geburt die → Sonne stand, also das Sonnenzeichen. Es ist die Grundlage für alle Zeitschriftenhoroskope. Da die genaue Geburtszeit und der Geburtsort hier nicht verwendet werden, lehnen Astrologen Sternzeichenhoroskope als unseriös ab.

**Stonehenge** Kreis von mächtigen Monolithen (Steinen) nördlich von Salisbury in England. Das Alter ist noch nicht genau bekannt, scheint aber mindestens 3000 Jahre zu betragen. St. entstand lange bevor es die ersten → Druiden gab. Es war ein altes Observatorium, das der Himmelsbeobachtung diente und vermutlich die Berechnung von Jahreszeiten, Sonnen- und Mondfinsternissen ermöglichte. Neuerdings wird es von modernen Druiden als Kultplatz beansprucht.

**Stundenastrologie** (1) Zur Beantwortung einer beliebigen Frage erstellt der Astrologe ein → Horoskop für den günstigsten

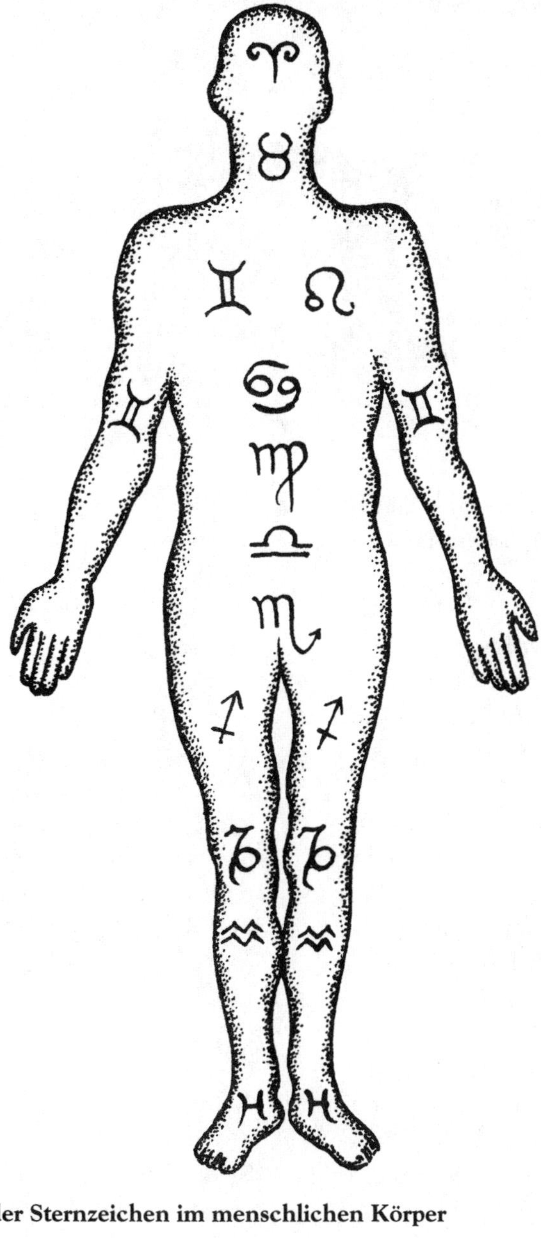

**Zuordnung der Sternzeichen im menschlichen Körper**

**Stonehenge**

Ort und den Zeitpunkt der Fragestellung und berät danach seinen Kunden.

**Stundenastrologie** (2) bezeichnet auch eine astrologische Technik, für ein Vorhaben die günstigste Stunde zu berechnen.

**Stundenplanet** Jeder Stunde des Tages ist ein → Planet zugeordnet. Leider gibt es verschiedene Arten der Zuordnung. Nur persönliche Erfahrung kann zeigen, welche für ein bestimmtes magisches oder alchemistisches Verfahren (→ Alchemie) zu wählen ist. Am bekanntesten ist die Chaldäische Reihe. Die Planetenstunden folgen immer in dieser Reihenfolge:

Sonne
Venus
Merkur
Mond
Saturn
Jupiter
Mars – dann folgt wieder Sonne, Venus etc.

Die erste Stunde des Tages untersteht immer dem Planeten des Tages (→ Tagesplaneten), die anderen folgen der oben angegebenen Reihenfolge. So gehört die erste Stunde des Dienstag (Tiustag, Tiu ist die germanische Bezeichnung für Mars) dem Mars, die zweite der Sonne, dann folgt Venus und so fort.

**Succubus** Teufel oder böser Geist, der des Nachts Männer in der Gestalt einer schönen Frau aufsucht und mit ihnen Verkehr hat. Der angebliche Zweck ist, den Samen der Männer für böse Zwecke zu sammeln. Manche S. sind auch Hexen (→ Hexerei), die die Potenz der Männer schwächen wollen.

**Sufis** Vertreter einer esoterischen Form des → Islam. Ihr Bestreben ist es, die Natur Gottes persönlich zu erfahren. Am bekanntesten ist der Orden der Mewlewi, der tanzenden Derwische. Sie erlangen religiöse Verzückung oder → Trance, indem sie sich tanzend um sich selbst drehen.

**Swedenborg, Emanuel** (1688–1772), bekannter schwedischer Schriftsteller. S. beschäftigte sich ursprünglich als Wissenschaftler mit dem Bergbau und der Astronomie. Erst mit 46 Jahren begann er, sich hauptsächlich mit der → Esoterik zu beschäftigen. Er soll über große hellseherische Fähigkeiten verfügt haben; so sah er z. B. einen großen Brand in Stockholm, obwohl er sich zu dieser Zeit Hunderte von Kilometern entfernt befand. Auch behauptete er, mit → Engeln in direktem Kontakt zu stehen. Es gibt noch heute in Deutschland die „Neue Kirche", eine gnostische Vereinigung (→ Gnosis), die sich auf ihn beruft.

**Symbol** Zeichen, Bild, Gegenstand oder auch eine Handlung (etwa im Ritual), die etwas darstellt, das der Mensch nur bildhaft und nicht direkt verstehen kann. Das S. kann und muß gedeutet werden. Es ist die wichtigste Grundlage jeder Esoterik, zugleich aber auch der Bestandteil, der am schwersten richtig zu verstehen ist. Für einen Esoteriker ist z. B. die Kreuzigung Jesu ein S., das richtig gedeutet die Entwicklung der menschlichen Seele verständlich macht. An einen wirklichen Jesus zu glauben hält er für unwesentlich, zumal es viele geopferte und auferstandene Götter oder Heroen gibt (→ Mithras, → Dionysos, → Osiris und andere). Für ihn ist es statt dessen wichtiger, sich über die tiefere Bedeutung des → Kreuzes Gedanken zu machen.

**Sympathie,** vergleichbar dem Begriff der → Entsprechung. Während Entsprechung ganz neutral eine Ähnlichkeit feststellt, schwingt bei S. die Vorstellung mit, daß sich Ähnliches anzieht. So entspricht Kupfer der Venus als Herrin der Liebe und der Schönheit. Kupfer hat aber auch eine S. zur Liebe. Trägt man also Kupferschmuck, zieht man damit die Liebe an.

# T

**Tabak** wird wegen seiner anregenden Wirkung, aber auch wegen seines beißenden Geruchs dem → Planeten → Mars zugeordnet. Bei Marsritualen wird er manchmal als Räuchermittel benutzt. Wegen seiner starken Suchtwirkung wird er aber von den meisten Esoterikern nicht gerne verwandt.

**Tabula smaragdina,** lateinisch für „Smaragdene Tafel". Der Legende nach hinterließ → Hermes Trismegistos auf ihr den Kern seiner Lehre. Sie besagt kurzgefaßt: Wie oben so auch unten. Das bedeutet unter anderem, daß der Mensch ein Kosmos im Kleinen ist (→ Mikrokosmos). Frühmittelalterliche Handschriften lassen darauf schließen, daß die Idee einer T. sehr alt ist.

**Tagesplaneten** Es ist kein Zufall, daß unsere Woche sieben Tage hat. Die Zahl richtet sich nach der früher bekannten Zahl der → Planeten. Jedem Tag war ein Planet zugeordnet. Noch heute läßt sich das in vielen europäischen Sprachen aufzeigen, zum Teil richtet sich der Name des Wochentages nach dem lateinischen, zum Teil nach dem germanischen Namen des Planeten: In allen englischen Bezeichnungen ist der Planetenname auf die eine oder andere Art erhalten, im Deutschen ist er beim Mitt-

| **Planet** | **germanische Bezeichnung** | **Deutsch** | **Englisch** |
|---|---|---|---|
| Sonne | – | Sonntag | sunday |
| Mond | – | Montag | monday |
| Mars | Tiu | Dienstag | tuesday |
| Merkur | Wodan | Mittwoch | wednesday |
| Jupiter | Thor/Donar | Donnerstag | thursday |
| Venus | Freya | Freitag | friday |
| Saturn | – | Samstag | saturday |

woch und Samstag verlorengegangen. Bei magischen oder alchemistischen Operationen (→ Magie, → Alchemie) wird unter anderem darauf geachtet, daß der passende Wochentag gewählt wird. Eine Venusbeschwörung sollte zum Beispiel am Freitag stattfinden. Es ist dies eins der Mittel, um die Konzentration und Vorstellungskraft ganz auf eine Sache richten zu können. Das Datum, der Tag, Farben und Gerüche dienen alle diesem Zweck (→ Stundenplanet).

**Talisman** Kleiner Gegenstand, manchmal mit magischen Symbolen oder Schutzheiligen versehen, der Glück bringen soll. Er kann am Körper getragen oder irgendwo in der Wohnung angebracht werden. Das Christophoruszeichen, das viele Autofahrer in ihrem Wagen haben und das ihnen Schutz geben soll, ist ein Beispiel für einen T.

**Tantra** Indisches Sanskritwort, das Kern, inneres Wesen oder Essenz bedeutet. T. ist eine religiöse Richtung, die es sowohl im → Hinduismus als auch im Buddhismus (→ Buddha) gibt. Der Anfang der tantrischen Bewegung wird gemeinhin auf das 6. Jahrhundert n. Chr. festgelegt. Die geistigen und körperlichen Energien (→ Kundalini) sollen durch → Meditation und → Rituale aktiviert werden; die Rituale selbst wurden ursprünglich dem Schüler direkt von seinem Lehrer mitgeteilt. Beim T. wird der ganze Mensch gefordert, d. h., sein Körper ist mittels magischer Gesten (→ Mudras) an dem Ritual oder der Meditation beteiligt. Seine Sprache wird durch rituelle Formeln (→ Mantras) miteinbezogen, und sein Geist hat durch Meditation über bestimmte Bilder (→ Mandalas und Yantras) ebenfalls Anteil am richtigen Zustandekommen der Übung. Sehr wichtig ist beim T. auch das bildliche Vorstellen (Imagination) bestimmter göttlicher Begriffe, mit denen man sich dann auch identifiziert. Da diese Bilder oft sexueller Natur sind, wird der Tantrismus oft zur sogenannten Sexualmagie gerechnet. Die wichtigsten Begriffe im Tantrismus sind → Shiva und Shakti. Shiva steht hier für die männliche Energie und Shakti für die weibliche. Diese beiden Kräfte sollen vereint werden, um so die Trennung in Mann – Frau,

Subjekt – Objekt zu überwinden und so zu einer Art mystischer Einheit zu kommen. Diese Vereinigung kann sowohl mittels Meditation im Körper des Übenden geschehen als auch durch Rituale, an denen Mann und Frau beteiligt sind und deren Höhepunkt die sexuelle Vereinigung beider ist. Dadurch soll der Mensch in die Lage versetzt werden, mehr über sich, seinen Partner und die Welt im allgemeinen zu erfahren. Tantriker haben zu allen Zeiten betont, daß T. ein praktischer und kein intellektueller Weg zur

**Stellung aus dem Tantra**

Selbstfindung ist. Da die indische Gesellschaft in der Regel recht puritanisch ist, gehört zu einem tantrischen Ritual auch immer das Brechen von religiösen und gesellschaftlichen Tabus. So werden z. B. Speisen zu sich genommen, die verboten sind, oder es wird Alkohol getrunken, auf dessen Konsum ein gläubiger Brahmane (→ Kaste) verzichten muß. In Indien ist T. eingebettet in die buddhistische oder hinduistische Religion und hat somit einen ganz anderen Stellenwert als die Form von T., die heute im Westen propagiert wird. Hier wird sie oft als eine Form der Sexualtherapie verkauft, was mit T. im eigentlichen Sinne nichts zu tun hat. Auch Magiere wie Aleister → Crowley entwickelten bereits recht früh Interesse an T., und magische Orden wie der → Ordo Templi Orientis nehmen für sich in Anspruch, eine bestimmte Form des T. zu lehren.

**Taoismus** Abgeleitet vom chinesischen Wort Tao, „Weg“, „Lehre“. Im → I-Ging bezeichnete es das allumfassende, erste Prinzip, aus dem alle Erscheinungen entwachsen. Tao ist ein unpersönliches Prinzip, das auf gar keinen Fall mit der Vorstellung eines Gottes in Verbindung gebracht werden darf. Was hier in Europa unter dem Begriff T. zusammengefaßt wird, beinhaltet eigentlich zwei Schulen:
Tao-chia (der philosophische T.): Lao-tzu (auch → Lao Tse, Lau Dse oder anders wiedergegeben), vermutlich ein Zeitgenosse von Konfuzius (6. Jahrhundert v. Chr.), machte das Tao in seinem Buch „Tao-te King“ (auch Tao-te ching) zum Zentralbegriff seiner Philosophie. Ziel seiner Schüler ist es, sich durch Meditation und den rechten Lebenswandel (Handeln ohne Absicht, Tun durch Nichttun) mit dem Tao zu vereinen. Ethische Prinzipien werden abgelehnt, da sie den freien Fluß des Tao stören und der wahren Natur des Menschen nicht entsprechen. Zudem ist die menschliche Gesellschaft so kompliziert, daß niemand die letztlichen Auswirkungen eines „guten“ oder „schlechten“ Handelns überblicken oder beurteilen kann. Politisches Denken spielt eine große Rolle, taoistische Praxis bedeutet daher nicht, vor der Welt in pseudogeistige Höhen zu entfliehen. Der T. erfreute sich vor allem bei der einfachen Be-

völkerung großer Beliebtheit. Er hatte auch großen Einfluß auf die Entwicklung des Buddhismus (→ Buddha).

Tao-chiao (der religiöse T.): Hierzu vereinigte sich der philosophische T. mit anderen Strömungen, vor allem mit verschiedenen medizinischen Schulen. Das Ziel ist praktischer Natur: Wie in der europäischen Esoterik wurde mit alchemistischen Mitteln ein Lebenselixier (→ Alchemie, → Stein der Weisen) gesucht, das Unsterblichkeit verleihen soll. Um 200 v. Chr. kam die Verehrung von Göttern hinzu, und es bildeten sich Praktiken, die verblüffend denen der europäischen Magier ähneln. Der philosophische und der religiöse T. unterscheiden sich von der europäischen Esoterik im wesentlichen dadurch, daß beide chinesischen Richtungen sich ungehindert entwickeln konnten während letztere meist in den religiösen Untergrund gedrängt wurde.

**Tarot** Ein Set von Karten, das ein umfassendes Lehrbuch der → Esoterik darstellt. Daneben ist es ein Kartenspiel und dient auch zum Wahrsagen. Es existieren zahllose moderne und alte Ausführungen des Spiels, die sich in den Bildern und in der Reihenfolge leicht unterscheiden können. Dem → Hermetischen Orden der Goldenen Morgendämmerung (Hermetic Order of the Golden Dawn) kommt der Verdienst zu, die Karten einem weiten Kreis von Menschen zugänglich gemacht zu haben. Die Version von Arthur Edward Waite (1857–1941), einem Mitglied dieses Ordens, war lange Zeit das bekannteste Deck (Spiel). Allerdings baute er einige Fehler in sein Spiel ein, da er dem Golden Dawn geschworen hatte, nicht alle Geheimnisse zu offenbaren. Erst Aleister → Crowley schuf zusammen mit Frieda Harris ein fehlerfreies Deck, das sogenannte Thot-Deck. Fast alle modernen Spiele lehnen sich an dieses an. Die Herkunft und das Alter der Karten sind unbekannt und geben Raum für zahllose Spekulationen. Es wird öfter behauptet, daß die herumziehenden Sinti- und Romastämme die Karten nach Europa gebracht hätten. Doch sind noch einzelne Kartenblätter erhalten, die ca. 200 Jahre vor ihrer Ankunft Ende des 14. Jahrhunderts entstanden.

Auch eine mögliche Herkunft aus dem alten Ägypten gehört sicher in das Reich der Fabel. Der Aufbau des Kartenspiels weist aber große Parallelen zur jüdischen Mystik und Magie, zur → Kabbalah, auf. Die Karten bestehen aus den sogenannten Großen und Kleinen Arkana (→ Arcanum):

Kleine Arkana: Es gibt vier von ihnen, für jedes → Element eins: Stäbe entsprechen dem → Feuer, Schwerter entsprechen der → Luft, Kelche entsprechen dem → Wasser und Scheiben (oder Münzen) entsprechen dem Element → Erde.
Sie bestehen aus je 10 Karten, die von As = 1 bis 10 numeriert sind. Ihre Bedeutung leitet sich von den entsprechenden Sephirot der → Kabbalah her. Dazu kommen je vier sogenannte Hofkarten, die auch je einem Element zugeordnet sind: Ritter entsprechen dem Feuer, Königinnen entsprechen dem Wasser, Prinzen entsprechen der Luft und Prinzessinnen entsprechen der Erde. So kann jedes Element noch feiner unterteilt werden.

Große Arkana:
Dies sind 22 Karten, die von 0 bis 21 numeriert sind. Sie stehen für die 22 Buchstaben des hebräischen Alphabets und damit auch für die 22 Pfade des Lebensbaumes in der Kabbalah. Alle Entsprechungen, die für die Buchstaben gelten, sind auch für die entsprechenden Karten heranzuziehen. Die Motive der Karten sind bei allen Varianten des Spiels ähnlich. Sie werden im folgenden wiedergegeben. Die zugleich angegebenen Deutungen sind nur grobe Vorschläge, die eigentliche Bedeutung kann nur aus dem Studium der Bilder selbst geschlossen werden. Zudem hängt sie stark von der Lage der Karten und von den benachbarten Karten ab.

**0 Der Narr:** In bunten Narrenkleidern tanzt er am Rande eines Abgrundes, während ein Hund oder ein Krokodil in sein Bein zu beißen scheint. Deutung: Weisheit der Unschuld, Aufhebung der Vernunft, Disziplinlosigkeit, Ekstase, Torheit.

**1 Der Magier:** Kraft seines Willens herrscht er über die Elemente, dargestellt durch Schwert,

Stab, Kelch und Scheibe. Deutung: Wissen, Wille, Initiative, Unruhe, Unreife.

**2 Die Hohepriesterin:** Durch die Macht ihres Wesens wacht sie über die Geheimnisse der Natur. Deutung: Verborgenes Wissen, Intuition, Mysterium, Einweihung, Aberglaube, Oberflächlichkeit.

**3 Die Herrscherin:** Inmitten einer fruchtbaren Landschaft sitzt eine schöne Frau mit einer Sternenkrone. Deutung: Weibliche Kraft, Sinn, Sinne, Fruchtbarkeit und Kultur. Überfluß, Langeweile, Verführung durch das Irdische.

**4 Der Herrscher:** Auf seinem Thron sitzt ein machtvoller Herrscher, die Zeichen seiner Macht vor sich. Deutung: Männliche Kraft, Strenge und Stabilität. Gewalt.

**5 Der Hierophant:** Ein Hoher Priester zelebriert mit Gläubigen in einem Tempel. Deutung: Geistige Führung, Geheimwissenschaft, Demut, falsche Führer, Scheinheiligkeit, Hierarchie, Mißbrauch.

**6 Die Liebenden:** In einem meist umzäunten Garten steht ein Liebespaar, umgeben von Vögeln und Blumen. Deutung: Liebe, Vereinigung von Gegensätzen, Harmonie, Erkenntnis, Entscheidung, Verführung, Zweifel.

**7 Der Wagenlenker:** Unter dem Sternenhimmel steht der Wagenlenker in seinem Streitwagen, der von vier (oder zwei) Pferden oder Sphinxen gezogen wird. Deutung: Triumph, Balance, Arbeit, Hindernisse, Mißerfolg.

**8 Gerechtigkeit:** Eine strenge Frau hält die Waagschalen der Gerechtigkeit in Händen. Deutung: Höhere Ordnung, Ausgleich, Gerechtigkeit, Ungerechtigkeit, Vorurteil.

**9 Der Eremit:** Einsam geht er durch eine karge, felsige Landschaft. Er trägt das Licht der Erkenntnis bei sich. Deutung: Zurückgezogenheit, Weisheit, Disziplin, Entfremdung, Verlassenheit.

**10 Rad des Schicksals:** Es dreht sich unaufhörlich, und alles, was einmal oben war, muß auch wieder herabsteigen. Meist klammern sich Affen an das Rad und glauben, den Niedergang vermeiden zu können, werden aber doch vom Rad umhergewirbelt. In der Abbildung hier dreht sich der Tierkreis vor dem Baum des Lebens. Deutung: Kosmische Ordnung, ewiger Wechsel, Wendepunkt, Suche nach der Mitte, Machthunger.

**11 Kraft** (eigentlich Lust): Eine Frau hat einen Löwen bezwungen, das Symbol der Kraft und animalischen Lust. Deutung: Energie, Lebenslust, sexuelle Lust, Kreativität, Machtstreben, Laster.

**12 Der Gehängte:** Ein junger Mann hängt mit seinem linken Fuß an einem Baum. Sein rechtes Knie ist angewinkelt und das Bein kreuzt das linke. Deutung: Prüfung, Einsicht, Opfer, Verlust.

**13 Der Tod:** Mit seiner Sense steht er auf einer weiten Ebene, aus der menschliche Glieder wachsen. Deutung: Übergang, Veränderung, Trennung, Stillstand, Trauer.

**14 Die Kunst** (Ausgleich): Eine Frau gießt Wasser in einen Teich oder ein Gefäß. Deutung: Vereinigung der Kräfte, Veredelung, Verbindung, Koordination, Leichtsinn, Unentschlossenheit.

**15 Der Teufel:** Der gehörnte Gott thront über den sich windenden, gebundenen Menschen. Deutung: Blinde Kraft, Leidenschaft, Besessenheit, harte Arbeit, geheime Pläne, Ausdauer, Unzufriedenheit, Schicksal.

**16 Der Turm:** Während das göttliche Auge Strahlen aussendet, spuckt ein irdisches großes Maul (hier nicht abgebildet)

**Tarotkarte: Der Turm**

**Tarotkarte: Die Sonne**

Feuer und bringt den Turm zum Einsturz, Menschen stürzen von ihm herab. Deutung: Streit, Kampf, Gefahr, Zusammenbruch, Vereitelung von Plänen, Flucht aus einem Gefängnis, Chance zum Neubeginn.

**17 Der Stern:** Eine schöne Frau steht unter einem strahlenden Stern, in beiden Händen ein Gefäß, aus dem sich Wasser zur Erde ergießt. Deutung: Unerwartete Hilfe, spirituelle Einsicht, Klarheit, Hoffnung, Vertrauen, Träumerei, Enttäuschung.

**18 Der Mond:** Aus der Tiefe steigt ein Krebs oder Skarabäus empor ins Mondlicht. Deutung: Ein wichtiger Wechsel, freiwillige Veränderung, das Unbewußte, Illusion, Falschheit, Träumerei.

**19 Die Sonne:** Unter der strahlenden Sonne spielen Kinder außerhalb eines Gartens in freier Natur. Deutung: Erfolg, Reichtum, Freude, Offenheit, Schamlosigkeit, Idealismus, Arroganz und Eitelkeit.

**20 Das (jüngste) Gericht:** Aus dem Himmel ertönen drei Posaunen und erwecken die Toten. Endgültige Entscheidungen, neuer Lebensabschnitt.

**21 Das Universum** (Die Welt): Frau Welt tanzt mit einer Schlange (fehlt in manchen Decks) im Rund des Universums. In den vier Ecken die Erzengel der vier Elemente. Deutung: → Shivas Tanz, der kosmische Reigen, Verwirklichung, Geduld. Verspätung, Widerstand, Bewegungslosigkeit.
Zum Auslegen der Karten gibt es verschiedene Techniken (→ Kartenlegen, → Keltisches Kreuz).

**Astrologisches Zeichen für das Sternzeichen Stier**

**Taurus** Lateinischer Name des zweiten → Tierkreiszeichens Stier.

**Tefnut** Schwester und Gattin des ägyptischen Gottes → Schu. Sie ist die Göttin der Feuchtigkeit und des Wassers und wird auch als Auge der Sonne und des Mondes bezeichnet. Im Ägyptischen hat sie den Beinamen „Herrin des Feuers".

**Tempel des Set** (Temple of Set) Abspaltung der → Kirche des Satans. Sie wurde von Michael Aquino gegründet, der ein hochrangiger Offizier der US-Armee ist. Aquino war mit der zunehmenden Kommerzialisierung der Kirche des Satans nicht einverstanden und verließ sie deshalb 1974, um den Tempel zu gründen. Einer der zentralen Inhalte der Lehren des Tempels ist eine Schrift, die Aquino angeblich während seiner Teilnahme am Vietnamkrieg von einer Intelligenz mit Namen „Set" übermittelt wurde. Sie heißt „The Coming Forth by Night" (Die Hervorbringung der Nacht). Der → Satanismus des Tempels ist recht intellektuell aufgebaut, und seine Mitglieder bezeichnen sich häufig lieber als Setianer als Satanisten. Ihrer Lehre nach ist die Verehrung → Sets eine der ältesten Religionen überhaupt. Das Gradsystem des Tempels ist mit dem der Kirche des Satans identisch. Einzelne Gruppierungen heißen nicht Grotto, sondern „Pylon".

**Tempelritter** (Tempelherren), Orden, den der hl. Bernhard und Hugo von Payen 1118 mit 8 anderen Rittern gründeten, um die christlichen Pilger in Palästina vor den Moslem zu beschützen. Die T. erwarben sich während ihrer Geschichte den Ruf, besonders tapfer, aber auch ritterlich und fair zu sein. Im Laufe der Zeit gewannen sie auch Achtung bei ihren Gegnern, den Moslems, und lernten viel von ihrer Philosophie, Mystik, Wirtschaft und Wissenschaft. So führten sie unter anderem das Bank- und Scheckwesen in Europa ein. Das große Wissen ihres Ordens ließ die T. mächtig und reich werden, dem übrigen Christentum gegenüber aber wurden sie gerade dadurch verdächtig. Man munkelte von Teufelsanbetung und letztlich führte der Neid auf ihren Reichtum zum Verbot und Untergang des Ordens. Ihr letzter Großmeister, Jakob Bernhard von → Molay, starb nach jahrelangen Folterungen am 18. 3. 1313 auf dem Scheiterhaufen. Seitdem gedenken viele Esoteriker dem Schicksal der Templer. Auf die versprengten Reste der Ritter, die sich in Sicherheit bringen konnten, führen viele Gruppen, vor allem die Freimaurer (→ Freimaurerei) ihren Ursprung zurück.

**Tetrabiblos** Das früheste astrologische Lehrbuch, das sich auch an Laien richtete und zum Selbststudium geeignet war. Es wurde im 2. Jahrhundert n. Chr. von → Ptolemaios verfaßt. Im Mittelalter wurde es von arabischen Wissenschaftlern hoch geschätzt. Unter dem Titel seiner arabischen Übersetzung „Almagest" wurde es dann auch in Europa bekannt.

**Tetragrammaton,** kommt aus dem Griechischen, es bedeutet soviel wie der „Vierbuchstabige" und ist eine Umschreibung des fast unaussprechlichen vierbuchstabigen Gottesnamens „Jod He Vau He" der jüdischen Religion und der → Kabbalah.

**Thelema,** griechisch für „Wille". Zuerst wurde dieses Wort durch die → Abtei Thelema bekannt, die → Rabelais in seinen Roman „Gargantua und Pantragruel" schildert. Später wurde es der entscheidende Begriff in den Lehren Aleister → Crowleys. Kennzeichen des Thelemabegriffes bei Crowley ist, daß eigentlich kein Mensch einem anderen Th. erklären kann. Jeder Mann und jede Frau muß für sich selber herausfinden, was sein oder ihr (wahrer) Wille ist, d. h., was der Sinn und der Zweck des jeweiligen Lebens ist. Es gibt keine übergeordnete Instanz, die dem Menschen dies abnimmt. Das einzige, was sich über den Willen sagen läßt, ist, daß er eng mit der Liebe verbunden ist. Dies erklärt Crowley auf folgende Weise: Nach der griechischen → Kabbalah hat Th. den Zahlenwert 93 (d. h. jeder griechische Buchstabe hat einen Zahlenwert, zählt man sie zusammen, ergibt sich 93), und das griechische Wort für „Liebe" (Agape) addiert sich ebenfalls zu 93 auf. Nun stehen nach der kabbalistischen Lehre Worte mit dem gleichen Zahlenwert immer in einem engen Zusammenhang, sie verstärken sich gegenseitig, ergänzen sich oder eines hilft bei der Erklärung des anderen. Thelema (Wille) und Agape (Liebe) ergänzen sich nach Crowley gegenseitig – Liebe ist die Kraft die hinter dem Willen steht, die seine Zielrichtung angibt. Hat also ein Mensch seinen Willen gefunden und übt er diesen aus, so kann er seine Mitmenschen dadurch nicht schädigen, da Liebe unauflöslich mit ihm verbunden ist. Die Anhänger der Lehren Crowleys bezeichnen sich oft als Thelemiten und grüßen sich gegenseitig mit folgenden Formeln: „Tu, was du willst, soll sein das ganze Gesetz", sagt der eine, worauf der andere antwortet „Liebe ist das Gesetz, Liebe unter Willen". Häufig wird der erste Spruch als ein „Tu, was dir gefällt" interpretiert, aber diese Deutung ist falsch. Es geht vielmehr darum herauszufinden, was der wahre, oft verborgen liegende Wille in einem Menschen ist. Hinzu kommt noch, daß die Formel „Tu, was du willst" von Crowley als reziprok beschrieben wird, das heißt, die Rechte, die der Thelemit für sich beansprucht, garantiert und gesteht er

**Emblem der Theosophischen Gesellschaft**

selbstverständlich jedem anderen Menschen zu. Es heißt nicht „Ich tue, was ich will …".

**Theosophie,** abgeleitet von griechisch Gott (theos) und Weisheit (sophia), bedeutet also Gottesweisheit. Th. ist im eigentlichen Sinne eine Art Sammelbegriff, mit dem das Verhältnis des Menschen zu Gott und zum Universum beschrieben wird. So werden etwa der → Neuplatonismus, Teile der → Gnosis und der → Kabbalah zur Th. gerechnet. Später wurden auch Mystiker (→ Mystik) wie Jakob → Böhme und Emanuel → Swedenborg den Theosophen zugerechnet. Kennzeichnend für viele theosophische Lehren ist, daß sie immer von einem Ausströmen der Kraft und Energie Gottes berichten. Diese Kraft offenbart sich dann auf der materiellen Ebene meist in wesentlich abgeschwächterer Form. Der Theosoph will zur reinen, direkten Kraft Gottes gelangen. Heute ist der Begriff Th. vor allem durch die „Theosophische Gesellschaft" bekannt, die 1875 durch H. P. → Blavatsky, H. S. Olcott und W. Q. → Judge in New York gegründet wurde.

Gemäß ihren Statuten verfolgt die Theosophische Gesellschaft drei Ziele:
1. Die Bruderschaft der Menschen ohne Unterschied von Rasse, Hautfarbe, Religion und sozialer Position. 2. Vergleichendes Studium der alten, großen Weltreligionen, um so universelle ethische Gesetze daraus bilden zu können. 3. Studium und Entwicklung der in jedem Menschen verborgenen göttlichen Kräfte.
Im Laufe ihrer mehr als hundertzwanzigjährigen Geschichte hat die Theosophische Gesellschaft mehrere Krisen und Spaltungen durchlaufen. Es fing an mit Betrugsvorwürfen gegen die Blavatsky und ging weiter mit der Affäre um Annie → Besant, Charles Leadbeater und → Krishnamurti, die zur Abspaltung der deutschen Theosophischen Gesellschaft unter Rudolf → Steiner (→ Anthroposophie) führte.
Heute verfügt die Theosophische Gesellschaft über mehrere Zweige, wobei der im kalifornischen Pasadena beheimatete als der bei weitem aktivste gilt. Die Theosophen publizieren auch eine regelmäßig in Deutsch erscheinende Zeitschrift mit dem Namen „Sunrise" (Sonnenaufgang). In

den Niederlanden existiert noch ein Zweig, der für sich in Anspruch nimmt, eine Art Fortsetzung der ursprünglichen oder auch Adyar Theosophischen Gesellschaft (→ Adyar) zu sein. Sie sollen über eine hervorragende Bibliothek verfügen.

**Thot** (Thoth), ägyptischer Gott, der zumeist als Mensch mit dem Kopf eines Ibis dargestellt wird, aber auch zuweilen als Pavian. Er war der Gott, der die Schrift, die verschiedenen Sprachen, die Geschichtsschreibung und die Rechtsprechung erfand. Darüber hinaus war er der Schreiber der Götter und der Berechner des Kalenders. T. galt als Schutzgottheit der Magie und der Heilkunde, der auch beim Totengericht Buch führte. Die Griechen setzten ihn später mit dem Götterboten → Hermes gleich. Aleister → Crowley nannte die von ihm und Frieda Harris geschaffenen Tarotkarten „Buch Thoth". Es gibt auch Abbildungen, in denen T. das Aussehen eines Pavians hat. In dieser Form repräsentiert er fast immer den Mondgott.

**Tierkreis** Entlang der → Ekliptik wurden die meisten → Sternbilder nach Tieren benannt, außer dem Zwilling, der Jungfrau, der Waage und dem Wassermann (der Schütze ist ein Mischwesen), deshalb der Name T. Die heutigen 12 Sternbilder haben sich in dieser Form erst seit der Antike durchgesetzt. Vorher sah man dort eine unterschiedliche Zahl von Sternbildern, von acht bis ca. 30, die zum Teil auch andere Namen trugen. In der → Esoterik oder → Astrologie hat der T. nur eine Bedeutung bei der Einteilung der Geschichte in Zeitalter (→ platonisches Jahr).

**Tierkreiszeichen** Zwölf gleichgroße Abschnitte von jeweils 30 Grad, in die die Astrologie die → Ekliptik einteilt. Die Abschnitte erhielten die Namen der Sternbilder, die in der Antike hinter ihnen zu sehen waren. Heute, nach 2000 Jahren, liegen andere Sternbilder hinter ihnen. Von manchen wird dies heute oft als Beweis für die Unrichtigkeit der Astrologie angeführt. Die Astrologen sind sich aber schon seit Jahrtausenden bewußt, daß sich die Tierkreiszeichen verschieben. Im Grunde ist dies oh-

ne Bedeutung, denn der Charakter der Tierkreiszeichen leitet sich nicht von den Sternbildern her, sondern von ihrer Stellung im Jahreslauf. So erhält der Widder seinen aktiven, sprunghaften und energievollen Charakter dadurch, daß er das erste Frühlingszeichen ist. Unter seiner Herrschaft beginnt das Leben und der Wille, sich mit aller Kraft gegen den Winter aufzulehnen. Noch ist das Wetter sprunghaft, doch überall ist zu spüren, daß sich das Frühjahr durchsetzen wird. Entsprechendes gilt auch für die anderen Zeichen.
Die Tierkreiszeichen im einzelnen (zu bedenken ist natürlich, daß jeder Mensch in seinem → Horoskop eine ganz persönliche Mischung von allen Zeichen und Planetenkräften hat und daß erst das Zusammenspiel den individuellen Charakter ergibt):

1. Frühjahr:
*Widder*
Als erstes Frühjahrszeichen blickt er voller Tatendrang in die Zukunft. An vergangene Schwierigkeiten will er nicht gerne erinnert werden. Vor allem will er seine Lebenskraft verwirklichen, sich immer wieder auf Neues einlassen. Stetigkeit und Ausdauer sind nicht gerade seine Stärken. Dafür ist er begeisterungsfähig und mitreißend. In einer Gemeinschaft übernimmt er gerne die Führung.

*Stier*
Die nun grünen Weiden geben zwar genug Nahrung, doch der umsichtige und praktische Stier hat die Entbehrungen des Winters noch nicht vergessen. So liegt es in seiner Natur, Vorsorge zu treffen, zu sammeln und so Sicherheit für schlechte Zeiten zu gewinnen. Man soll sich immer auf ihn verlassen können. Das hält ihn aber nicht davon ab, auch die Schönheit und Sinnlichkeit zu schätzen.

*Zwilling*
Langsam geht der Frühling zu Ende, eine Zeit des Übergangs ist gekommen. Die Natur stellt so viel Grün und Nahrung zur Verfügung, daß niemand mehr eifersüchtig seinen Besitz bewachen muß. Es ist Zeit, die Welt zu erforschen und sich im freien Spiel den anderen Menschen zu nähern. So ist der Zwilling beweglich, kontaktfreudig und verspielt.

Tierkreiszeichen Widder

Tierkreiszeichen Stier

Tierkreiszeichen Zwillinge

Tierkreiszeichen Krebs

Tierkreiszeichen Löwe

Tierkreiszeichen Jungfrau

Tierkreiszeichen Waage

Tierkreiszeichen Skorpion

Tierkreiszeichen Schütze

2. Sommer:
*Krebs*
Die Zeit des Aufbruchs ist vorbei, das neue Leben muß nun behütet und versorgt werden. So schafft der Krebs einen häuslichen Bereich, in dem er seine mütterlichen Seiten verwirklichen und mit seinen Gefühlen für andere da sein kann. Seine Zuneigung kann auch herrische Züge annehmen.

*Löwe*
Zwar werden die Tage langsam wieder kürzer, doch die Hitze des Sommers beginnt erst jetzt, ihren Höhepunkt zu erreichen. Mächtig und beeindruckend beweist sie ihre Stärke. Und diese königliche Stärke spürt auch der Löwe voller Selbstbewußtsein in sich. Er liebt es, wenn andere ihn deswegen bewundern.

*Jungfrau*
Und wieder beginnt eine Zeit des Übergangs. Die Hochstimmung des Sommers vergeht langsam und die Notwendigkeit meldet sich wieder. Die Ernte muß eingebracht und vernünftig für die kommende Zeit gelagert werden. So ist die Jungfrau das Zeichen der praktischen Vernunft. Sie will auf alle Eventualitäten vorbereitet sein und sich durch nichts überraschen lassen.

3. Herbst:
*Waage*
Die Tage werden nun deutlich spürbar kürzer. Alle Energien, die im Sommer so lebenslustig nach außen gewandt waren, müssen nun ein neues Gleichgewicht finden. So ist die Waage das Zeichen des Ausgleichs, der Harmonie. Manchmal fällt dies aber schwer, und so leidet die Waage gelegentlich an Entscheidungsschwierigkeiten.

*Skorpion*
Immer mehr drängen die dunklen Seiten des Lebens an die Oberfläche. Die Herbstnebel erinnern an die geheimnisvollen Seiten des Lebens. Auflösung und Kargheit bestimmen die Natur. Im Tierreich beginnen die Kämpfe um die letzten Reste an Nahrung. In dieser Atmosphäre lebt der Skorpion.

*Schütze*
Eine kalte Klarheit beginnt die Luft zu erfüllen. Es ist Zeit, nachzudenken und den Blick in weite Fernen schweifen zu lassen. Der

Tierkreiszeichen Steinbock

Tierkreiszeichen Wassermann

Tierkreiszeichen Fische

freie Blick läßt wieder Hoffnung und Heiterkeit aufkommen. So macht der Schütze weitreichende Pläne oder versucht, der Bedeutung der Welt auf die Spur zu kommen.

4. Winter:
*Steinbock*
Mit dem kürzesten Tag des Jahres beginnt die Zeit des Steinbocks. In den großen Religionen stirbt nun der Sonnengott, doch nur, um gleich darauf wieder geboren zu werden. Der Steinbock hat Anteil an beidem, er kennt die Starre und Finsternis des Todes, die mutig und ausdauernd durchstanden werden muß, er ist sich aber auch des jetzt noch weit entfernten Frühlings bewußt, auf den er langsam und geduldig hinarbeitet.

*Wassermann*
Die ganze Welt ist fest vom Frost umschlossen, nur noch der Geist, der Verstand ist beweglich geblieben. Aber er erkennt aus dem Längerwerden der Tage, daß eine bedeutsame Veränderung bevorsteht. So ist der Wassermann seiner Zeit in vielem voraus und hat einen Blick für kommende Entwicklungen.

*Fische*
Die letzte Umbruchphase des ewigen Kreislaufs beginnt. Schnee und Eis schmelzen, auch die letzten Gefühlsveränderungen des Winters lösen sich langsam auf. Die ganze Seele fühlt den Übergang zu etwas Neuem und möchte dieses Gefühl mit anderen teilen, mit ihnen allen schon jetzt von den schönen, geahnten Welten träumen. So ist das Reich der Fische der Traum und das Gefühl.

Neben der jahreszeitlichen Einteilung gibt es noch eine Gliederung nach Feuer-, Erd-, Luft- und Wasserzeichen (→ Elemente, → Feuer, → Erde, → Luft, → Wasser).

Kardinale (schöpferische) Zeichen sind:
Widder, Krebs, Waage und Steinbock.

Feste (beharrliche) Zeichen:
Stier, Wassermann, Löwe und Skorpion.

Bewegliche (intellektuelle) Zeichen sind:
Zwilling, Jungfrau, Schütze und Fische.

Schließlich faßt man noch männliche Zeichen:
Widder, Zwilling, Löwe, Waage, Schütze und Wassermann – und weibliche Zeichen:
Stier, Krebs, Jungfrau, Skorpion, Steinbock, Fische zusammen.

**Tischrücken** → Seance ohne ausgesprochenes → Medium. Die Gruppe sitzt im Kreis um einen Tisch. Die Hände liegen auf der Tischplatte und berühren die der Nachbarn. Nach einer Weile der Konzentration kann der Tisch anfangen sich zu bewegen – er „morst" dann die Antworten des beschworenen Geistes durch Klopfen. Meist bewegt sich der Tisch jedoch auf Grund unwillkürlicher Muskelbewegungen, und die Botschaften stammen nicht aus dem Jenseits, sondern entstammen dem Unbewußten der Anwesenden.

**Totenbuch** (tibetisch) Im Gebiet des Himalaja entstand aus einer gegenseitigen Beeinflussung von Buddhismus (→ Buddha) und der ursprünglichen Bön-Religion der tibetische Buddhismus, auch Lamaismus (→ Lama) genannt. Eines seiner wichtigsten Bücher ist das Tibetische T., das Bardo Thödol (tibetisch „Befreiung durch Hören im Zwischenzustand"), das in der Zeit vom 8. bis zum 14. Jahrhundert entstand. Das Ziel jedes Wesens ist es nach buddhistischer Ansicht, den Kreislauf der Wiedergeburten zu beenden. Aber nur wenige Seelen können dies von sich aus erreichen. Das T. beschreibt nun, wie die Seele die vielen Illusionen des Lebens überwinden kann. Jeder Gläubige soll es intensiv studieren, um sich auf die wichtigste Erfahrung, den Tod, vorzubereiten. Damit er sich im entscheidenden Moment an die Lehren erinnert, beginnt man, dem Sterbenden das T. vorzulesen, und setzt die Lesung bis zum 49. Tag nach dem Tod fort. So lange dauert es, bis die Seele endgültig den Körper verlassen hat und in einen neuen Leib eingekehrt ist.

**Totenbuch** (altägyptisch) Auch die altägyptische Kultur verfügt über ein T. Mit den großen Grabpyramiden ihrer Könige bei Gizeh hat sie dem Tod ein unvergängliches Denkmal gesetzt und ihn so überwunden. Eine eigentliche Zusammenstellung ihrer Lehren im Sinne eines Buches kannten die Ägypter wahrscheinlich nicht. Die Texte, die von den Ägyptologen T. genannt werden, sind nur als kunstvolle Inschriften und Wandmalereien in ihren Gräbern erhalten. Im Gegensatz zu den Tibetern strebten die Ägypter nicht das Verlöschen der körperlich-seelischen Existenz an. Ihr Ziel war es, im Jenseits genauso weiterzuleben wie vorher, mit ihren Dienern, Freunden, mit ihrem Hausstand und Besitz. Auch in ihrer Vorstellung gelang das jedoch nicht automatisch; es war vielmehr eine penible Einhaltung von bestimmten → Ritualen nötig, damit die Seele den Körper verlassen konnte. Dann mußte ihr mit weiteren Ritualen geholfen werden, wenn im Jenseits ihre guten und bösen Taten gewogen wurden. Dies war die Aufgabe der bestattenden Priester.

**Tränker, Heinrich** (1880–1956), Buchhändler und Sammler. Einige Jahre war er Leiter der 1922 gegründeten deutschen → Rosenkreutzer, die auch als Pansophia (→ Pansophie) auftraten. Er gab verschiedene Bücher heraus und außerdem die Zeitschrift Pansophia.

**Trance** Ein nach dem lateinischen transitus = Übergang gebildetes Wort. Es bezeichnet einen Zustand, in dem ein Mensch keinerlei Macht mehr über sich selbst und seinen Körper hat. Im → Spiritismus wird ein → Medium dadurch offen für Einflüsse, die auf es ausgeübt werden. Diese Form der T. ist bei Esoterikern verpönt, da sie es ablehnen, sich zum Spielball fremder Einflüsse machen zu lassen. In der → Magie wird wie in vielen Naturreligionen (→ Schamanen) die T. benutzt, um bewußt die Welt der Geister (= das Reich des persönlichen und allgemeinmenschlichen Unbewußten) zu bereisen und sich mit bestimmten Göttern zu vereinen.

**Transit** Bildet ein laufender → Planet einen → Aspekt mit einem Planeten in einem → Geburtshoroskop, spricht man von einem T. Aus ihm entnimmt der Astrologe Hinweise auf zukünftiges Geschehen. Die Wirkungsdauer hängt davon ab, wie schnell sich der transitierende Planet bewegt. Beim → Mond dauert der Einfluß ungefähr zehn Stunden, bei den etwas langsameren Planeten → Sonne,

→ Merkur, → Venus und → Mars drei bis sechs Tage und bei → Jupiter und → Saturn etwa einen Monat. → Uranus und → Neptun können das Leben mehrere Monate beeinflussen, → Pluto schließlich unter besonderen Umständen bis zu zwei Jahren.

**Transpluto-Planeten** Manche Astrologen gehen davon aus, daß jenseits des → Pluto noch weitere → Planeten existieren und zeichnen sie sogar in → Horoskope ein. Astronomen schließen mittlerweile weitere Planeten aus, allerdings hat man vor kurzem einen Ring von mehr als 10 000 kleinen Körpern entdeckt, aus dem die Kometen mit kurzer Umlaufzeit kommen sollen. Vermutlich ist Pluto nur der größte in diesem dichten Ring von Fels- und Eisblöcken. Astrologisch haben diese Körper (außer Pluto) keine Bedeutung.

**Transsaturniker** Sammelbezeichnung für die in den letzten zwei Jahrhunderten neu entdeckten drei Planeten → Uranus, → Neptun und → Pluto, die alle jenseits (= trans) des Saturn ihre Bahn um die Sonne ziehen. Sie bringen den Menschen in Kontakt mit den großen Strömungen der Zeit und können ihn über die Grenzen seiner persönlichen, privaten Existenz hinausführen.

**Traum** Ob er sich erinnert oder nicht, jeder Mensch durchreist jede Nacht im T. die Welten seines Unbewußten. Ungefähr 90 Minuten nach dem Einschlafen beginnt die erste sogenannte REM-Phase, ca. vier weitere folgen im Abstand von ungefähr 90 Minuten. REM ist die Abkürzung von (englisch) rapid eye movement = schnelle Augenbewegung. Wissenschaftler haben festgestellt, daß sich Menschen fast immer an ihre T. erinnern, wenn man sie weckt, kurz nachdem die schnellen Augenbewegungen enden. Gewöhnlich spiegeln die T. Erinnerungen an das wache Leben wieder und versuchen, den Menschen in sein seelisches Gleichgewicht zurückzubringen. Unbewußte Hoffnungen, Wünsche oder Ängste werden dabei ausgelebt. Da der T. die direkteste Verbindung zum → Unterbewußten ist, ist seine Deutung für den Esoteriker besonders wichtig. Für die Ureinwohner Australiens ist die Traumzeit sogar wichtiger als das wache Leben, da ja unsere ganze menschliche Welt letztlich aus dem Geist entsteht. Wie wichtig das Träumen für uns tatsächlich ist, zeigt die Tatsache, daß kein Mensch eine längere Zeit des Traumentzugs überleben kann.

**Traumdeutung** → Traum

**Träumen, luzides** Unter l.T. versteht man die erlernbare Fähigkeit, sich im → Traum bewußt zu werden, daß man träumt, also quasi im Schlaf wach zu werden. Ganz bewußt kann man dann seine Träume durchleben, die Landschaften der Seele erforschen oder seine Traumgestalten um Rat fragen und damit das Traumgeschehen mitgestalten.

**Trimurti** indische Götterdreiheit (→ Drei).

**Trimurti, die indische Götterdreiheit**

# U

**Undinen** Diese meist freundlichen weiblichen Elementargeister (→ Elementale) bewohnen mit den Nymphen die Gewässer.

**Unterbewußtes** Dem Verstand nicht bewußte Kräfte und Strebungen der Seele, die früher als Geister, Dämonen oder Götter einer äußeren Welt verstanden wurden. Nur einige Esoteriker und Magier verstanden bei uns, was in anderen Kulturen, etwa der buddhistischen (→ Buddha), besser bekannt war, daß diese Geister eine enge Beziehung zur Seele des Menschen haben. Sie wußten, daß sie bei ihren Beschwörungen nicht einfach Dämonen aus der Hölle oder Geister aus den → Elementen beschworen, sondern daß sie dabei an die tiefen Kräfte aus den unbewußten Bereichen ihrer Seele rührten. Nach dem Grundsatz der → Tabula smaragdina: „Wie oben, so auch unten“ haben diese Kräfte aber auch eine geheimnisvolle Beziehung zur äußerlichen, bewußten Alltagswelt und eine eigene Wirklichkeit in ihr. Neben magischen → Ritualen können automatisches Schreiben und Malen (→ Schreiben, automatisches, → Zeichnen, automatisches) und vor allem Träume einen Zugang zu diesen Bereichen schaffen. Auch das Lesen aus Tarotkarten (→ Tarot) schafft einen gelenkten Zugang zum Unterbewußtsein.

**Uranus**, auch Uranos (Gott) griechischer Gott des Himmels und Gemahl der → Gaia, der Göttin der Erde. Gaia zürnte Uranos, weil dieser ihre gemeinsamen Kinder, die Zyklopen und Titanen, in die Unterwelt verbannt hatte. Deshalb überredete sie ihren Sohn → Kronos (entspricht dem römischen → Saturn) zur Rebellion gegen seinen Vater. Die Titanen unter der Führung des Kronos siegten und kastrierten ihren Vater Uranos. Aus den Blutstropfen, die auf die Erde fielen, entstanden die Rachegöttinnen (Furien) und aus dem Schaum, der sich um sein Glied im Meer bildete, die Göttin → Aphrodite.

**Uranus** (Planet), von F. W. Herschel 1781 mit dem Teleskop entdeckt. Man wollte ihn passend zu den anderen Planeten taufen, und da Saturn der Vater → Jupiters ist, nannte man den nächsten Planeten nach dem Vater des Saturn Uranus. In seiner Wirkung gilt der Planet als ein Verwandter des → Merkur. Während dieser das alltägliche Denken vertritt, steht Uranus für Intuition und höhere Einsicht. Ihm werden auch die modernen Informationstechniken (Funk, Fernsehen, Satelliten, das Internet …) und die Computer zugeordnet. Viele Astrologen sehen ihn als Beherrscher des → Tierkreiszeichens Wassermann.

**Uräus** Nachbildung der sich aufbäumenden Kobra, die, oft aus Gold, den Kopfschmuck der Pharaonen zierte. Die Uräusschlange gilt als Sonnensymbol.

**Usui, Mikao** (ca. 1860–1930), Schöpfer des → Reiki. Der japanische, christliche Mönch wurde eines Tages von einem seiner Schüler gefragt wie Jesus Christus mit Handauflegen heilen konnte. Auf diese Frage des „Wie“ konnte er keine Antwort geben. Da sein japanischer Ehrenkodex von ihm verlangte, als Lehrer wichtige Fragen nicht unbeantwortet zu lassen, gab er seine Stellung auf, um die Antwort zu finden. Seine Schüler erzählen, daß U. nach vielen Versuchen der Klärung und dem Studium anderer Religionen in der altindischen Sprache Sanskrit verfaßte Sutras fand, die beschrieben, mit welchen Symbolen, Formen und Methoden Buddha durch Handauflegen geheilt hatte. Damit hatte er zwar das Wissen, aber nicht die Kraft, das Wissen umzusetzen. Er begab sich auf den Berg Kuriyama (ca. 30 km von Kyoto), um zu meditieren. Nach 21 Tagen Fastenmeditation traf ihn ein heller Lichtstrahl in die Stirn und erfüllte ihn mit Kraft und Vitalität. Er sah die Symbole, die er in den alten Sanskrittexten gefunden hatte, deutlich, und sie aktivierten den Zugang zur universellen Lebensenergie. U. gründete die Reiki-Gesellschaft und lebte fortan für diese Form des ganzheitlichen Heilens nach

folgenden Grundsätzen:
1. Heile Deinen Geist
2. Heile Deinen Körper
3. übernimm die Verantwortung für dich selbst
Er ergänzte sie um folgende Ratschläge zur persönlichen Lebensführung:
Gerade heute sei nicht ärgerlich.
Gerade heute sorge Dich nicht.
Verdiene Dein Brot ehrlich.
Versuche liebevoll mit den Wesen in Deiner Nähe umzugehen.
Sei dankbar für die vielen Segnungen.
Nach seinem Tod ging das Großmeisteramt auf den Arzt und pensionierten Marinekommandeur Dr. Chujiro Hayashi über. Kurz vor dessen Tod gab er das Amt 1941 an Hawayo Takata weiter, eine auf Hawaii lebende Japanerin. Sie wiederum übergab vor ihrem Tode ihrer Enkelin Lei Phyllis Furumoto sowie Dr. Barbara Weber die Aufgabe, die Reikibewegung weiter zu leiten. Nach einem knappen Jahr der Zusammenarbeit trennten sich die Wege dieser beiden Frauen. Lei Furumoto gründete die Reiki-Alliance und Dr. Barbara Weber die A. I. R. A., die später in T. R. T. A. I. umgetauft wurde. Andere, größtenteils in den USA und Kanada verbreitete Organisationen sind die „Traditional Reiki Network“, „Universal Masters Association“, „The Center for Reiki Trainings“, „The Reiki Touch, Inc.“ und „Reiki Plus“. Neben diesen Organisationen gibt es viele Meister, die sich keiner Gruppe angeschlossen haben.

# V

**Vampire** Fabelwesen, die als Verstorbene gelten, die nicht ins Totenreich übergehen können und so für immer auf der Erde wandeln müssen. Sie ernähren sich von dem Blut Lebender und machen sie durch ihren Biß ebenfalls zu V.n oder Untoten. Bekannt wurden die V. durch das oftmals verfilmte Buch „Drakula" von Bram Stoker.

**Venus** (Göttin) Römische Göttin der Liebe. Ursprünglich war sie die Schützerin der Gärten, erhielt aber später viele Eigenschaften der griechischen Göttin → Aphrodite. Das deutsche Wort „Wunsch" soll sich von dem Wort V. ableiten.

**Venus** (Planet) Hellster und schönster der am Himmel zu beobachtenden → Planeten. Zugleich hat er die harmonischste und regelmäßigste Umlaufbahn. Nach astrologischer Ansicht beherrscht die V. die → Tierkreiszeichen Stier und Waage. Da sie sich nie weit von der Sonne entfernt, kann sie nur gegen Morgen als Morgenstern und bei Sonnenuntergang als Abendstern beobachtet werden. Als Morgenstern hieß sie bei den Römern → Luzifer, was übersetzt Lichtbringer bedeutet. Als Abendstern nannte man sie Hesperos. Bei ihr kann man schon mit einem Feldstecher Phasen wie beim Mond beobachten.

**Vier** Die Zahl hat seit altersher eine Beziehung zur materiellen, irdischen Welt mit ihren Mühen und Notwendigkeiten. Ihr wichtigstes Symbol ist das → Kreuz.

**Zeichen für den Planeten Venus**

Andererseits hat „Gott“ in vielen Sprachen einen vierbuchstabigen Namen.

**Virgo** lat. Bezeichnung des sechsten → Tierkreiszeichens Jungfrau (Abb.).

**Astrologisches Zeichen für das Sternzeichen Jungfrau**

**Vishnu** (Sanskrit: der Wirkende) gehört mit → Brahma und → Shiva zur obersten Götterdreiheit des → Hinduismus. Als Sonnengott durchmißt er mit drei (→ Drei) Schritten (Sonnenaufgang, Mittag und Untergang) das Universum. Er ist der Erhalter der Welt. Jedesmal, wenn das Ungleichgewicht in der Welt zu groß wird, wird er als Mensch wiedergeboren, um erneut Weisheit zu bringen. Seine Bezeichnung ist dann Avatar.

**Vulkan** Gott des Feuers und der Schmiede, der wie Jupiter Blitze schleudern kann und den die Römer von den Etruskern übernahmen. Einige Astrologen glauben, zwischen der Sonne und dem Merkur gebe es einen noch unentdeckten Planeten, den sie V. nennen. Manche arbeiten sogar mit frei erfundenen → Ephemeriden. Für Astronomen existiert dieser Planet nicht.

# W

**Wasser** Eines der vier → Elemente. Nixen und Wassermänner sind seine Elementargeister. Im Menschen steht es für die Welt der Gefühle. Astrologisch sind ihm die → Tierkreiszeichen Krebs, Skorpion und Fische zugeordnet.

**Wacholder** Pflanze mit magischen Kräften. Man schreibt ihm zu, daß er gegen den → bösen Blick helfen kann.

**Wassermannzeitalter** Folgt im → platonischen Jahr auf das Zeitalter der Fische. Nach der Ära des Leidens soll es die Zeit der geistigen Entwicklung und des harmonischen intellektuellen Fortschritts bringen. Manche sehen in der Entwicklung der neuen Technik, vor allem der Computer, erste Vorboten der neuen Zeit. Sie soll sich auch durch eine gesellschaftliche Entwicklung hin zu mehr Freiheit und durch

**Wacholder**

Überwindung des engen, nationalen Denkens auszeichnen. Die Fortschritte in den 60er und 70er Jahren ließen viele hoffen, das neue Zeitalter habe schon begonnen. In dem bekannten Musical Hair wurde schon sein Beginn gefeiert. Doch der Rückfall des politischen und sozialen Denkens in die Muster des vergangenen Jahrhunderts, der in den letzten 15 Jahren weltweit zu beobachten ist, erinnert daran, daß astronomisch die neue Zeit erst in ungefähr 150 Jahren beginnen wird.

**Weibliche Planeten** Als weiblich gelten → Mond, → Venus und → Neptun. → Merkur ist androgyn (gleichzeitig männlich und weiblich). Im → Aspekt mit einem anderen → Planeten nimmt er dessen Geschlecht an.

**Weibliche Zeichen** → Tierkreiszeichen

**Werwolf** Mensch, der sich angeblich bei Vollmond in einen reißenden Wolf verwandeln kann. Sein Biß soll ansteckend wirken, so daß auch seine Opfer den gleichen Fluch erleiden müssen. Bei vielen Völkern rund um die Erde glauben Menschen daran, daß manche die Fähigkeit haben oder dazu verflucht sind, sich zu Zeiten in Tiere zu verwandeln, in Afrika zum Beispiel in Panther oder Leoparden.

**Wicca** nennen sich die Anhänger einer modernen Form der → Hexerei, aber auch ihre Lehre heißt so. Diese Richtung geht auf eine Gründung von Gerald Gardner (1884–1964) in den 40er Jahren zurück.

**Woodroffe, John** → Avalon, Arthur.

**Wotan, Wodan** → Odin

# X

**X-Strahlen** Diese Bezeichnung gab der Physiker Wilhelm Conrad Röntgen (1845–1923) den später nach ihm benannten Strahlen. Spiritisten beschreiben so die angebliche Fähigkeit von → Medien, durch feste Gegenstände blicken zu können (→ Spiritismus).

**Xenoglossie** (griechisch „fremde Zungen"), bezeichnet die Erscheinung, daß manche → Medien, vor allem die Mitglieder der sogenannten christlichen Pfingstlersekte, gelegentlich in → Trance unverständliche Worte sprechen. Nach Untersuchungen von Sprachwissenschaftlern handelt es sich dabei aber nicht um alte oder fremde Sprachen, wie man zuerst annahm, sondern eben um Silbenfolgen ohne eindeutigen Sinn.

# Y

**Yin-Yang** Prinzipien, aus denen im → Taoismus die Welt entsteht. Yin steht für die weibliche Seite der Welt. Sie ist das Empfangende, Weiche und Passive. Zu ihr gehören u. a. das Wasser und die Wolken, der Mond, die Farbe Schwarz und die geraden Zahlen. Yang hingegen ist die männliche Seite der Welt, das Aktive, Bewirkende. Zu ihm gehören u. a. die Sonne und das Feuer, die Farbe Rot und die ungeraden Zahlen. Die Zahl der Entsprechungen ist aber endlos. In ihrer ersten Vereinigung erschaffen beide die fünf → Elemente Wasser, Feuer, Holz, Metall und Erde, diese dann die „zehntausend Dinge". Die Erschaffung der Welt ist aber kein einmaliger Vorgang. Alle Kräfte

**Yin-Yang-Zeichen**

**Yogahaltung**

gehen fortwährend ineinander über, erschaffen sich gegenseitig neu. In der europäischen → Magie ist die gleiche Vorstellung verbreitet, daß durch die Vereinigung des Männlichen und Weiblichen die Welt erschaffen wird. In dieser Idee liegt auch die Grundlage für den Tantrismus (→ Tantra) und die Sexualmagie.

**Yoga** Sanskritwort für Joch. Wie das Joch den Ochsen mit dem Menschen verbindet, der ihn lenkt, so verbindet Y. den Menschen mit den Göttern. Jede Art von Weg, der zur Verbindung mit dem Göttlichen führt, wird in Indien Y. genannt. Da alle Menschen verschiedene Vorlieben und Fähigkeiten haben, gibt es auch viele verschiedene Wege des Y., z. B. der Weg des selbstlosen Handelns oder der Weg der sexuellen Vereinigung (→ Tantra). Im westlichen Kulturkreis denkt man beim Wort Y. fast immer an → Hatha Yoga, das auf Atemtraining und körperlichen Übungen beruht. In Indien gilt dies aber nur als Vorbereitung auf das eigentliche Y.

# Z

**Zarathustra** Im Perserreich des 6. Jahrhunderts v. Chr. (Sagen verlegen sein Wirken zurück bis 6000 Jahre v. Chr.) gründete dieser auch Zoroaster genannte Priester die Religion des Parsismus. In ihr stehen sich der Schöpfer der Welt Ahura Masda und der böse Geist Angra Manju gegenüber. Der Mensch muß sich zwischen den beiden, also zwischen Gut und Böse entscheiden. Das heilige Buch der Parsen, das Awesta, enthält 16 Hymnen, die Gathas, die wahrscheinlich auf den Gründer selbst zurückgehen. Die Lehre des Zarathustra hatte über die → Gnosis einen großen Einfluß auf das Christentum, das auch Gut und Böse sowie einen Teufel als Gegenspieler des Schöpfergottes kennt. Auch auf die → Anthroposophie des Rudolf → Steiner hatten die Lehren des Zarathustra noch Einfluß.

**Zeichnen, automatisches** ist dem „automatischen Schreiben" (→ Schreiben, automatisches) sehr ähnlich, statt Worten werden dabei aber Bilder geschaffen. Surrealistische Maler wie z. B. Salvator Dali und Max Ernst behaupteten, daß viele ihrer Bilder durch a. Z. entstanden seien.

**Zeitalter** → platonisches Jahr

**Zen** (1) Eines Tages versammelten sich die Schüler Buddhas auf dem Geierberg. Sie wollten die Auslegung des → Dharma von ihm hören. Doch Buddha schwieg und hielt nur eine Blüte empor. Die Menschen verstanden ihn nicht, nur sein Schüler Kashyapa verstand plötzlich und lächelte. Die Geste des Buddha in seinem Schweigen hatte ihm schlagartig zur Erleuchtung verholfen. Kein einziges Wort war nötig gewesen, die Lehre war unmittelbar »von Herz zu Herz« übertragen worden. Mahakashyapa, wie er seitdem hieß, wurde zum ersten Patriarchen in einer bis heute ununterbrochenen Kette von Lehrern, die ihren

Schülern zur plötzlichen Erleuchtung verhelfen können. Soweit die Legende. Historisch betrachtet entstand der Z. oder Ch'an, wie der chinesische Name lautet, im 6./7. Jahrhundert n. Chr., als der Buddhismus von dem Lehrer Bodhidharma nach China gebracht wurde. Aus seiner Vermischung mit dem → Taoismus entwickelte sich der Z., wie er noch heute bekannt ist. Im 12. Jahrhundert n. Chr. wurde Ch'an nach Japan gebracht, wo er den Namen Z. erhielt und zu hoher Blüte gelangte. Dort ist er noch heute lebendig. Mittlerweile ist er auf der ganzen Erde verbreitet, in China selbst ging er in anderen Schulen auf und existiert nicht mehr. Z. als Haltung bedeutet in der Lehre die Versunkenheit des Geistes, in der alle Unterscheidungen des → Dualismus aufgehoben sind (z. B. Ich/Du; Subjekt/Objekt). Nach Bodhidharma kennzeichnet den Z. 1. eine besondere Überlieferung außerhalb der herkömmlichen Lehre, 2. die Unabhängigkeit von heiligen Büchern, 3. das direkte Deuten auf das Herz des Menschen und 4. die Erkenntnis des eigenen Wesens und der eigenen Buddhanatur.

Zur Ausübung des Z. ist ein Lehrer unabdingbar, der in der direkten Nachfolge der alten Patriarchen steht, so daß jeder Schüler durch die ununterbrochene Kette von Lehrern in direkter Verbindung mit Buddha selbst steht. Eine der wichtigsten Methoden des Z. zur Erreichung der »Urvollkommenheit« ist das Zazen, das »Sitzen in Versenkung« (wörtlich übersetzt). Der Schüler hat in einer bestimmten Haltung regungslos und aufmerksam zu sitzen. Dabei denkt er über ein für ihn speziell ausgewähltes Koan, eine Aufgabe, nach, die er lösen soll. Das berühmteste Koan ist wohl die Aufforderung, das Klatschen einer Hand zu hören. Der Meister beobachtet dabei die Schüler und erteilt jedem einen schmerzhaften Schlag mit einem Bambusstab, dessen Aufmerksamkeit von der Meditation abweicht. Andere Meditationsmethoden des Z. sind zum Beispiel das Teezeremoniell, das Bogenschießen oder Ikebana, die Kunst des Blumensteckens. Der Z. hat auch die Kunst Japans maßgeblich beeinflußt. Ihm verdankt sie die Vorstellung, daß ein Kunstwerk nicht ganz vollkommen sein darf.

**Zen** (2) Als Z. bezeichnet man auch eine Religion, die aus Zen-Buddhismus und → Taoismus entstanden ist.

**Zenerkarten** Karten, die von den amerikanischen Wissenschaftlern J. B. Rhine und K. E. Zener entwickelt wurden, um Versuchspersonen auf die Fähigkeit zum Hellsehen oder Gedankenlesen zu testen. Jedes einzelne von fünf → Symbolen wurde auf je fünf Karten gezeichnet. Die Testperson sollte nun die Reihenfolge der gemischten Karten vorhersagen oder aus den Gedanken eines anderen lesen. Um zufällige Richtigkeit auszuschließen, sollten bei jedem Versuch fünf Karten korrekt benannt werden. Hat nun jemand bei zahlreichen Versuchsdurchläufen im Durchschnitt deutlich mehr richtige Karten erkannt, gilt das als Hinweis auf besondere Fähigkeiten. Aus den Versuchen der Forscher konnte nicht eindeutig geschlossen werden, ob außersinnliche Fähigkeiten existieren.

**Zeus** Der höchste Gott der Griechen, Herrscher über alle Götter und Menschen. Er war der Sohn des → Kronos und der Rhea. Poseidon, der Gott des Meeres, und → Hades, der Gott der Unterwelt, waren seine Brüder, → Hera, seine Ehefrau, war seine Schwester. Z. galt als Vater unzähliger Götter, Halbgötter, Nymphen etc., da Ehebruch eigentlich, sehr zum Leidwesen Heras, seine Hauptbeschäftigung war. Z. war auch der Gott des Blitzes und des Donners und trug deshalb oft den Beinamen „Der Blitzeschleuderer“. Die Römer identifizierten ihn später mit ihrem Göttervater → Jupiter.

**Ziegenfisch** Ein Wesen mit Ziegenkopf und Fischkörper. Die Babylonier stellten so das → Tierkreiszeichen Steinbock dar. Das in der westlichen Astrologie noch heute benutzte Zeichen für das → Tierkreiszeichen Steinbock geht auf eine schematische Darstellung des alten babylonischen Bildes zurück.

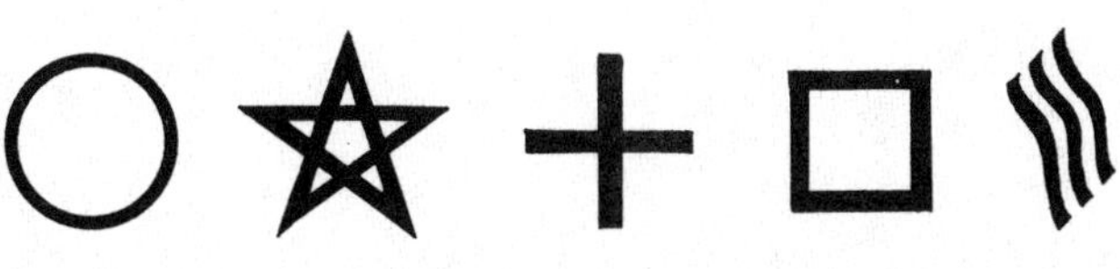

**Zenerkarten**

**Zos-Kia-Kult** → Spare, Austin Osman

**Zwölf** Multipliziert man die Zahl der göttlichen Prinzipien, 3, mit der Zahl der materiellen Welt, 4, ergibt sich daraus die 12 der Vollendung. 12 Monate hat das Jahr, 12 Jünger hatte Jesus, 12 Stämme Israels gab es. Ungefähr 12 Jahre braucht → Jupiter für seinen Lauf um die Sonne.